高等职业教育“十二五”规划教材

企业文化实用教程

（第二版）

李　敏　张　丽　主编

秦传松　姜艳文　付季双　副主编

科学出版社

北　京

内 容 简 介

本书以现代大型知名企业为基材，从剖析现代企业管理出发，综合运用文化学、经济学、伦理学及社会学的相关知识，紧扣企业文化这一主题，着力介绍了企业文化的含义、结构、核心、运行和实践，力求在体例上体现逻辑性，内容上体现全新性，论述上把握严密性。本书以“理论与实践相结合，知识与案例相结合，历史与现代相结合”为原则，是一本了解企业（尤其是著名企业）成功之谜——文化软实力的入门之书。

本书既可作为大中专院校学生的教材，又可作为社会相关人士学习参考用书。

图书在版编目(CIP)数据

企业文化实用教程/李敏，张丽主编. —2 版. —北京：科学出版社，2014
（高等职业教育“十二五”规划教材）

ISBN 978-7-03-041628-5

Ⅰ.①企… Ⅱ.①李…②张… Ⅲ.①企业文化-高等职业教育-教材 Ⅳ.①F270

中国版本图书馆 CIP 数据核字（2014）第 186297 号

责任编辑：任锋娟 吕燕新 / 责任校对：马英菊
责任印制：吕春珉 / 封面设计：东方人华平面设计部

科学出版社 出版
北京东黄城根北街 16 号
邮政编码：100717
http://www.sciencep.com

三河市骏杰印刷有限公司印刷

科学出版社发行 各地新华书店经销

*

2013 年 7 月第 一 版 开本：787×1092 1/16
2014 年 8 月第 二 版 印张：14 3/4
2020 年 8 月第九次印刷 字数：343 000

定价：32.00 元

（如有印装质量问题，我社负责调换〈骏杰〉）
销售部电话 010-62142126 编辑部电话 010-62135763-2015

《企业文化实用教程(第二版)》编写人员

主　编：李　敏　张　丽

副主编：秦传松　姜艳文　付季双

编　委：詹琳琳　孟煜鑫　高　飞

主　审：王振华

第二版前言

此书得以再版，首先要感谢学院领导和社科部领导对“企业文化”课程的重视和对本书编写工作的大力支持。由于学院是一所高职院校，学生毕业后主要面向企业就业，因此，有必要通过此书，让学生在校期间系统学习和掌握企业文化的相关理论。本版在第一版的基础上完善了企业文化基本内容的同时，增加了很多生动鲜活的企业文化建设案例，趣味性、可读性更强，更适合高职学生阅读和学习。同时，由于学院是海航集团创办的一所高职院校，近年来，随着海航集团的快速发展，其企业文化的内容也在不断地丰富和充实，编写组综合学院学生、教师、领导的意见及海航集团企业文化发展的实际情况，对第一版的结构、案例、部分表述进行了修订，并对编写人员作了调整。

全书共分为九章，第 1 章、第 4 章、第 6 章由李敏编写，第 2 章由张丽编写，第 3、5 章由姜艳文编写，第 7 章由张丽、姜艳文编写，第 8 章由付季双编写，第 9 章由秦传松、付季双编写，詹琳琳、高飞、孟煜鑫参与了部分资料的搜集和整理工作。全书由李敏、张丽统稿，王振华教授审阅。

本书在编写和审稿过程中，得到了三亚航空旅游职业学院院长和教务系统领导的大力支持和帮助，在写作过程中参考和引用了国内外学者的大量著作，不能一一列出，在此一并表示感谢！

编　者

第一版前言

一位伟人曾经说："没有文化的军队是愚蠢的军队，而愚蠢的军队是无法战胜敌人的。"当今时代，我们完全有理由相信："没有文化的企业是没有未来的企业。"在市场竞争日趋激烈的今天，文化已经成为企业持续发展的核心竞争力之一。

近 30 年来，随着我国社会主义市场经济体制的建立和现代企业的迅速发展，一方面，国内各界对企业文化理论的研究方兴未艾。对企业文化理论的研究推动着企业文化实践的发展，同时企业文化实践创新的不断深入，又指引着理论新的发展方向并形成丰富的理论成果，包括公司集团化、企业的兼并重组过程中企业文化融合的研究，企业文化建设及企业形象塑造的有效实施，中国特色企业文化建设等。另一方面，随着中国高等教育逐步进入"大众化"阶段，大量高职高专院校学生毕业后将进入到各类企业，成为企业劳动生产的主力军，他们都面临着接受并融入企业文化的挑战。

在编写本书的过程中，编者面向高职高专院校学生，注重吸收国内外企业文化研究的最新成果，以企业文化结构体系为主线，通俗简要地介绍了企业文化基本理论，突出了整体性和概括性。本书一共分 9 章，从最基础的概念、结构等角度入手，按照企业文化结构体系逐层展开，突出企业文化发展是一个动态的过程，设置专门章节讨论企业文化的建设与发展。此外，本书还专门设置了介绍海南航空（以下简称海航）企业文化的章节，在此基础上对企业文化理论进行系统概述。本书对一些长期困扰初次接触企业文化理论的读者的问题进行了梳理，有助于我国企业文化研究工作的推广和普及，有助于广大准员工储备企业文化基础知识，在未来的工作岗位上为企业发展和个人职业生涯规划做出有益的铺垫。

编者依据课程教学大纲，按照新形势下高职高专学生的学习特点，结合多年的教学实践编成本书。与国内外已出版的同类书籍比较，本书具有以下特点。

1）在写作特点上，坚持语言生动、简洁的原则。从高职高专学生的特点出发，在讲述正文的过程中主要运用案例分析的方法，语言表述上尽量清楚直白，力求生动、简洁。

2）在内容范围上，坚持充实、够用原则。对企业文化基本理论进行整体和概括性的介绍，凸显了"实用教材"的意义；又专设一章介绍海航企业文化，既可以将其当作案例进行分析，又可以巩固企业文化理论。

3）在结构体系上，坚持动静结合原则。既按照静态的企业文化结构层次由内向外逐一介绍，同时又把企业文化看作一个动态发展的过程，专设企业文化建设和发展一章作动态研究。

4）在学术思想上，坚持实事求是原则。对一系列容易混淆的企业文化概念进行辨析，包括企业价值观与企业核心价值观、企业精神与企业精神文化、企业精神文化各组成部分之间的关系、企业文化建设与企业形象塑造等，帮助初学者准确理解企业文化理论。

本书共 9 章，具体的编写分工为：第 1 章和第 5 章由李敏编写，第 2 章和第 7 章由张丽编写，第 3 章和第 4 章由姜艳文编写，第 6 章由詹琳琳编写，第 8 章由付季双编写，第 9 章由秦传松、付季双编写；孟煜鑫、高飞参与了部分章节资料的搜集整理工作；张丽、秦传松、付季双统稿，王振华审阅。

在编写和审稿过程中，编者得到了三亚航空旅游职业学院领导，海航集团有限公司人力资源部侯海昕，东北海航投资集团有限公司综合管理部王亭、三亚航空旅游职业学院李桂兰、梁世奇、翁立户、刘夏、周海波、高磊的大力支持和热心帮助，他们为本书提出了很多有益的意见。编者在编写本书的过程中参考和引用了大量国内外学者的著作，在此一并深表谢意。由于篇幅有限，或有疏漏，敬请谅解。

鉴于编者知识及经验有限，书中难免存在不足之处，望读者不吝指正！此为本书第一次出版，我们将吸取各方意见，以便在以后修订完善。

编　者

2013 年 3 月

目　　录

第 1 章　企业文化概述

微软（Microsoft）公司是世界计算机软件开发的先导。1975 年，19 岁的比尔·盖茨和他的高中校友保罗·艾伦合伙创建微软公司。从最初销售 BASIC 解译器为主，到发展为目前全球最大的计算机软件提供商，微软一路走来，所向披靡。而其创始人之一——比尔·盖茨的个人资产总值也在 1998 年超过了 500 亿美元大关，成为理所当然的全球最富有的人。

微软公司令人吃惊的成长速度，引起了世人的广泛关注。透过其辉煌的业绩，我们发现，微软的成功不仅在于科技创新和优异的经营管理，更重要的是创设了微软独特的企业文化。美国一位管理学家法兰西斯曾经说过："你能用钱买到一个人的时间，你能用钱买到劳动，但你却不能用钱买到热情，你不能用钱买到主动，你不能用钱买到一个人对事业的奉献。而这一切，企业家都可以通过塑造企业文化而做到。"一个最优秀的企业，往往能在企业发展过程中创造出比利润更有价值的文化。

1.1　企业文化是社会文化的亚文化

文化在我们的生活中无处不在，它时时刻刻影响着我们的生活。

请认真观察图 1.1，思考图片的含义。

（a）西方

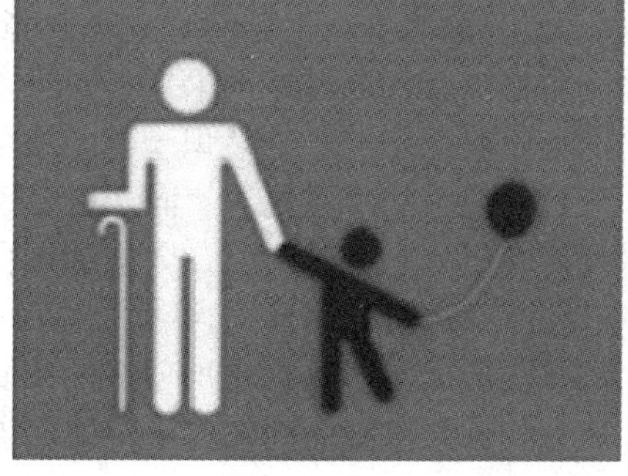

（b）中国

图 1.1　老人的晚年生活

图中西方人和中国人晚年生活的差异背后，深层次的原因是东西方文化的差异。文化会影响人们的思维方式，也会影响人们的行为方式。

有人曾经问道："为什么中国人过年的时候，无论怎样辛苦，都要回家和家人团聚？"

“为什么许多人喜欢喝可乐，穿牛仔裤，看欧美的电影？”

“为什么南方人喜吃甜与鲜，北方人喜欢咸与辣？”

答：“因为文化不同”。

文化存在于社会生活之中，它对社会的影响广泛、持久而深远。

1.1.1 文化

文化的定义种类繁多，从不同的角度，可以有不同的解释。从古至今，哲学家、社会学家、人类学家、历史学家和语言学家都试图从各自的角度来界定文化的概念。

1. 文化的含义

“文化”（culture）一词来源于拉丁文，有耕作、培养、教育、发展或尊重的意思。19 世纪中叶，伴随着人类学、社会学、民族学等新兴学科的兴起，文化的概念从此发生了变化。最早把文化作为专门术语来使用的是被称为“人类学之父”的英国人泰勒，他在 1871 年发表的《原始文化》一书中给文化下了定义：“文化或文明，就其广泛的民族学意义来讲，是一个复合整体，包括知识、信仰、艺术、道德、法律、习俗及作为一个社会成员的人所习得的其他一切能力和习惯。”[①]此后，西方学者给文化下的定义达到上千种之多。

在中国，“文化”一词的含义一直非常广泛，读书写字、修养、文学、艺术、图书、考古学、民俗、礼仪、民族、宗教等都可以被称作文化。

我国古代典籍中“文化”一词最初并未连起来使用，如《易经》里“文明以止，人文也。观乎天文，以察时变；观乎人文，以化成天下。”指的是通过了解人类社会的各种现象，用教育感化的方法治理天下。这里的“化”是教化的意思。到汉朝，“文化”一词正式出现，如西汉刘向《说苑·指武》篇中“凡武之兴，为不服也，文化不改，然后加诛”，这里的“文化”是指以礼乐典章制度为依据教化臣民，它与现代“文化”一词的含义非常接近，这也是学术界掌握的“文化”一词的最早出处。把文化解释成“文治教化、礼乐典章”，这一认识一直延续至近代。

今天我们使用的“文化”一词，是 19 世纪末期通过日文转译从西方引进的。当时，人们并没有专门为它下过定义，人们会据自己的需要和理解去使用它。

本书选取《辞海》（1979 年版）里对“文化”的广义解释：“文化从广义上来说，是指人类社会历史实践过程中所创造的物质财富和精神财富的总和。”[②]文化是人类改造自然、社会和人类自身活动的成果，体现了人的精神风貌、心理状态、思维方式和价值取向。

---

① [英]E. B. 泰勒．1887．原始文化[M]．纽约：亨利霍尔特出版公司：2．

② 巢峰．1979．辞海[M]．上海：上海辞书出版社：1533．

2. 文化的分类

依据不同的原则和标准，我们可以对文化进行不同的分类。

从广义上，可以分为物质文化、精神文化、行为文化和制度文化。从狭义上，文化主要指精神文化。

按范围划分，文化可以分为民族文化与世界文化。

按时间划分，可以分为史前文化、历史文化、现代文化和未来文化。

按文化思想体系，可以分为东方文化和西方文化。

按文化价值体系，分为：主文化——主导文化（政权文化）、主体文化（社会文化）、主流文化（思潮与风尚），亚文化（次文化、潜文化），反文化（主文化与亚文化的对立面文化），混合文化。

按整体，可以分为综合文化、宏观文化、多元文化；按局部，可以分为专题文化、微观文化、一元文化。

按文化价值，又可以分为认识价值的文化、教育价值的文化、借鉴价值的文化、审美价值的文化、消遣娱乐价值的文化等[①]。

有的学者把“文化”划分为观念文化、制度文化和器物文化三个层次。观念文化，主要是指一个民族的心理结构、思维方式和价值体系，它既不同于哲学，也不同于意识形态；所谓制度文化，是指在哲学理论和意识形态的影响下，在历史发展过程中形成的各种制度；所谓器物文化，是指体现一定生活方式的那些具体存在，如住宅、服饰等，它们是人的创造，也为人服务，看得见，摸得着，是一种表层的文化。

本书为了便于大家理解企业文化的相关内容，在第一种分类的基础上展开论述。我们将文化划分为物质文化、精神文化、行为文化、制度文化四个部分，以便详细地介绍企业文化的结构与具体内容。

物质文化，是指为了满足人类生存和发展需要所创造的物质产品及其所表现的文化，包括饮食、服饰、建筑、交通、生产工具及乡村、城市等。

精神文化是人类在从事物质文化基础生产上产生的一种人类所特有的意识形态，是人类各种意识观念形态的集合。

行为文化是指人们在生活、工作之中所贡献的，有价值的，促进文明、文化及人类社会发展的经验及创造性活动。

制度文化，是人类为了自身生存、社会发展的需要而主动创制出来的有组织的规范体系。

3. 文化的功能

就个人而言，文化起着塑造个人人格、实现社会化的功能。“社会化是一个社会性

---

① 冯辉．2005．关于文化的分类[J]．中州大学学报，22（4）：40.

的互动过程，通过这一过程，人们获得了某种价值、态度、技能和知识，简言之，获得他们所属的那个社会的文化。”①我们踏入校园接受教育，学习科学文化知识，在文化和道德素养等方面得到一定程度的提升，也基本上学会了如何与人相处，形成自己的一套价值体系，这些都有助于我们塑造个人人格，实现社会化。

而对于整个社会，文化主要起着社会整合和社会导进的功能。

（1）整合功能

文化的社会整合功能包括价值整合、规范整合和结构整合。价值整合是社会整合功能中最重要的、最基本的功能。不同的人在价值观上都会有差异，经过统一文化的熏陶，会在社会生活的基本方面形成大体一致的观念。规范整合指的是一定的文化能够使规范内化为个人的行为准则，从而使社会成员的行为遵循一定的模式，以维护社会秩序。社会是一个多元结构，社会的异质性越强，分化的程度越高，多元结构越复杂，功能整合的作用越重要。

（2）导进功能

文化在社会中的导进功能包括以下几个方面。

1）提供知识。社会导向要以新的知识为动力。新的知识包括新的理论、科学、技术和依赖于文化的发明和发展。

2）协调社会管理工程。推动社会进步，是一项巨大的社会系统工程，它包括决策、规划、组织、实施等阶段。在总体系统工程中，又包括许多子系统。各阶段和各子系统的协调、配合有赖于文化的调适，尤其是包括目标调适和机构、制度的调适。

3）巩固成果。文化是一份逐步积累的社会遗产。每一次社会变革和社会进步所取得的成果，都有赖于新的制度的巩固。

文化的功能是多方面的。除上所述，文化还有认识和解决问题、信息记录、审美娱乐等功能。

1.1.2 企业文化

企业文化是在一定的社会文化、道德伦理的孕育下形成的企业的内部文化，它在长期的发展中逐渐形成了自己的特色，能够对企业员工的思维模式、行为方式产生深刻的影响。

1. 企业文化的含义

有人对企业文化的含义做过统计，共有180多种。几乎每一个管理学家和企业文化工作者都有自己的理解和定义。例如，美国的威廉·大内认为：“一个公司的文化由其传统和风气所构成。此外，文化还包含一个公司的价值观，如进取性、守势、灵活性，

① 张敦福．2007．现代社会学教程[M]．2版．北京：高等教育出版社：205．

即确定活动、意见和行动模式的价值观。”①

美国特雷斯·迪尔和阿伦·肯尼迪认为，企业文化由价值观、神话、英雄和象征凝聚而成，这些价值观、神话、英雄和象征对公司的员工具有重大的意义②。海能（德国慕尼黑大学教授）提出，企业文化是企业的价值观念和行为准则，他们是组成成员的共同思想体系。

中国社会科学院研究生院教材《企业文化》中将企业文化解释为“企业文化有广义和狭义之分。广义的企业文化是指企业物质文化、制度文化、行为文化和精神文化的总和；狭义的企业文化是指以企业价值观为核心的企业意识形态”。

因为视角不同，学者们对于企业文化的认识也不相同。

本书认为，企业文化是在一定的社会历史条件下，企业生产经营和管理活动中所创造的具有本企业特色的精神财富和物质形态的总和，它包括有形的厂容、厂貌、产品造型、外观、质量、体制、规章制度和纪律，也包括无形的价值观念、企业的群体意识、职工素质和优良传统等。

2. 企业文化的内容

依据人类的实践活动领域，我们把“文化”划分为物质文化、行为文化、制度文化和精神文化四个部分。与之相对应，我们把企业文化划分为企业物质文化、企业行为文化、企业制度文化和企业精神文化四个部分，如图1.2所示。可以看到，企业文化的基本结构是一个以企业精神文化为核心，由内向外依次展开为企业制度文化、企业行为文化和企业物质文化的过程。从认识上来说，通常是先看到企业物质文化等有形的存在，但是实际上企业精神文化是企业文化的核心，被称为企业文化的内在灵魂，企业精神文化中的企业价值观又是其中最核心的要素。

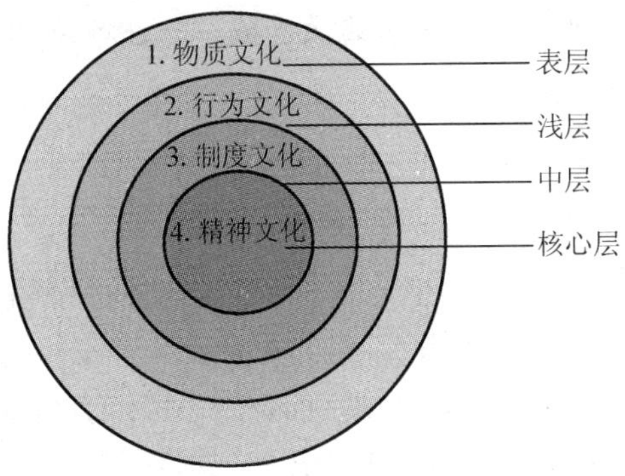

图1.2 企业文化的结构

① [美]威廉·大内. 1984. Z理论[M]. 北京：中国社会科学出版社：169.

② [美]迪尔·特雷斯，肯尼迪·阿伦. 1989. 企业文化[M]. 上海：上海科学技术文献出版社：12-14.

（1）企业精神文化

企业精神文化也叫企业文化的精神层，是指企业在生产经营的过程中，受一定的社会文化背景、意识形态影响而形成的一种精神成果和文化观念，它包括企业哲学、企业理念、企业精神、企业价值观、企业道德等内容，它是企业意识形态的总和。

相对于企业物质文化和行为文化来说，企业精神文化是一种更深层次的文化现象，在整个企业文化体系中，它处于核心地位，决定了企业制度文化和物质文化，指导着企业行为文化，是企业文化其他各层次形成的基础。

[资料]

国外知名公司的企业精神

美国IBM公司：IBM就是服务。

波音公司：我们每一个人都代表公司。

日本三菱公司：顾客第一；诚实、注意和睦、公私分明；放眼世界、努力改进经营管理、发明新技术。

日本电信电话公司：着眼于未来的人间企业。

日本丰田汽车公司：好产品，好主意。

日本佳能公司：忘了技术开发，就不配称为佳能。

日本松下电器公司：工业报国，光明正大，团结一致，奋发向上，礼节谦让，适应形势，感激报恩。

日产公司：品不良在于心不正。

TDK 生产厂：造——为世界文化产业做贡献，为世界的TDK而奋斗。

本田科研：用眼、用心去创造。

百事可乐公司：胜利最重要。

（2）企业制度文化

企业制度文化是企业在长期的生产、经营和管理实践中产生的一种文化现象，它是企业文化中人与物质、人与精神的中介，是约束企业和员工行为的规范性文化。它使企业在复杂多变、竞争激烈的环境中处于稳定的发展态势，有效保证了企业目标的实现。企业制度文化包括企业的体制、组织结构和各种规章制度。

[资料]

百度的23条军规：百度公司员工制度[1]

1）我在做世界上最酷的互联网技术。

2）我穿着我喜欢的衣服上班。

3）当9点多来上班时，公司还有免费的早餐等着我。

4）处处感受到轻松，由我自己来安排自己的工作时间，我们这里是弹性工作制。

5）处处感受到信任，当我想玩游戏、听音乐或上BBS时，不必小心翼翼地躲开老板。

6）处处感受到平等，我可以随时找任何人来讨论问题，包括公司的CEO。

7）并不总是这么轻松快活，我的工作内容非常有挑战性，我会绞尽脑汁，连上厕所都低头沉思。

8）但同时，我也体会到了巨大的成就感，我发现了两点：第一，我可以用自己的技术来改变世界，改变亿万人的生活；第二，我正在这么做。

9）业内顶尖高手就是身边的同事，每个新人都有一位导师，言传身教，耳濡目染，绝对高水准的专业学习机会。

10）我不担心被隔离在核心技术之外，我做的就是真正的核心技术！我的日常工作中，就充满别人求之不得的锻炼机会，换了别处，我不会成长得这么快！

11）在个人能力迅速提升的同时，我看到了公司前景广阔、发展迅速，个人成长空间不受限制。

12）技术或管理，两条职业阶梯任我选，顺利走上我的个人发展快车道。

13）富有竞争力的薪金，还能拥有公司的股票期权。

14）优越的福利待遇，完善的休假制度，免费的体育活动，这些我都拥有。

15）技术型的公司，年轻的氛围，大家心心相印，在一起充满了乐趣，这里是我们软件工程师的乐园。

16）平均每天六项技术升级上线，瞧我们跑得多快啊！我们带给中国网民的，每天都是更好的使用体验。

17）大家都有满腔做事的激情，每当想到了什么主意，就会听到这样的话——“赶紧去做！”我们觉得最重要的是去做。

18）探索新的技术，总会遇到困难和失败，但不会有打击、责难，同事们跟我一起分析讨论，帮我想很多方法，再去试试！

19）我深知技术上远无止境，我们天天在想办法，需要做的事情太多，再多一倍的人都做不过来。

20）我很看重对技术实事求是的态度。拿出数字再说话；特别是对于细节，要抠，极端仔细地抠，这里很适合完美主义者生存。

---

① 佚名．2009．百度的23条军规：百度公司员工制度[DB/OL]．酷勤网[2009-10-21].

21）他们对事业抱有如此坚定的信念，当初真让我惊讶。如今你看了上面的话，是不是也觉得我的信念挺坚定的？

22）对了，还有一点，并非不重要——中国人的企业、中国人的品牌、中国人的核心技术与中国互联网共同成长，我正在充分地效力于并真切地见证着祖国的腾飞！

23）这虽是心里话，但其实平常我很少这么高调，你看到我的时候我总是在勤奋地做事，我的座右铭是“扎实做好每一天的工作”。

（3）企业行为文化

企业行为文化是企业员工在生产经营、学习、娱乐活动中产生的一种活动文化，它是企业经营风格、精神面貌、人际关系的动态表现，也是企业精神、企业价值观的折射。企业行为文化包括企业经营、教育宣传、人际关系活动、文娱体育活动等。从人员结构上划分，企业行为包括企业集体行为、企业家行为、企业模范人物的行为、企业一般员工的行为。

例如，每个公司都有自己的规章制度，比如要求员工在办公室中礼貌待人，与人交往要热情诚恳，主动配合同事工作，工作时间不允许剪指甲、上网闲聊，不要用电话办私事，不要大声说笑干扰他人工作，不要随便翻别人的东西，不要到处串岗聊天等。这些规定以规章制度的形式存在，属于企业制度文化的内容。而员工遵守或违反规章制度表现为一定的行为，就属于企业行为文化的内容。职业化形象，能够反映一个企业的外在形象与内在素质，是很多企业塑造企业行为文化的重要内容。

（4）企业物质文化

企业的物质文化即企业文化的物质层，是指由企业职工创造的产品和各种物质设施等构成的器物文化，也叫表层企业文化。企业物质文化是形成制度文化和精神文化的条件，它包含厂容厂貌、产品的外观包装、企业技术设备以及员工和典型人物的形象等。如图 1.3 所示。

（a）沃尔玛超市

（b）蒙牛集团产品

（c）海尔集团吉祥物

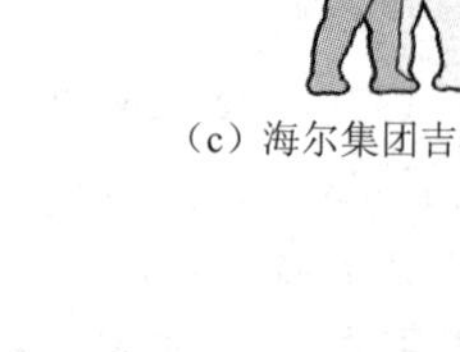

（d）五粮液集团标志

（e）肯德基创始人桑德斯

（f）联想集团标准字

图 1.3　企业物质文化

企业文化的四个组成部分相互联系，相互影响，企业精神文化决定企业行为文化、制度文化和物质文化，企业行为文化、制度文化和物质文化体现着企业制度文化，企业制度文化是企业精神文化、物质文化和行为文化的中介和保障。

3. 企业文化的特征

（1）抽象性与具体性的统一

企业文化所反映的基本经营理念和管理哲学往往是概念性的、抽象的，它给人们提供了一种指导思想，一种价值判断，一种行为规则。但是，企业文化又是具体的，它是由各种具体的行为方式、习俗、习惯、传统等浓缩、凝结、升华而成，它又要通过具体的事物、行动表现出来，比如企业员工的具体言行都在不同程度地体现着企业文化。

（2）观念性与实践性的统一

企业文化在形态上可以表现为一种观念、一种制度、一种规范。这些内容离不开企业的生产、经营实践活动，它是在企业生产实践的过程中创造出来的，反过来又指导着实践，推动着企业的进一步发展。

（3）吸收性与排他性的统一

在企业文化形成和发展的过程中，需要不断吸收经济、文化和社会发展中的积极因素，借鉴其他企业在实践中形成的优秀管理经验，对于与本企业文化主流相悖的其他思想意识它具有相应的抵御能力。这也是衡量企业文化优劣的标志之一。一般来讲，消极、落后的企业文化往往不具备这一特点。

（4）经济性与社会性的统一

企业文化反映着企业的伦理、价值观与目标追求，以及实现目标要求的行为准则和传统、习惯等。企业文化的经济属性是由企业作为一个独立的经济组织的性质决定的。企业文化不仅有创造物质财富的功能，而且也具有社会功能。在中国，企业文化体现着社会主义生产关系的要求，具有为思想政治工作创造条件，培育有理想、有道德、有文化、有纪律的员工队伍，促进社会主义精神文明建设等重要作用。企业文化是经济属性与社会属性的完美统一。

4. 企业文化的功能

（1）导向功能

导向功能，即它对企业的领导者和职工起引导作用。良好的企业文化可以把员工的思想、观念和行动引导到企业所确定的目标上来，同心协力为实现企业目标而共同奋斗。

企业的导向功能主要体现在经营哲学和价值观的指导以及企业目标的指引上。企业的经营哲学决定了企业的经营方式和处事法则，指导经营者进行正确的决策，指导员工采用科学的方法从事生产经营活动；企业价值观决定了企业的价值取向，使领导者和员工能够为着企业的价值目标而行动；企业目标指引着企业发展的方向。

[资料]

沃尔玛——提供“比满意更满意”的服务

沃尔玛的公司创始人山姆·沃尔顿有着极强的竞争意识和冒险精神，他意识到，沃尔玛要想获得成功，除了为顾客提供低价位的商品之外，还必须超越顾客对优质服务的期望。山姆毕生都在为此理念而不懈努力，他激励并鼓舞员工身体力行地实践他所倡导的一切。

山姆提出，要向每一位顾客提供比满意更满意的服务。他认为，一项服务做到让顾客满意还不够，还应努力想方设法加以改进，为顾客提供更好的服务。在沃尔玛，很多平凡的员工在自己的岗位上实践着这些理念。

曾经有一位名叫萨拉的员工奋不顾身，把一名儿童从马路中央推开，避免了一起交通事故；另一位名叫费力斯的员工对在其店中突发心脏病的顾客实行紧急救护，使之转危为安；一位名叫安蒂的员工主动延长工作时间，带一位母亲精心挑选儿子的生日礼物，却不惜耽误了自己儿子的生日晚会。这些包含于普通日常工作中的优质服务，给沃尔玛公司带来了大量的回头客，顾客们总是愿意在沃尔玛公司购物，因为在这里，他们总感到十分亲切[①]。

（2）凝聚功能

企业文化是一种黏合剂，它能够从各个方面把员工凝聚起来，以微妙的方式来加强员工与企业的联系，培养和激发员工的群体意识，使员工产生对工作的自豪感、使命感和责任心，增强员工对企业的认同感和归属感，将全体员工和企业凝聚成一个有机整体，发挥最大的效能。

[资料]

香格里拉的凝聚力

香格里拉酒店被誉为华人企业的典范。曾经有一家酒店以高薪聘请了几位香格里拉的高级管理人员，希望他们能运用香格里拉的经验提高酒店的管理和服务水平。但几年过去后，酒店的经营并没有多大起色。同样的人为什么不能发挥同样的作用呢？因为，香格里拉的经营管理经过长期锤炼已经磨合成了一个统一的整体，形成了强大的凝聚力。

这种经过长时期磨合而形成的凝聚力不是任何个人所能带走的。离开香格里拉的人能带走的只是一些制度、方法等程式化的东西，但是他们永远带不走香格里拉的文化氛围。一旦离开了这种具有凝聚力的文化氛围，这些制度、方法等程式化的东西也就失去

① 佚名．2010．企业文化培训资料[DB/OL]．精品资料网[2010-10-20]．

了作用[①]。

（3）激励功能

激励功能指的是企业文化能够最大限度地激发职工的积极性和首创精神。在一种“人人受重视、个个被尊敬”的企业文化氛围中，员工的贡献会及时受到肯定、赞赏和奖励，员工时时受到鼓舞、处处感到满意，会产生极大的荣誉感和责任心，自觉地向更高的目标努力迈进。

[资料]

海尔的“云燕镜子”

海尔集团有一名女工叫高云燕，是总装车间的普通操作工，负责在钻眼机前给每个冰箱门体的两端钻四个精密度极高的孔。在操作时，由于放置门体的工作台相隔影响了加工的质量和效率，高云燕一直在琢磨到底该怎么办。她尝试在钻机前放了一面镜子，利用折射一试，效果绝佳。海尔非常支持高云燕的做法，并且取名为“云燕镜子”，书写在镜子上面。这一做法激励了高云燕，也激励着全体职工发挥创造精神为海尔创造更大的价值[②]。

（4）约束功能

在企业文化中，制度文化的约束功能尤为明显。员工接受了特定的制度和规范，在价值观的指导下进行自我管理和控制，在思想认识、心理情感、伦理道德等方面发生相应变化，这个过程通常也是一个由被动遵守到主动进行自我塑造的过程。发挥约束功能主要是企业的规章制度和道德规范。

（5）调节优化功能

企业文化能起到优化精简组织机构、简化管理过程的作用，也可以优化经营决策。企业各部门之间、职工之间，由于各种原因难免会产生一些矛盾，解决这些矛盾需要各自进行调节；企业与顾客、与企业、与国家、与社会之间都会存在不协调、不适应的地方，这也需要进行调整和适应。在企业文化的作用下，全体成员间有共同的价值观，有共同的语言，互相间信任、理解，能进行充分的交流，在工作中形成良好的人际关系。

（6）辐射功能

企业文化通过其辐射作用，向社会提供企业的管理风格、经营状态、精神风貌、服务态度、产品竞争力等信息，对社会产生影响。通过企业文化的协调和辐射功能，实现企业和社会的“双赢”。

---

① 李莉．2009．香格里拉成功的经营管理策略[DB/OL]．搜狐旅游[2009-3-20]．

② 佚名．2012．现代文化与职业道德[DB/OL]．道客巴巴[2012-8-1]．

[资料]

“为社会做点事，为他人做点事”

海航在取得自身迅速发展的同时，大力弘扬“为社会做点事，为他人做点事”的企业文化精神，将社会责任提高到企业发展的战略高度，积极承担起企业应负的社会责任，大力支持社会公益事业。

截至 2012 年 12 月 31 日，海航向自然灾害地区、贫困地区、残疾人联合会、慈善总会、红十字会、青少年发展基金会、妇女发展基金会、中华见义勇为基金会、环境保护协会等地区、单位或个人捐款捐、物价值逾 8 亿元，为社会公益事业的发展做出了突出贡献，得到社会的广泛赞扬。

近年来，海航集团主要开展的社会公益项目有“海航至善井”（2003～2013 年，投入 2000 万元为海南人民打 100 口水井）、“海航—青藏高原光明行”（2004～2014 年，投入 500 万元帮助贫困白内障患者实施复明手术）、“海南海航海防林”（2007～2012 年，投入 500 万元帮助海南建设海防林）、“海南海航希望学校”（从 2012 年开始，计划投入 3000 万元建设希望学校一批）等。

海航集团先后荣获“中国最具社会责任感企业 20 强”、“中华慈善事业突出贡献奖”、“中国公益事业十大先锋企业”、全国工商联系统“抗震救灾先进集体”、全国精神文明建设工作先进单位、中华慈善突出贡献单位（企业）奖、中国优秀企业公民、中国十大最佳雇主、中华慈善奖最具爱心捐赠企业奖、中国企业社会责任榜杰出企业奖等荣誉称号。

“中国公益事业十大先锋企业”组委会给予海航集团这样的评价：“海航集团在不同的公益项目领域中，都做出了突出的贡献，自觉地把开展公益事业、慈善事业作为企业的社会责任，在创造经济效益的同时，创造更大的社会效益，为创建和谐社会树立了很好的典范。”①

1.1.3 企业文化与社会文化的关系

亚文化（subculture）又称小文化或副文化，指在主文化或综合文化的背景下，属于某一区域或某个集体所特有的观念和生活方式。一种亚文化不仅包含着与主文化相通的价值与观念，也有属于自己的独特的价值与观念。

企业文化是社会文化的亚文化之一，它是在社会政治、经济、文化的综合作用下产生和发展起来的。

① 陈峰．2009．企业家公益候选人——海航集团陈峰[DB/OL]．搜狐公益[2009-10-28]．

1. 社会文化是企业文化产生和发展的源泉

企业文化脱胎于社会文化，社会文化是企业文化的母体，企业文化离不开社会文化。例如，企业文化与企业的地域文化密不可分，没有地域文化的支撑，就不可能形成真正的企业文化；企业文化又是行业文化和社会文化的对接部分，企业文化只有不断地融入行业文化和社会文化之中，企业才能得以生存，行业才能得以发展，脱离社会文化而谈塑造企业文化只能是一种空谈。

2. 先进的企业文化对于社会经济建设和文化发展具有重要的推动作用

1）企业文化作为社会文化中一个非常独立的分支，其目标是追求利润和价值创造，企业文化是直接参与到价值创造的过程中去的，这种价值创造是社会文明的物质基础。

2）优秀的企业经营理念、企业精神和企业道德等都会在企业与社会的互动过程中，对社会文化和经济建设产生良好的影响。作为一种经济文化和管理文化，它能够对社会文化产生积极的辐射作用，提升社会文化品味，营造良好的文化软环境，并与经济发生积极的互动关系，从而推进社会经济建设与文化发展。

3）优秀的企业文化会成为人类文化的基本牵引力或原动力。一个社会的思想文化的变革无不是从社会的微观层面发生的，在工业化和新经济时代，企业将是文化创造的主体，未来的新文化、新的价值观可能会大量产生于企业，并推动社会文化的创新。

4）企业文化可以为城市经营管理提供可借鉴的经营理念与方法。例如，运用文化宣传手段弘扬和表彰优秀的民族品牌文化以支持企业名牌战略的实施，建立学习型的机关、社区和城市等，都是行之有效的路径与方法。

5）企业文化建设的先进经验对于其他的群体文化建设具有先导性的推动作用。

6）我国的人口众多，企业文化如果能够起到开发人力资源的作用，必将对社会文化的发展产生深远的影响。

企业是市场条件下独立的经济实体，但它不是封闭的，它的生产、经营活动是社会经济活动的一部分，每时每刻都会与市场发生千丝万缕的联系，它与市场上其他商品生产者及消费者相互依赖而存在；企业在任何一个国家都会受到法律和规章的约束，接受国家方针、政策和计划的指导及行政上的管理；企业也会受文化环境的影响和制约，受到社会价值取向、习俗、风气的感染。因此，企业文化现象是整个社会文化现象的一部分。

[资料]

同仁堂的文化底蕴

北京同仁堂是中国传统医药中的老字号，始建于1669年（清康熙八年），至今已有300多年的历史。同仁堂继承了中国传统中医药文化的精髓，吸收了中国古典哲学和儒家、道家思想，它的企业文化是企业与经济、社会交相辉映的产物。

1. 同仁堂文化的质量观

历代同仁堂人恪守诚实、敬业的道德，提出“修合无人见，存心有天知”的信条，制药过程严格依照配方，选用地道药材，从不偷工减料、以次充好。1706 年同仁堂就明确提出“炮制虽繁必不敢省人工，品味虽贵必不敢减物力”的训条，成为历代同仁堂人的制药原则。三百多年来同仁堂坚持“配方独特、选料上乘、工艺精湛、疗效显著”四大制药特色，生产出了众多疗效显著的中成药，赢得了国内外人士的广泛赞誉和青睐。

2. 同仁堂文化的信誉观

若用一句话概括同仁堂的企业精神，那就是“同修仁德、济世养生”。同仁堂的创业者尊崇“可以养生，可以济人者，唯医药为最”，把行医卖药作为一种济世养生、回报社会的高尚事业来做。历代继业者，始终以“养生”、“济世”为己任，恪守诚实、敬业的品德，对求医、购药的八方来客，无论是达官显贵，还是平民百姓，一律以诚相待，始终坚持童叟无欺，一视同仁。在市场经济的竞争环境中，同仁堂始终认为“诚实守信”是对一个企业最基本的职业道德要求，讲信誉是商业行为最根本的准则。

3. 同仁堂文化的形象观

同仁堂历代传人都十分重视宣传自己，树立同仁堂形象。例如，利用朝廷会考机会，免费赠送“平安药”，冬办粥厂、夏施暑药，办“消防水会”等。如今的同仁堂不仅继承了原有的优良传统，而且又为她赋予了符合时代特征的新内容。世纪之交的同仁堂主要抓了以下几个方面的工作：第一，利用各种媒体进行同仁堂整体形象的宣传，提高企业的知名度和美誉度；第二，以《同仁堂》报为载体进行企业内部宣传，提高企业的凝聚力和向心力；第三，发挥同仁堂文化的作用，用同仁堂精神鼓舞教育员工，激发员工的积极性、主动性和创造性；第四，重视同仁堂企业识别系统的设计工作，树立同仁堂面向 21 世纪的新形象；第五，积极参与社会公益事业，向社会无私奉献一份爱心，提高企业的社会责任感。

4. 同仁堂文化的创新观

同仁堂从最初的作坊店发展到今天的集团公司，从宫廷秘方到高科技含量的中药产品，从丸散膏丹到片剂、口服液、胶囊等多种类型，300 多年的历史无不渗透着同仁堂文化的创新发展观。21 世纪的同仁堂已经发展成为拥有股份有限公司、科技发展股份有限公司两家上市公司的大型集团，集产供销、科工贸于一体。

在发展上，同仁堂采取了如下措施：加强同仁堂海内外营销网络建设，立足本市，扩展全国，进军海外，建连锁店；积极进行符合同仁堂发展需要的新技术项目的落实与探索；积极借助国际互联网络的优势，探索符合同仁堂特色的电子商务，开展网络营销；尝试建立符合同仁堂药品质量要求的药材种植基地；积极探索海外融资渠道，做大做强上市公司。

透过同仁堂浓厚的文化底蕴，人们不难理解究竟是什么使同仁堂跨越三个世纪仍保持青春。实践使同仁堂人认识到，只有把优势的文化传承下来，继承弘扬优秀的文化传统，才能使企业文化成为推动企业前进的动力[1]。

1.2 企业文化是新兴的管理理论

企业文化是从企业管理理论中分化出来的一种新理论，它的出现成为企业发展史上的一次革命。提倡文化管理，是现代企业管理模式改革重要方向之一。

1.2.1 企业管理及其历史演进

1. 管理

管理学创始人之一法约尔认为，管理就是计划、组织、指挥、协调和控制。也就是说，管理是通过计划、组织、控制、激励和领导等环节来协调和利用人力、物力、财力和信息资源，以更好地达到组织目标的过程。

管理的概念包括四层含义。

第一，管理是一种有意识、有组织的群体活动，不是盲目无计划的、本能的活动。

第二，管理是围绕着某一共同目标进行的，若目的不明确，管理便无从谈起。而管理的目的在于有效地达到组织目标，提高组织活动的成效。

第三，管理是一个动态的协调过程，主要协调人与事、人与物及人与人之间的活动和利益关系。

第四，管理的对象包括人、财、物、信息、时间等方面。其中，人在管理中具有双重地位——既是管理者又是被管理者。管理过程各个环节的主体都是人，人与人的行为是管理过程的核心。

2. 企业管理

企业管理（business management）是对企业的生产经营活动进行组织、计划、指挥、监督和调节等一系列职能的总称。

从1769年第一家现代企业在英国诞生，至今240多年间，企业管理模式的发展与演化经历了三个基本阶段，这就是经验管理阶段、制度管理阶段和文化管理阶段。

（1）经验管理阶段

1769～1910年，是经验管理阶段，其特点是“人治”，即主要经营者靠个人的直觉和经验进行决策和管理。

经验管理发生于企业管理的早期阶段。此时人们对于企业管理的规律还没有清晰的认识，只能通过逐渐的探索来积累管理经验。经验管理阶段的突出特点，就是人对人的直接管理，即企业管理者直接面对一线员工，发现并解决问题。应该说在企业发展的初

① 佚名．2010．同仁堂：品牌的一半是文化[DB/OL]．中国人力资源开发网[2010-10-20].

期，这种管理模式还是十分必要的，它有利于管理者深入了解企业发展的真实情况，有利于积累管理经验，逐渐提高管理水平。但是，经验管理对于企业来说，毕竟只是初级阶段的管理，其中存在着很大的不足。具体可以表现为两个方面：

第一，管理对象的“经济人”假设。“经济人”是古典管理理论对人的看法，即把人当作“经济动物”来看待，认为人的一切行为都是为了最大限度地满足自己的私利，工作目的只是为了获得经济报酬。在企业管理者的心目中，作为被管理者的员工与企业只是雇佣关系，“你干活，我付钱，你付出多少劳动，我给你多少报酬”，劳资双方合作的动力都是源于一种利益驱动，被管理者来企业的目的就是为了挣钱，除此以外别无他图。

第二，管理运作中的“主动—被动”关系。与管理对象的“经济人”假设相关联，在劳资双方形成的合作关系中，不是双向互动的关系，而是单纯的主动与被动关系。管理者在管理过程中的起支配地位，而被管理者是被动的服从者。这似乎是天经地义、无法改变的。事实上，这样会在很大程度上遏止了员工的主动性、创造性的发挥，不利于企业的持续健康发展。

（2）制度管理阶段

1911～1980 年，是制度管理阶段，其特点是“法治”，即主要靠科学的制度体系来进行管理。

制度管理与工业化时代相伴随，被认为是一种行之有效的企业管理模式。制度管理不是管理者对被管理者的直接管理，而是通过建立健全一系列有效的规章制度来约束规范企业行为，从而保证企业的正常运转。

制度管理产生的标志是被誉为“科学管理之父”的泰罗在 1911 年出版了的《科学管理原理》一书。他在这本书中，提出了以下观点：制度管理的中心问题是提高劳动生产率，为此必须配备“第一流的工人”，采取“有差别的计件工资制”，工人和雇主要变对抗为信任，共同为提高劳动生产率而努力。他提出要把计划职能同执行职能相分开，将原来的经验工作方法转变为科学工作方法，实行职能工长制，在管理控制上实行例外原则等。

与经验管理相比，制度管理的优点有以下几个方面：

第一，管理的效率大幅提高。通过制度来约束规范企业行为，是制度管人，而不再是人管人，人与人之间的对抗和冲突会大大减少。按照制度的约束和规范下，企业呈现出井然有序的状态。制度管理使管理更加科学化。

第二，减少了管理的随意性和盲目性。制度管理是一种刚性的管理，在制度面前人人平等，赏罚分明，优胜劣汰。企业的每一个员工都明确自己该干什么，不该干什么，这就避免了管理的随意性和盲目性，有利于企业管理水平的提升。

第三，在制度管理阶段，由于科学和理性的渗透，使得人类在管理方面的一系列探索成就得以不断保持和发扬。尤其是在一些管理共同规律方面，通过各种有形的、程序化的方式、方法得以传播、传承与普及。可以这样说，人类关于企业管理理论的基本范式是在这一阶段形成的。

但是，制度管理并不是完美无缺的，随着时间的推移，人们逐渐认识到它的局限性。制度管理要想充分发挥其管理效能，就必须进一步发展和完善，尤其是要在情感、精神和价值观等文化层面进行提升和完善。

（3）文化管理阶段

1981年以来，发达国家的优秀公司率先进入了文化管理阶段，其特点是“文治”，即靠企业文化带动企业经营管理达到更高的境界。

文化管理是企业管理的高级阶段，是目前在全球范围内倡导和推广的企业管理模式。文化管理的特点在于将价值的、精神的、人文的因素融入到企业管理实践当中，通过对员工主体性和积极性的开发与培养，在管理者和被管理者之间建立一种真诚的信赖与合作关系，变“要我做”为“我要做”，变刚性管理为柔性管理，变“有为管理”为“无为管理”。

文化管理之所以是现代企业管理的大趋势，首先与当代世界的总体发展特点有关。时代在变，企业的发展战略也会随之发生重大变化。随着以智力和知识为特征的信息化社会的来临，影响社会和经济发展的战略资源优势已由金融资本转变为掌握新信息、新知识和具有创造性的人力资本。人力资源已成为当今社会最有价值的资源，人力资源的开发与利用是现代企业管理实践的头等大事。而文化管理所追求的，就是“以人为本”，充分调动人的积极性和创造性。

对于企业发展来说，不能只从经济因素方面考虑，必须充分认识人的主体性，尊重人的主体地位，才能在开发人力资源的实践中，把握理论自觉性。

现代企业实施“以人为本”的文化管理，其核心价值导向是“企业即人、企业为人、企业靠人”，追求员工与企业的共同发展。赢利是企业的目的，但不是唯一的目的。我们如果把文化管理与制度管理做比较就会看到，如果说制度管理阶段所实施的是一种刚性的有为管理的话，文化管理阶段则倡导一种柔性的无为管理；而在人性假设上，文化管理所谋求的是对于“文化人”的塑造。文化管理提倡人本管理思想，强调企业管理要以企业管理哲学和企业精神为核心，凝聚企业员工归属感、积极性和创造性，尊重人、关心人，依靠全体员工发展企业。

文化管理阶段并不是没有经验管理和制度管理，制度管理是实现文化管理的基础，经验仍然是必要的，文化如同软件，制度如同硬件，二者是互补的。只是由于到了知识经济时期，人更加重视个人价值的实现，所以，对人性的尊重显得尤为重要。

从经验管理到科学管理，再到文化管理，是企业管理的一种进步，也是企业发展的必然要求。

[资料]

联想的公理与定理

联想在进行企业文化教育时，曾提出公理、定理两个概念。在他们看来，定理就是企业的规章制度，公理就是企业的价值理念，定理是在公理的基础上推导出来的。因为规章制度总是滞后的，具体来说就是制度制定上的滞后（总是问题暴露之后才定规章制度）和制度执行上的滞后（总是错误铸成了才执法），再加上任何制度都是有漏洞的，都有空子可钻，因此，为了降低昂贵的制度成本，有必要强调公理，即加强企业文化建设的重要性。因为公理，即企业价值理念，可以增加人员犯错误的交易成本，可以弥补制度的不足而起到事前预防的作用，而且有了公理，还可以根据特定情况的需要推导出定理，逐步完善规章管理制度。因此，公理和定理，规章制度和企业价值理念是互相补充的，而且在公理和定理，规章制度和企业价值理念之间，公理大于定理，企业价值理念大于企业规章制度，这是企业领导人所必须牢记的。

1.2.2 企业文化理论的产生与发展

企业文化理论是从企业管理理论中分化出来的一种新理论，作为一门学科和管理理论，企业文化首先是在国外兴起的。

20 世纪 70 年代初，在石油危机冲击下，世界第一经济大国的美国劳动生产率一蹶不振，企业竞争力大大减弱，而在第二次世界大战废墟上发展起来的日本经济，却以惊人的速度发展着。20 世纪 80 年代初，日本以仅占世界总面积的 0.25%、37 万平方公里陆地国土面积，以世界人口的 2.7%、共计 1.18 亿国民，创造了高达 10 300 万亿美元生产总值，占世界生产总值的 8.6%，成为世界经济第二大国，直接挑战美国。

日本咄咄逼人的发展态势，引起了美国社会的震惊。里根政府商务部长助理克莱德·普雷斯托茨惊呼：“美国的时代已经结束了，本世纪发生的最大事件是日本以超级大国的姿态出现在世界上。”人们在震惊之余，不免思考：是什么力量促使日本经济持续、高速增长？

从 20 世纪 70 年代开始，有些美国学者把目光投向日本，旨在探究日本成功的奥秘。许多管理学者、社会学学者、心理学学者、文化人类学者不远万里来到这个东亚岛国，为重振美国经济而取经寻宝，美国学术界出现了“日本热”。

人们在对日本和美国的企业现状进行仔细分析、比较后得出了结论：日本企业成功的秘密就在于企业文化。日美文化差异较大，企业管理模式也不相同。美国人强调理性化管理，但是理性化管理缺乏灵活性，不利于发挥人们的创造性。而日本“似乎拥有庞大的成本优势……他们拥有一支干劲冲天、乐于工作、乐于制造汽车的工作大军……”

他们"把人当作天赋的资源，而不是当作金钱财富，不是当作一台机器，也不是当作一个个机器管理员，这也许是一切问题的关键所在"[①]。日本成功地将本国文化与西方管理制度结合起来，大力培养以价值观为核心的企业文化，是日本的企业文化促进了日本经济的高速发展。

20 世纪 80 年代初，威廉·大内的《Z 理论——美国企业界怎样迎接日本的挑战》、特雷斯·迪尔和阿伦·肯尼迪的《企业文化——企业生存的习俗和礼仪》、阿索斯和沃特曼的《寻求优势——美国最成功公司的经验》三部专著的出版，掀起了企业文化研究的热潮。

国外企业文化理论形成的标志是 1981 年和 1982 年间美国管理学界出现的四部名著，即《Z 理论——美国企业界怎样迎接日本的挑战》、《日本企业管理艺术》、《企业文化》和《寻求优势——美国最成功公司的经验》。这四部重要著作被称为新潮流的"四重奏"。它们以全新的思路、生动的例证、独到的见解和精辟的论述，提出了企业文化问题。许多管理专家也纷纷撰写文章、著作进行探讨，阐述企业文化产生、发展的原理及其重要意义。人们经过广泛而深入的讨论和研究，逐渐使企业文化系统化、理论化，并成为一门新兴的管理学科。

1.2.3 国内外对企业文化理论的研究与探索

1. 国内企业文化的研究与探索

自 20 世纪 80 年代我国引入企业文化研究理论以后，企业文化的建设主要分为三个阶段。第一个阶段是 1984～1989 年与企业思想政治工作相结合，出现了第一批比较有特色的企业文化建设案例。第二个阶段是 1989～1992 年，随着反对全盘西化思潮的展开，中国企业文化建设出现一次低潮。第三个阶段是 1992 年至今，党的十四大提出建设有中国特色社会主义市场经济体制之后，出现了第二次研究企业文化的热潮。

国外关于企业文化的研究是随着社会经济的发展和人们对管理实践的探索的发展而产生并且迅猛发展的一个研究领域，企业文化研究的理论意义在于它发展了传统的管理理论，对管理过程中社会文化因素和人的因素给予足够的重视，这是与西方社会现代化发展的方向是一致的，其实践意义在于对企业发展和企业长期经营业绩提供具有可操作化和定量化的理论框架。

我国的企业文化研究虽然出版了一大批论文和专著，但总体来说还是比较薄弱的。一是大多数都以介绍和探讨企业文化的意义、内涵和要素为主，真正有理论根据的定性研究和规范的实证研究为数过少。二是企业文化的研究明显滞后于我国企业文化发展的实践。近年来，随着我国经济的不断发展，已经出现了许多在企业文化方面取得突出经验和成绩

---

① [美]托马斯·彼得斯，小罗伯特·沃特曼．1985．探索企业成功之路[M]．上海：上海翻译出版公司：38-39.

的企业案例。许多企业在塑造企业文化的过程中虽然也有专家的参与，但主要还是依靠企业自身内部的探索。三是在企业文化发展的实践中，缺乏对企业文化的本质理解，许多企业往往仅注重于企业外部形象的设计和塑造，在精神文化的塑造上十分欠缺。

总之，国内学者主要注重于对企业文化的内涵、作用、具体内容、如何建立有中国特色的企业文化、跨文化管理、企业文化的变革等方面的研究。与西方学者不同的是国内学者多采用归纳法对企业文化进行研究分析，具体阐述企业文化实践活动。国内的企业文化实践缺少真正的科学理论的指导，缺少个性，难以对企业长期发展产生文化的推动力。因此，应该借鉴国外企业文化研究，加强中国企业文化研究，促进中国企业文化的发展。

2. 国外企业文化的研究与探索

最早将企业文化这个概念用于企业管理，并且研究企业价值观和社会文化传统等对企业管理影响的，是美国著名管理学家切斯特·巴纳德和菲利普·塞尔茨克。真正把管理与文化直接联系起来的著作是美国著名管理学家德鲁克的《管理学》，从此，研究有关管理差异的文化背景和根源问题，开始受到人们的关注。

20 世纪 80 年代初，企业文化的研究以探讨基本理论为主，如企业文化的概念、要素、类型及企业文化与企业管理各方面的关系等。

进入 90 年代，企业文化的理论研究从对企业文化的概念和结构的探讨发展到企业对文化管理过程中发生作用的内在机制的研究，这一时期的研究出现了四个走向：一是企业文化基本理论的深入研究；二是企业文化与企业效益和企业发展的应用研究；三是关于企业文化测量的研究；四是关于企业文化的诊断和评估的研究。

学习与思考

乔布斯走了，苹果还是苹果

史蒂夫·乔布斯离开了到处留下他的痕迹的世界，全球各界人士在纪念的同时，关于苹果未来的讨论，已成为无法回避的焦点话题。而在乔布斯去世之后，苹果股价并未出现预期的暴跌。

外界之所以讨论苹果王朝的未来，毋庸置疑是因为乔布斯的伟大和不可替代。作为苹果之魂，乔布斯的离去对苹果的损失是无法估量的，股价的微跌不代表乔布斯对苹果的不重要，但是，乔布斯的离去也不意味着苹果王朝的就此终结。判断苹果的未来，要看乔布斯究竟给苹果留下了什么样的遗产。

事实上，对于苹果而言，延续在全球科技界霸权伟业的关键，是和乔布斯本人一样重要的创新能力，从而根据市场的不断变化推出令人耳目一新的产品。可以说，从乔布斯健康不佳的那一天起，苹果公司就开始了“后乔布斯时代”的应对工作。

作为一个现代企业，苹果的成功之处就在于主动出击，乔布斯将其倡导的公司灵魂、创新文化和后续的一系列足以应付竞争对手的产品留给了苹果，不会出现“人亡政息”的竞争悲剧，这无疑是留给苹果的最宝贵的遗产。

的确，乔布斯是不可替代的，没有任何一个苹果的接班人可以和乔布斯相比，苹果永远无法找到另一个乔布斯。但是，作为一个现代的科技公司，苹果的可贵之处就在于可以摆脱对乔布斯的依赖。对于微软、谷歌等挑战者而言，最大的悲剧也许是和乔布斯处于同一个时代，但更大的悲剧是，即使乔布斯离开了，他留下的遗产也在很长时间里会强力阻碍他们的竞争步伐。

思考题

请你结合材料谈谈企业文化对于企业发展的重要意义。

第2章　企业核心价值体系及核心价值观

1938年，在晋察冀边区，白求恩同志对八路军简陋的医疗条件和医护人员的奇缺感到吃惊，但更让他觉得难以想象的是医务工作者和战士所表现的忠于职守及自力更生的精神。他感慨道："中国共产党交给八路军的不是精良的武器，而是经过二万五千里长征锻炼的战士。有了这样的革命精华，我们就有了一切。"白求恩同志没有看错，这些战士坚定 "奉献牺牲，前赴后继，在所不惜也要实现中国主权完整、人民独立自主"的信念，经过艰苦卓绝的努力，开创了一个新国家——中华人民共和国。

"定居于新英格兰的移民，带着良好的秩序和道德因素，同妻子儿女一起来到荒凉的土地。他们并非迫不得已离开故土，而是自愿放弃了值得留恋的社会地位和温饱的生活的。他们远渡重洋来到新大陆，绝非为了改善境遇或发财；他们离开舒适的家园，是出于满足纯正的求知需要；他们甘愿尝尽流亡生活的种种苦难，去使一种理想获致胜利。"这是托克维尔对一群人的评价，这群人和他们的后裔也开创了一个国家——美利坚合众国。

这两段话每次读来，感动之情都会油然而生。令人产生共鸣的不仅是字里行间透出的崇高，而是他们纯粹的信仰及坚定不移、不计代价地奉行信仰的行动。而话中被白求恩称为"精神"、被托克维尔称为"良好的秩序和道德因素"的东西，正是如今每个企业或多或少都会提及的"价值观"[①]。

价值观通过确定价值评价的标准从而形成价值选择的取向。在一个企业当中，处于核心地位的价值观是整个企业文化的核心；而在一个社会当中，各种类型的企业都是在整个社会的企业核心价值体系的指引下确定并形成自己的核心价值观的。

2.1　关于价值观和价值体系的基本认识

早在新民主主义革命时期，毛泽东曾经把革命文化看作与武装斗争并立的两大战线之一。如果说革命的"枪杆子"是当时中国共产党的硬实力，革命的"笔杆子"就是当时中国共产党的软实力，正是软实力弥补了中国共产党在硬实力上的不足，才有了中国革命的胜利[②]。时至今日，通过建立社会主义市场经济体制及开创伟大的改革开放新征程，中国的经济总量已经在2011年跃居全球第二，经济硬实力不断增强，但与此同时，面对日益激烈的国际竞争和深度调整中的国内环境，我们的发展却显得后劲匮乏。究其

---

① 梁磊．2012．建筑企业价值观［DB/OL］．企业文化网[2012-10-11].

② 张宏志．2012．社会主义核心价值体系建设与中国文化软实力［DB/OL］．人民网—理论频道[2012-10-17].

原因，就是文化软实力没有跟上，全社会缺乏统一的价值取向和精神动力，国内难以形成强大的凝聚力，国际上难以解除疑虑、增进沟通。党的十六届六中全会明确提出了社会主义核心价值体系的内容，为社会主义核心价值观的凝练打下了坚实的基础，也为提升中国的文化软实力、增强国家综合实力做出了卓越的贡献。

随着社会主义市场经济体制的建立和改革开放的胜利推进，中国的企业逐渐成为市场的主体，在经历了如雨后春笋般数量激增的发展初级阶段之后，很多企业都面临着为扩大企业规模、保持企业基业长青而加强企业文化建设的诉求，作为企业文化的核心——企业核心价值观，受到了与日俱增的关注。而对企业核心价值观渊源的探索，自然而然地为我们提出了企业核心价值体系这一概念。所谓“大河有水小河满”，在中国特色社会主义市场经济体制的基本面上，中国现代企业制度的建立和成长必须服从和适应这一客观规律。因此，在社会主义核心价值体系指导下的企业核心价值体系有怎样的形成背景、具体内容和意义价值等，成为各类企业在生存发展过程中需要明确的首要问题。

2.1.1 围绕价值的基本观点

我们首先有必要从最基础的概念着手，最终明确界定企业核心价值体系的概念，了解企业核心价值体系的形成背景。

1. 价值

价值是揭示外部客观世界对于满足人的需要的意义关系的范畴，是指具有特定属性的客体对于主体需要的意义[①]。从哲学上讲，价值是一种关系范畴，它所表达的是一种主体的需要与客体能否满足主体需要之间的关系。需要特别注意的是价值具有很强的相对性。譬如，一碗白米粥对于极度饥渴之人就是活命金方，而对于刚刚饱食大餐的人来讲就显得无足轻重。

2. 价值观

价值观就是主体以自身的需要为尺度，对外在于自身的事物或现象所蕴涵意义的认识和评价[②]。简单地说，价值观就是人们对客体价值的观点。一旦形成一定的价值观，对于主体来说，无论在思想上还是行动上都会向着符合其价值评判中最重要的、最有价值的方向发展。所以，价值观决定着人们的行为取向。

有一个关于价值观的传说，能够帮助我们认识自己的价值观，同时了解不同的价值观对于行为的导向作用。

---

① 许胜利．2009．马克思主义基本原理概论[M]．北京：高等教育出版社：79．

② 佚名．2011．社会主义核心价值体系与核心价值观是一回事吗［DB/OL］．新华网—新华新闻[2011-01-24]．

[资料]

价值观的作用

很久以前，在一个古老王国的宫殿里住着一位年轻美丽的公主。这位公主刚结婚不久，她的丈夫是一个王子。可是年轻的公主却不知足，每当她丈夫长途跋涉到邻近的国家去时，她便无所事事，觉得很孤单，很不快乐。有一天，当她独自一人在御花园里散心的时候，一个英俊的浪子从森林里跑出来，博得了她的欢心并且把她带走了。

两人享受了一天的欢乐时光后，公主便遭到了浪子的无情抛弃。这时，她才发现唯有通过邪恶男巫管辖的大森林才能回到宫殿去。

公主害怕独自一人走进森林里，便跑去找她那聪明能干的叔叔帮忙。她诉说了自己的困境，请求他的宽恕，恳求叔叔在她丈夫回家之前把她送回去。叔叔对公主的所作所为感到非常意外和震惊，不但不原谅她，还拒绝帮助她。

公主只好隐瞒身世，去找全国最勇敢的剑客帮忙。听了她凄惨的故事后，剑客答应帮忙，只要公主能付出酬金。可是公主付不起酬金，而剑客只拯救那些付得起酬金的人。

公主举目无亲，再也没有人能帮助她了。因此，她决定独自冒险走一趟。她沿着自己所熟悉的最安全的小径走，眼看就要走出大森林的时候，却被邪恶的男巫发现了，结果她被火烧死了。

看完以上材料，请回答：

1）你认为谁应该为公主的死负责？并说明你是根据什么标准或价值观做出判断的。

2）以上的每一个人是依据什么样的价值观对公主的行为做出评价并对公主采取不同行为的？

3. 价值体系

价值体系的概念要从价值说起。前面我们讲过，价值是一种关系范畴，它所表达的是一种主体的需要与客体能否满足主体需要之间的关系。如果进一步研究，我们会发现主体的这种需要并不是单一的，而是一个体系。

例如，著名的美国心理学家亚伯拉罕·马斯洛 1943 年在《人类激励理论》中提出了一种今天广为人知的关于人的需要结构的“需求层次理论”，这也是他试图揭示人的需要规律的重要论点。他把人类需求像阶梯一样从低到高按层次分为五种，分别是生理需求、安全需求、社交需求、尊重需求和自我实现需求，如图 2.1 所示。人们在社会实践过程中，逐步深入地认识到自身的需求，从最底层的吃、住等生理需求开始，一旦低层次需求得到满足，即会追求更高层次的需求，直到完成自我实现的需求，从而形成完善的价值体系。

价值（需要）不能自己表现自己，必须借助一定的载体，往往表现为一定的追求、目标等。价值体系也因此往往是由指导思想、理想、信念、价值取向等价值（需要）的具体表现形式，按照一定层次顺序组合而成。

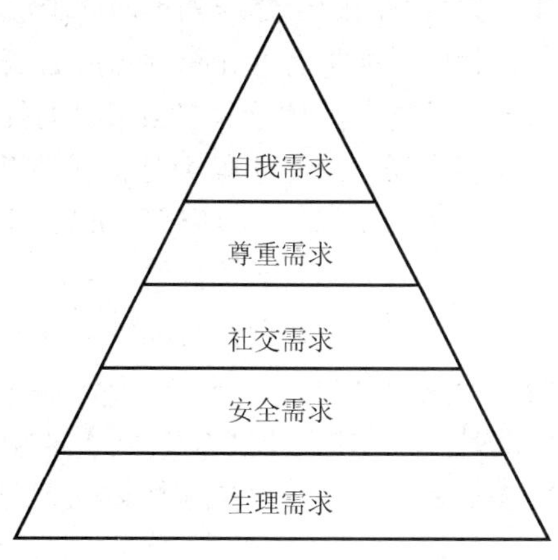

图 2.1　马斯洛需求理论

4. 价值观和价值体系

价值观和价值体系是两个既相互联系又相互区别的概念。联系在于两个概念都是围绕着价值展开的，在本质上同根同源。区别则在于价值观强调主体对客体属性的认识和评价，是一个主观的带有褒贬评判的概念，而价值体系则是价值的组合，是既有客体物的属性，又有主体对客体属性的认识这样的人的属性的概念，是一个主客观统一的概念。因此，价值观的形成，有赖于价值体系的指引。两者的关系如图 2.2 所示。

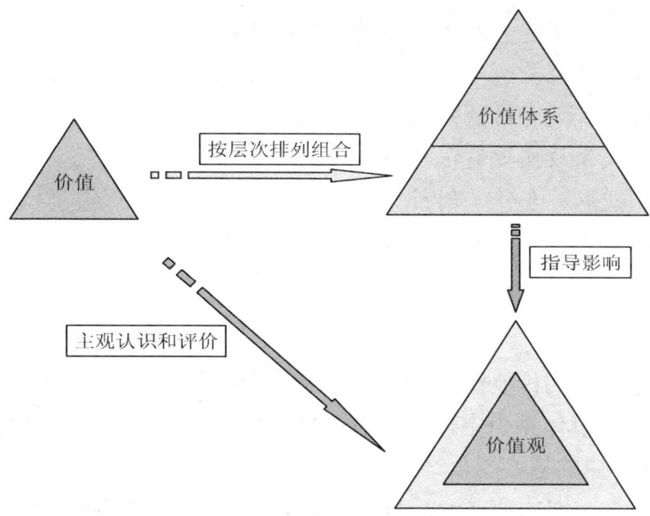

图 2.2　价值观和价值体系的关系

5. 核心价值观

对于一个团体而言，其成员中不同的个体因为不同的生活和教育背景而拥有不同的价值观，但是在团体形成的过程中，终将有意无意地形成居统治地位、起支配作用的核心价值观，这种价值观同时影响着这个团体绝大多数成员的行为。一个社会如此，一个企业也如此。因此，从某种意义上说，核心价值观是管理学界的一个词汇。

曾经有一位经济学家提出了“动车理论”。所谓“动车理论”，就是把动力装置分散安装在每节车厢上，使其既具有牵引力，又可以载客。采用这一方法装配的列车，车厢本身也具有动力，运行的时候，既有车头在前面拉动，又有车厢在后面推动，力量组合到一起，组成一个动力系统，形成一个合力，齐心协力朝着一个目标向前奔驰，速度怎能不快？火车尚且如此，何况是一个团体。核心价值观正是发挥了动车理论中各个车厢的动力装置的作用，在车头核心引领作用下形成了团体强大的竞争力和凝聚力。

[资料]

知名企业的核心价值观

沃尔玛：以最低的价格换取最优良的产品和服务。

波音公司：永为先驱，尽善尽美。

福特汽车：客户满意至上，生产大多数人买得起的汽车。

联想集团：成就客户——致力于客户的满意与成功；
创业创新——追求速度和效率，专注于对客户和公司有影响的创新；
精准求实——基于事实的决策与业务管理；
诚信正直——建立信任与负责任的人际关系。

阿里巴巴：让天下没有难做的生意！

百度：为人们提供最便捷的信息获取方式。

腾讯：正直，进取，合作，创新。

华为的“狼性文化”：学习，创新，获益，团结。

6. 核心价值体系

价值体系分为个体的价值体系和团体的价值体系两种，这是按照价值的主体不同来划分的。在个体的价值体系当中，存在着个体的核心价值（需求），围绕着这些核心价值（需求），形成个体的核心价值体系。团体的价值体系形成于若干个体的价值体系，但一旦形成，即具有一定的独立性，在团体中也存在着占主导地位的、起决定性作用的核心利益、核心价值（追求），它们逐渐成为团体的核心价值体系，成为决定团体中个体的核心价值体系建立和团体的核心价值观形成的重要力量。

例如，先秦《管子·牧民》中提出的“礼义廉耻，国之四维，一维绝则倾，二维绝则危，三维绝则覆，四维绝则灭”。对于一个国家这样的团体而言，核心价值追求在于“礼义廉耻”，这也构成了先秦时期社会的核心价值体系。管仲生活的先秦时期早于孔子百余年，在这样一种核心价值体系的影响下，孔子提出“仁、义、礼”，孟子延伸为“仁、义、礼、智”，汉代董仲舒扩充为“仁、义、礼、智、信”，即我们通常所说的“五常”，这是儒家道德伦理观的具体体现，也是我国封建社会的个体的基本行为规范和个体的核心价值体系。

2.1.2 社会主义核心价值体系

如果这个团体是一个国家，则在这个国家中存在着占主导地位的核心价值（追求），它们逐渐形成这个国家的核心价值体系，从而决定着这个国家中的个体或小团体的核心价值体系的建立和这个国家的核心价值观的形成。社会主义核心价值体系即在中国这样一个社会主义国家中的核心价值体系，它决定着其内部的小团体（如企业）的核心价值体系的建立，可以说是中国企业核心价值体系的背景来源。

1. 社会主义核心价值体系的形成背景

从2002年10月开始，中央电视台每年推出的“感动中国”年度人物评选，在社会上均引起强烈反响。从人民公仆郑培民、航天英雄杨利伟、独臂英雄丁晓兵、爱心歌手丛飞，到乡邮递员王顺友、好军医华益慰、自立自强的优秀大学生洪战辉、70多年前参加长征的红军群体等，虽然他们的身份不同、经历不同，但他们的故事都让人热泪盈眶、震撼人们的心灵。在他们身上，我们看到了一种理想、一种信念、一种精神、一种力量，他们以自己的行动从不同角度诠释了社会主义核心价值体系的真谛[①]。

2006年党的十六届六中全会第一次提出了建设社会主义核心价值体系问题，明确了社会主义核心价值体系的主要内容及其关系。党的十七届六中全会进一步强调了社会主义核心价值体系的意义与作用，并把它提到了一个十分重要的战略高度，指出：社会主义核心价值体系是兴国之魂，是社会主义先进文化的精髓，决定着中国特色社会主义的发展方向，建设社会主义核心价值体系是推动文化大发展、大繁荣的根本任务。

建设社会主义核心价值体系是引领多样化思潮的内在要求。我国当前处于社会转型的历史时期，转型任务叠加、转型环境复杂和转型速度加快，给思想文化领域带来了极为复杂的影响。面对各种社会思潮，很多人感到无所适从，导致了一系列的思想困惑、道德迷失、诚信短缺和文化冲突。一些人对新的社会变革和现实环境很不适应，精神上感到迷茫和痛苦；一些人对社会多样化和思想观念多样化的现实感到无所适从，在认识上出现混乱、疑惑和偏差；一些人对所处的生存境遇感到无能为力，丧失自我，在信仰

---

① 中共中央宣传部理论局．2007．在“感动中国”人物的背后 理论热点面对面2007[M]．北京：学习出版社，人民出版社：73-74.

上出现某种危机；一些人对那种只追求物质财富的增长而轻视人文建设的现象感到无奈，在精神上无所皈依，没有了家园；一些人对丑恶现象丧失了基本的判断力，往往把丑的东西当作美的东西等。在多样化的社会思想中，正确与错误彼此交织，积极和消极相互激荡，意识形态领域并不平静。应该清醒地认识到：意识形态领域的斗争，不仅会长期存在，而且还很复杂，有时甚至还相当尖锐。解决这些问题，就要有一套与社会主义基本经济制度和政治制度相适应，并能形成广泛社会共识的核心价值体系。通过构建社会主义核心价值体系，发展主流意识形态、整合社会意识，使社会系统得以和谐运转①。

2. 社会主义核心价值体系的内容

社会主义核心价值体系的内容很明确、很具体，就体现在社会成员的具体行为中，体现在现实生活里，和我们每个人都息息相关。它包括四个方面的基本内容，即马克思主义指导思想、中国特色社会主义共同理想、以爱国主义为核心的民族精神和以改革创新为核心的时代精神、社会主义荣辱观。

1）马克思主义指导思想，是社会主义核心价值体系的灵魂。我国是社会主义国家，马克思主义是我们立党立国的根本指导思想，是社会主义意识形态的旗帜。它为我们提供了科学的世界观和方法论，决定着社会主义核心价值体系的性质和方向②。

2）中国特色社会主义共同理想，是社会主义核心价值体系的主题。这一共同理想，就是在中国共产党的领导下，走中国特色社会主义道路，实现中华民族的伟大复兴。

理想是灯塔、是风帆，引领着社会进步。中国特色社会主义共同理想，是当代中国发展进步的旗帜，是动员、激励全国各族人民团结奋斗的旗帜。它反映了我国最广大人民的根本利益、共同愿望和普遍追求，既实在具体又鼓舞人心，它把国家的发展、民族的振兴与个人的幸福紧密联系在一起，把各个阶层、各个群体的共同愿望有机结合在一起，具有强大的感召力、亲和力、凝聚力。不论哪个社会阶层、哪个利益群体的人们，都能认同和接受这个共同理想，并愿意为之共同奋斗。

3）民族精神和时代精神，是社会主义核心价值体系的精髓。民族精神和时代精神是一个民族赖以生存和发展的精神支撑。在五千年历史演进中，中华民族形成了以爱国主义为核心的团结统一、爱好和平、勤劳勇敢、自强不息的伟大民族精神；在改革开放新时期，中华民族形成了勇于改革、敢于创新的时代精神。二者相辅相成、相互交融，已深深熔铸在中华民族的生命力、创造力和凝聚力之中，共同构成了中华民族自立自强的精神品格，成为推动中华民族伟大复兴的精神动力。

4）社会主义荣辱观，是社会主义核心价值体系的基础。一个社会是否和谐，一个国家能否实现长治久安，很大程度上取决于全体社会成员的思想道德素质。只有分清荣辱，明辨善恶，一个人才能形成正确的价值判断，一个社会才能形成良好的道德风尚。

---

① 辛向阳. 2010. 社会主义核心价值体系的五个基本问题［DB/OL］. 求是理论网[2010-4-29].

② 中共中央宣传部理论局. 2007. 在“感动中国”人物的背后 理论热点面对面 2007[M]. 北京：学习出版社，人民出版社：77-78.

以“八荣八耻”为主要内容的社会主义荣辱观，概括精辟、内涵深刻，贯穿社会生活的各个领域，覆盖各个利益群体，涵盖了人生态度、社会风尚的方方面面。树立社会主义荣辱观，使社会成员都能知荣弃耻、褒荣贬耻、扬荣抑耻，社会主义核心价值体系才能有所依托、有所体现。

3. 社会主义核心价值观的凝练

社会主义核心价值体系的地位已经明确，是我们的兴国之魂，决定着中国特色社会主义的发展方向，同时，我国目前还面临着在社会主义核心价值体系指引下凝练社会主义核心价值观的任务。

党的十八大报告用 24 个字提出了反映现阶段全国人民最大公约数的社会主义核心价值观的表述。这个表述是分别从国家、社会、个人三个层面进行的：从国家层面看，是富强、民主、文明、和谐；从社会层面看，是自由、平等、公正、法治；从公民个人层面看，是爱国、敬业、诚信、友善。这是对社会主义核心价值观的最新概括。

需要指出的是，我们主张，社会主义核心价值观必须是国家、社会、制度层面的价值取向，而不是针对公民个人的道德规范，但并不排斥在社会主义核心价值观指导下建设和倡导各领域的具体价值观。事实上，我们党针对各领域、各行业、各种职业提出的具有价值观性质的要求，就是社会主义核心价值体系的具体化。例如，针对执政党的“立党为公、执政为民”；针对党和政府的“以人为本、执政为民”；针对党政干部的“为民、务实、清廉”；针对革命军人的“忠诚于党、热爱人民、报效国家、献身使命、崇尚荣誉”；针对政法战线的“忠诚、为民、公正、廉洁”等。大力推进社会主义核心价值观在各领域的具体化，对于建设社会主义核心价值体系有着十分重要的意义①。

4. 中国企业核心价值体系是社会主义核心价值体系的具体化

在社会这一大的团体中，还存在不同领域具体的小的团体，如学校、部队、企业等，他们因为职业内容的差异，形成了在整个社会共同的大的背景下具体不同的小团体，在这样的小团体中，同样存在着自己的核心价值体系，不过这些具体领域中的核心价值体系，均受到整个社会共同的核心价值体系的影响。在中国社会中，这些小团体的核心价值体系是社会主义核心价值体系在各领域中的具体化。中国企业核心价值体系正是这其中的一种。

1）中国的企业是我国社会主义市场经济建设的主体，是我国社会主义现代化建设的重要力量，肩负着建设中国特色社会主义的历史使命，因此，在中国社会这一大背景下，中国特色社会主义这一共同理想首先成为企业核心价值体系的应有之义，表现为当代中国企业共同的理想目标。

① 柯缇祖．2002．社会主义核心价值观研究[J]．红旗文稿，（2）．

2）我国企业发展历史不长，经历了由计划经济体制向市场经济体制转轨的过程。随着社会主义市场经济体制的逐步建立，企业越来越意识到自身的生存和发展要紧跟内外环境的变化，紧跟顾客现有和未来的需求，因此，市场导向成为当前中国企业经营的基本原则或精神，是企业核心价值体系的重要内容。

3）企业文化不会凭空产生，必然依托本土文化而生长。中华民族拥有五千年的历史，中国优秀的传统文化以其对道德伦理的关注，成为整个中华民族，包括中国的企业的行为规范的重要渊源，因而，中国优秀的传统文化成为中国企业核心价值体系的又一要义，表现为中国企业的道德规范。

2.2　中国企业核心价值体系与核心价值观

中国的企业在经历了重视财务、重视营销、重视技术的阶段后，终于走到了重视人的阶段，认识到了人才是企业的根本。那么，怎样才能凝聚人才并最大限度地发挥人的潜力呢？答案就是，建立企业核心价值体系及其指导影响下产生的核心价值观。

2.2.1　中国企业核心价值体系

中国企业核心价值体系指的是在中国企业界，占主导地位的，起决定性作用的，以中国企业共同的理想、信念、道德规范等形式表现出来的核心利益或核心价值体系，它产生于当代中国社会主义环境中，是社会主义核心价值体系在中国企业界的具体化，也是中国企业核心价值观的渊源，包括中国特色社会主义共同理想、市场导向理论、中国优秀传统文化三个重要部分。

1. 中国特色社会主义共同理想

中国特色社会主义共同理想，是中国共产党最高理想即实现共产主义在社会主义初级阶段的具体体现。因此，这一共同理想也具有社会主义初级阶段的特征，从经济建设角度分析，社会主义初级阶段的基本经济制度是公有制为主体，多种所有制经济共同发展，即各种性质的企业尤其是国有企业，均成为中国特色社会主义经济建设的主体，为中国特色社会主义的最终建成，贡献自己的力量。

首先，中国特色社会主义共同理想的实现，要贯彻落实科学发展观，中国的企业是贯彻落实科学发展观的主力军。科学发展观是马克思主义关于发展的世界观和方法论的集中体现，是建设中国特色社会主义的指导思想，必须长期坚持和贯彻。

其次，中国特色社会主义共同理想的实现，需要弘扬民族精神和时代精神，中国企业是民族精神的传承和弘扬者，是时代精神的创造者。特别是改革开放以后，在科技进步日新月异的新的历史时期，各种性质的企业在爱国主义为核心的民族精神的基础上，培育创造出了以改革创新为核心的时代精神。“十五”计划以来，我国载人飞船升空、动车机组研制、高寒地区青藏铁路的建设、计算机芯片设计技术，标志着当代中国企业正以不断提高生产效率和科技在经济发展中的贡献率为目标，努力掌握核心技术的发展方向和研究开发的主导权，形成一大批具有自主知识产权的重大科研成果[①]，为推动创新型国家建设，为最终建成中国特色社会主义做出了重大贡献。

最后，中国特色社会主义共同理想的实现，需要调动各方面的积极性，促进多种所有制的共同发展，中国企业将企业理想和国家理想联系在一起，以“主人翁”的形象积极主动为建成中国特色社会主义做出努力。在共同的中国特色社会主义建设的大背景下，每个企业各自理想的实现都必然地和国家理想紧密连接在一起，每个企业扎扎实实地履行自己的职责，积极主动地发展壮大，就是为中华民族的伟大复兴，为中国特色社会主义的最终建成奠定基础。

2. 市场导向理论

市场导向的起源可以追溯到营销观念。营销观念认为，组织的最终目标在于通过满足顾客需求，实现利润最大化。尽管市场导向作为营销理论中一个广受关注的焦点已经持续了几十年，但至今并无关于市场导向概念的公认定义。当前营销学界的共识是，市场导向定义基本可分为行为观和文化观两大类。市场导向行为观侧重于同市场导向相联系的特定行为的研究，市场导向文化观（如图 2.3 所示）则将市场导向看作一种组织文化[②]。

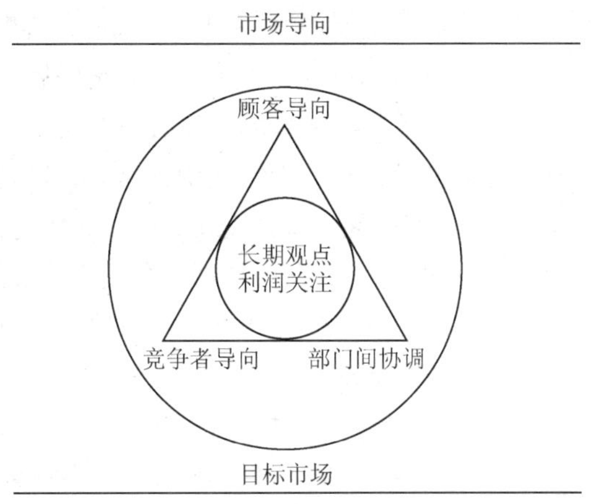

图 2.3　市场导向文化观理论框架

把市场导向理论作为企业核心价值体系的重要内容，正是从市场导向的文化观这一角度出发的。有人将市场导向定义为一种组织文化，这种文化能够最有效地诱发创造优

① 刘国光．2012．国有企业是中国特色社会主义共同理想的基石［DB/OL］．新浪博客[2012-02-19]．

② 陈凯，刘艳红．2008．市场导向理论基础及概念演进[J]．当代经济管理，(6)：14-17．

越顾客价值所必需的行动，以此保证经营活动的良好绩效。具体而言，市场导向由三个行为要素构成——顾客导向、竞争导向和部门间协调。顾客导向是指，组织能充分地了解目标市场消费者的需求特点和偏好，并能预测消费者需求的变化；竞争者导向指组织对竞争者短期内的优缺点及长期能力与战略的了解；部门间协调指整合组织资源的使用以创造优越的顾客价值。由于公司中的任何个体都潜在地为创造优越顾客价值做出了贡献，所以每个公司都具备通向市场导向的路径。除上述三个行为要素外，还有如下两个决策准则：长期观点和利润关注。

我国学者是在20世纪80年代末开始将源于西方的市场导向理论引入国内，而市场导向理论在中国企业经营管理过程中的效果显现也是随着改革开放和社会主义市场经济体制的逐步建立过程而逐步明确的。而今实行社会主义市场经济体制，市场导向观念正在我国企业中逐步形成，如“一切为了顾客”、“顾客就是上帝”和“顾客至上”等，已经成为企业经营的信条。顾客导向是市场经济中企业谋求生存和发展的法宝，企业是在为顾客创造价值，只有当顾客对企业的产品和服务感到满意时，才会支付合理的价格，使企业获得利润。而企业以所获利润又可回报社会和增加投入，为顾客提供新的产品和服务，为顾客创造新的价值，使企业的发展进入良性循环[①]。目前，市场导向已基本成为中国企业经营的原则或信条，进而成为中国企业核心价值体系的重要内容。

3. 中国优秀传统文化

文化，是一个民族或国家在长期发展历程中积淀而成的精神财富。传统文化，是文明演化而汇集成的一种反映民族特质和风貌的民族文化，是民族历史上各种观念形态的总体表征。它是起源于过去、融合现在与未来的主流观念和价值取向，广泛影响着人们的思想和行为。中国传统文化是中华民族几千年文明的结晶，也是以中国传统文化为基础的哲学文化，形成了以儒（法）家文化、道家文化、佛教文化为核心内容的主体文化。

中国的传统封建社会有两大基础：小农自然经济的生产方式和家国一体的政治结构。由此决定了在这样的社会中，秩序的构建和人际关系的调节只能运用伦理道德的手段，在此基础上产生的以儒（法）家学说为主体的中国传统文化，也是侧重于伦理道德规范的内容，其中优秀的部分成为从传统封建社会流传至今的、影响人们一言一行的价值取向和行为规范。在中国的企业界，无论从企业整体、企业家还是普通员工各个层次来看，行为处事均或多或少受到中国传统文化当中最优秀部分的影响和指引，也正是因此，中国优秀的传统文化也成为中国企业核心价值体系的应有之义。

我们以中国优秀传统文化对企业价值取向和行为规范产生深远影响的案例来具体说明。

① 王砥，孙仕敏．2006．市场导向理论在中国企业的验证研究[J]．集团经济研究，（08X）：162．

[资料]

冯谖焚券

冯谖是齐国执政大夫孟尝君的门客。有一次，孟尝君派他到封地薛邑去收债。临行前，冯谖问孟尝君："债收齐后，买些什么东西带回来呢?"孟尝君说："你看我家里缺什么就买什么吧。"冯谖驱车到了薛邑，却假传孟尝君的命令，把债券验对后，当着当地百姓，把债券给烧了，百姓们当即高呼万岁。当冯谖回来后，孟尝君问买了些什么回来，冯谖说："你说看你这里缺什么就买什么，我私下考虑，您家里堆满了珠宝，厩棚里挤满了牛马，阶下站满了美女，你家里所缺少的，只是义罢了。于是我用债券给你买回了义。"过了一年，齐王不再重用孟尝君，孟尝君只好前往自己的封地薛邑。他没想到，这次回去，与以往不同的是，距离薛邑还有一百里路，老百姓就扶老携幼，来迎接孟尝君，在路上站了整整一天。孟尝君回头对冯谖说："先生所给我买的义，今天才看到!"

在这个案例中，孟尝君开头确实损失了"利（债券）"却得到了"义"，这对于管理者来说也可以说是最大的利，而且看过史书《战国策》的人都知道，孟尝君更大的利还在后面呢。后来，齐王听说孟尝君在薛邑深得民心，受到人民的拥护与爱戴，便觉得孟尝君是个真正的人才，于是又请他回去做齐国的宰相[①]。

[资料]

义与利

北京时间5月12日14时28分，四川省汶川县（北纬31度，东经103.4度）发生8级地震，经历了一场千年浩劫。地震发生后，全国各地乃至全世界爱心人士和企业纷纷向灾区伸出援助之手、捐款赈灾。5月18日，央视一号演播大厅举办的"爱的奉献——抗震救灾募捐晚会"现场，当时的民营企业的后起之秀——"王老吉"品牌持有者加多宝集团以一亿元人民币的国内单笔最高捐款感动了每一个中国人，加之一系列营销组合拳，当时的红罐王老吉在国内各地掀起了一片销售狂潮。

首先，义以生利的思想。这是孔子最早提出来的，他说："唯器与名，不可以假人，君子所司也。名以出信，信以守器，器以至礼，礼以行义，义以生利，利以平民，政之大节也。"（《春秋左氏传》）义以生利在我国传统社会有着鲜明的体现。"不赚钱的企业是不道德的。"但是"君子爱财，取之有道"。孔子"义以生利"的思想已经深深影响了

① 佚名. 2010."名誉权的案例"孔子的管理思想境界［DB/OL］. 中顾法律网[2010-09-24].

当代企业，尤其是那些寻求进一步发展的大中型企业，成为它们的基本价值取向。

其次，道之以德的德化思想。孔子一生主张以德治人，他说："道之以政，齐之以刑，民免而无耻，道之以德，齐之以礼，有耻且格。"（《论语·为政》）

对孔子这一管理思想运用得好的案例当数松下幸之助。"日本经营之神"松下幸之助最欣赏孔子的这一套注重人内在的、心理的、精神的和价值观为准则的控制手段。在松下看来，维持企业的控制，关键还是要靠共同的价值观。因此，他反复告诫部下："如果你因诚实而犯了一个错误，公司是非常宽容的，把这个错误当作一笔学费来对待并从中吸取教训，但是如果你背离了公司的基本原则，你将受到严厉的处置。"①

2.2.2 中国企业核心价值观

随着市场经济的进一步发展，企业竞争日趋激烈，在近似残酷的竞争当中，每个企业都竭尽所能，以试图保持长期的竞争优势，建立企业不可复制的核心竞争力。文化因其对思想行为的强大影响力和不可复制性，在企业核心竞争力中居于最主要的统治地位。

简单地说，企业的第一核心竞争力即核心价值观。美国凭借"三片"走遍世界，即"薯片、芯片、影片"，这种竞争力说到底，是美国企业核心价值观的竞争力。中国的企业在整个社会主义核心价值体系的领导下，已逐步建立起自己的核心价值体系，包括中国特色社会主义共同理想、市场导向理论、中国优秀传统文化三个重要部分。对这三个方面的认识，以观念的形态表现出来的，即中国企业的核心价值观，也包括三个部分：责任、创新、诚信。

1. 责任

为实现中国特色社会主义的共同理想，中国的每个企业都肩负着不同的责任。

（1）对国家的责任

首先，企业承担着为国家提供税收的责任。一方面，财为国之本，税为政之要。"取之于民，用之于民"的税收是国家财政收入的主要来源，也是国家宏观调控的重要经济杠杆，更是解决民生问题的重要手段。作为国家的一员，依法纳税是每个企业爱国的具体表现。另一方面，国家为企业的生产经营创造安定有序的经济环境，制定调整促进企业发展的经济政策，企业应该在享受经济权利的同时，积极承担起依法纳税的义务。按照一般规律，越发达的国家，商业税越低，且税务管理也相对简单，中国作为发展中国家，中国的企业目前承担的纳税责任往往要更加艰巨。与发达国家相比，中国的企业还应为国家承担更多的责任。

其次，企业承担着捍卫国家垄断经济和国家战略资源的安全的责任。近些年我国围绕一种珍贵的战略性资源——稀土的战争，至今仍硝烟弥漫，对它的了解能够帮助我们

① 佚名．2010．"名誉权的案例"：孔子的管理思想境界［DB/OL］．中顾法律网[2010-09-24].

理解这种责任。稀土又称稀土元素，是元素周期表中钪、钇、镧系 17 种元素的总称。作为战略资源，稀土有“工业味精”、“新材料之母”之称，在航空、航天、电子信息、钢铁、有色金属、机械制造、农林牧业等产业领域用途广泛。我国的稀土蕴藏量和产量在世界上都排第一，是举世公认的稀土资源大国。“中东有石油，中国有稀土。”这是邓小平 1992 年南方谈话到达江西时的“名言”。面对中国的稀土困局，2005 年起，国家开始频频运用关税杠杆，提高钨、稀土、钼等稀有金属产品的出口门槛，并于 2009 年打响了一场以整合产业、控制出口、夺取定价权为核心内容的稀土保卫战。在这一战役中，美国等国激烈反对，甚至上诉至世界贸易组织，这些都在预料之中。从民族国家利益出发，企业身上肩负着捍卫国家垄断经济和国家战略资源的安全的历史使命，不能以一己私利置国家利益民族安危于不顾。

最后，企业还承担着捍卫和保护企业价值观的独立性和民族性的责任。日本松下公司创业之初就确立理念：“彻底认清从事产业者的使命，谋求社会的改善与进步，进而贡献于世界文化。”在文化领域，民族的就是世界的。一国的企业还承担着维护本国文化和价值观的独立的使命。我国也涌现出了一批自觉肩负民族责任、传承民族文化价值观的典范，如海尔集团以“海尔——中国造”为使命，以“创造资源，美誉全球”为精神；海航集团提出了“为中华民族创造世界级企业”的愿景；300 多年中华老字号——同仁堂堂训“同修仁德，济世养生”，宗旨是“修合无人见，存心有天知”。这些企业文化的共同特点是呼吁中国企业家应该怀有一种责任，为中华民族创造世界级的品牌，为中国传统文化的现代传承做出贡献，为中华民族的伟大复兴做出贡献。

（2）对社会的责任

首先，企业有关爱社会弱势群体、积极参与捐款等公益活动的责任。中外成功企业的实践表明，凡是成功企业、长寿企业，都是重视企业社会责任建设的企业。比尔·盖茨每年投入巨额资产给盖茨基金会。但盖茨基金会与单纯捐款者不同，而是贯彻了卡耐基现代慈善概念。以“投资”的眼光来看待慈善事业：合理投资—高额回报—部分收益用于慈善，剩余收益和本金继续投资。慈善基金会每年都致力于慈善事业，但其资产不但不见减少，反而逐年递增。75 岁的巴菲特向 5 个慈善基金会捐出其所持有的财产——85%伯克希尔·哈撒韦公司的股票，这笔捐赠约合 375 亿美元。巴菲特这笔数额巨大的捐款创造了美国有史以来个人慈善捐款额之最，其中盖茨基金会得到的捐赠最多，占整个捐款总额的 5/6，大概 310 亿美元。在谈到为何把大部分钱交给盖茨时，巴菲特的最直接理由就是“他花钱比我更有效率”。

其次，企业还承担着保护环境、节约资源的社会责任。在企业社会责任建设上的投资，其回报不是立竿见影的，这种产出具有间接性、模糊性和长期性的特点。这些特点往往影响人们对企业社会责任文化建设的正确判断。近年来备受关注的“地球一小时”活动，很多企业积极响应，为环保节能做出了表率。世界自然基金会向全球发出倡议，呼吁个人、社区、企业和政府共同参与到地球的节能环保活动中来，并从 2007 年开始发起在每年 3 月最后一个星期六 20:30～21:30 熄灯一小时，这就是如今席卷全球的“地球一小时”行动。“地球一小时”活动始于 2007 年 3 月 31 日 20:00，当时仅有悉尼 220 多万户的家庭和企业参与。但随后却从这个规模有限的开端，以令人惊叹的速度席卷全球。仅仅一年之后，“地球一小时”就已经被确认为全球最大的应对气候变化行动之一，成为一项全球性并持续发展的活动。在 2009 年，“地球一小时”来到中国，让中国可以为地球的未来做出更大贡献。

（3）对人的责任

首先，企业有对消费者的责任，表现在严把质量关、对消费者负责上。产品质量安全责任是企业社会责任的基本要求，在任何时候，任何国家，企业履行社会责任，生产合格的产品都是应尽的义务。近年来，我国涌现了一大批讲公德、负责任、重质量的企业，有力地推动了我国产品质量水平的稳步提高，为我国经济又好又快发展做出了巨大贡献。但我们也清醒地看到，我国产品质量的总体水平与国内外消费者的需求和期待还有很大的差距，特别是近些年来在食品产业出现的一系列卫生安全问题，如三鹿奶粉事件、瘦肉精事件、地沟油事件等，应当引起社会尤其是企业自身的高度关注。

其次，企业还有对员工的责任，体现在坚持以人为本、为员工创造可持续发展机会上。2010 年，多年来高速成长的代工航母——富士康公司，在后工业时代集中爆发出其脆弱性。2010 年 1 月 23 日，来自河南省的马向前，从富士康集团一栋宿舍楼跳下，当场身亡。然而这只是一个序幕。统计显示，从 2010 年 1 月 23 日直至 5 月 26 日，不到 5 个月的时间相继有 12 位员工跳楼。富士康员工为什么接二连三地选择轻生？从目前纷纷扰扰的讨论中，媒体把所有的矛盾都对准了富士康本身：血汗工厂、摧残人性的加班，人格上的歧视，粗暴的管理方法，形同虚设的工会，冷漠的企业文化……对员工负责任意识的淡漠，不断地引发新的问题，最终也制约了企业的发展。

2. 创新

随着中国特色社会主义市场经济体制的逐步建立，市场导向理论已经日益成为中国企业经营发展的原则和信条，进而成为中国企业核心价值体系的重要内容，与企业的市场表现呈正向关系。但经学者研究，市场导向理论并不能直接对企业表现产生作用，必须要有创新的介入，才能真正发挥作用。因此，创新作为一种价值判断，成为了企业核心价值观的重要内容。

那么，企业创新都包括哪些内容呢？我们可以通过三星抗衡苹果的案例寻找答案。

[资料]

现如今，无论是达官显贵、社会精英，还是普通百姓，手持一款时尚的智能手机恐怕是他们的共同装备和爱好了。而在智能手机领域，正是苹果的 iPhone 颠覆了人们对手机的感知。在 iPhone 问世之前，手机界可谓是百花齐放，直板、翻盖、滑盖几种样式平分天下，但苹果 iPhone 系列的推出，一时间，直板式的智能手机遍布全球。iPhone 不再是一个手机品牌的名字，更是成为了一种符号、一种象征。苹果的横空出世不仅成就了其在智能手机领域的霸主地位，也使其成为全球市值最大的公司。然而，在当今的智能手机市场中，无论在外观，还是性能方面能够向苹果 iPhone 发起挑战的当属三星的 Galaxy Note 了。这款 5.3 英寸超大屏幕的跨界产品模糊了平板电脑与智能手机之间的界限，成功地将“平板手机”的概念植入了人们的脑海中。同时，数据显示，三星在存储器和显示屏领域，市场占有率全球第一，电视业务也已经连续 5 年成为全球销量冠军[①]，而三星的智能手机 Galaxy 在全球的销量，在 2012 年 8 月也超过了苹果公司的 iPhone4，三星顺利成为全球手机业的领头羊。三星为什么能够抗衡苹果？像苹果的乔布斯一样，三星的李健熙也是灵魂人物，他用自己的秘密武器创造了三星今天的成绩。

（1）产品创新

三星集团的灵魂人物，就是具有卓越的领导力与罕见的洞察力的董事长李健熙。他从 1993 年起就主张“新经营”，宣称：“除了自己的老婆孩子，全都要革命。”除了技术研发，李健熙还重视产品设计，因为他相信，有了先进的技术，再加上优秀的设计，营销就成功了一大半了。

（2）社会创新

由于不满足于现状，李健熙强迫集团内各事业部的首席执行官不断思考：“五到十年后，我们三星要做些什么？”他甚至说：“对企业有利的处理方式就是组织机构，不要顾虑我的感受，要彻底把事业进行重新改组。”

在 1997 年的亚洲金融风暴中，现代集团最终分裂，大宇集团宣布破产。三星也不例外，负债高达 170 亿美元，濒临破产边缘。李健熙选择了三大核心领域——电子领域、金融领域、贸易和服务领域进行了重点发展，对集团内部的 34 个事业部门、52 项产品及海外的 12 家亏损的分公司进行了大刀阔斧的整顿。仅三星电子一家企业就将员工从 5.8 万人裁减到 4.2 万人，这一行为打破了韩国企业终身雇用制的常规。并且，公司将次要的业务外包，精简了 20 个业务门类，使得三星电子从以家用电器为中心的企业转变成了先进的电子企业。

（3）管理创新

达尔文说：“那些能够生存下来的，并不是最聪明的和最有智慧的，而是那些最善于应变的。”因为，“变乃不变之永恒”。“变”包括内变和外变，内变更要靠人才与勇气。1997 年，三星聘请国外顶尖人才成立了战略应变小组，该智囊团由 25 位工商管理硕士组成，这些人均是世界顶尖学府出身的人士。每当三星集团遇到不便向外求助的难题时，该小组会立即集思广益，尽快制定相关战略并贯彻实施，直到问题解决。

德鲁克说：“不创新，毋宁死。（Innovate or die.）”三星秉承着这种精神，因时而变，因势而变，不断追求创新。这种创新型的管理和创业式的经营，已经成为三星企业文

① 张力军．2012．三星为什么能抗衡苹果［DB/OL］．经理人网[2012-10-19]．

化的灵魂，就是以“变”为核心的新经营理念，以人才和技术为基础，创造最佳的产品和服务，为人类社会做出贡献。其企业精神是“与顾客同在，向世界挑战，创造未来”。

三星集团确实体现出了德鲁克创新的原则与精神，包括产品与服务的创新，市场、消费者行为和价值的创新，制造产品和服务的创新及将它们推出所需的各种技能与活动的创新。简而言之，就是产品创新、社会创新和管理创新。正因为如此，三星才成就了今日的三星[①]。

3. 诚信

市场经济说到底是一种信誉经济。中国作为东方文明古国，在漫长的历史发展过程中，形成了博大精深、源远流长的优秀的民族传统文化，其中蕴含着许多哲学思想、科学精神和人文精神。而在建设社会主义市场经济的今天，植根于中国优秀传统文化土壤的企业诚信观念成为了重中之重。通用电气公司在给其股东的一封信中，首先讲的就是企业诚信问题，“诚信是我们价值观中最重要的一点。诚信意味着永远遵循法律的精神。但是，诚信也不仅仅是个法律问题，它是我们一切关系的核心”。培育和坚持把企业诚信作为企业文化的核心价值观，对形成支撑企业健康发展的独特文化特征、推动企业从优秀迈向卓越具有巨大的促进作用。

（1）诚信是企业内外有效沟通的桥梁

企业是人的组织，人与人之间沟通的基石是坚守诚信而获得的彼此信任。在企业内部，上下级之间能不能做到上情下达、下情上传，同级之间能不能做到彼此尊重、密切配合，全在于是否有信任。在企业外部，还有一个与投资者、消费者之间的沟通问题，投资者、消费者必须信任企业，企业才有发展。

大家可能对美国安然事件还记忆犹新：安然公司曾是一家位于美国得克萨斯州休斯敦市的能源类公司。在2001年宣告破产之前，安然拥有约21 000名雇员，是世界上最大的电力、天然气及电信公司之一，2000年披露的营业额达1010亿美元之巨。公司连续六年被《财富》杂志评选为“美国最具创新精神公司”，然而真正使安然公司在全世界声名大噪的，却是这个拥有上千亿资产的公司2002年在几周内破产，持续多年精心策划，乃至制度化、系统化的财务造假丑闻。企业内外已经没有任何信任可言。在内外强大压力下，11月8日，安然被迫承认做了假账，虚报数字让人瞠目结舌；12月2日，安然正式向破产法院申请破产保护，破产清单中所列资产高达498亿美元，成为美国历史上最大的破产企业。

（2）诚信是企业生存和发展的基石

诚信是企业的重要资源，也许它不会给企业带来直接的经济利益，但是却对企业的生存和发展具有无法替代的决定作用，诚信则昌，无信则亡。负责安然审计工作的全球五大会计师事务所之一的安达信陷入了前所未有的困境。“诚信”是注册会计师行业的

---

① 詹文明．2012．三星李健熙的创新三板斧［DB/OL］．经理人网[2012-05-11]．

立业之本，安达信在安然事件中所犯的错误，使“五大”所的光环黯然褪色。对于如安达信那样的提供中介服务的企业，信誉是其核心竞争力，尽管它的倒下会带来很多相关的社会问题，美国政府也千方百计地拯救它。然而，市场是无情的，对于一个在最需要诚信的行业里生存和发展的企业来说，如果经常做的却是一些缺乏诚信的事，又有什么理由让它在这个行业里继续存在呢？真是“不死不足以平民愤”。

同样是外国的企业，德国的麦德龙超市在这方面却与安达信大不一样。在大家所见过的各类商品发票中，麦德龙超市开出的发票也许堪称最透明、最详细、最完美。发票全部由电脑输出，内容包括顾客姓名、商品种类、名称、单价、所购数量、金额及日期等。在麦德龙购物，谁想在发票上做点手脚占便宜那绝对没“门”。麦德龙“死心眼”，宁可不赚钱甚至亏本也不肯与那些想变通发票的顾客“同流合污”，源于人家固守其本。这个“本”就是国际惯例，是经营理念的核心和生意场上的游戏规则：诚信。麦德龙在世界各地都是这么做的，不能因为到了中国就破了自己的规矩，“橘”生西方则为“橘”，移植东方就成了“枳”？那还有诚信可言吗？麦德龙表面上的“死心眼”实则是一种聪明和高明，是赢得未来市场的一步高棋。因为规则的守望者和捍卫者即便牺牲了眼前小利但终成大器。舍弃了眼前的小利而更加关注的是将来的利润。因为麦德龙内部的诚信为企业创建了良好的信誉，赢得了良好的公众形象及品牌知名度，在发票上不欺骗，我们同样有理由相信它在产品质量、售后服务等其他方面也不会欺骗顾客[①]。

现在看来，在西学的基础上求道于中国优秀传统文化，在中国优秀传统文化丰富的土壤中寻求增强企业诚信的良方，打造适合中国企业的诚信文化根本，这才是这一条康庄大道。

1）中国优秀传统文化倡导“国家兴亡，匹夫有责”的爱国情怀和社会责任意识，有利于强化企业诚信建设的主体地位，增强企业诚信的主动性。企业跟人一样，是社会的组成部分。企业的一言一行，不仅代表了一家企业的整体素质和品格，而且影响着一个国家的整体形象和实力。由于我国目前尚处于社会转型期，传统的道德规范因无法适应社会存在的深刻变化，趋于瓦解，而人们对与市场经济相适应的西方现代契约意识、规则意识等又缺乏深刻理解，致使社会各个领域的诚信危机异常突出。而诚信是一个民族的立世之本，缺乏诚信根基的民族是没有立足之地的，是没有希望的民族。中华民族有着优秀的爱国主义传统，在我国浩如烟海的古代典籍中充溢着圣贤先哲们浓厚而强烈的爱国思想，如“夙夜在公”、“国而忘家，公而忘私”、“天下兴亡，匹夫有责”、“人生自古谁无死，留取丹心照汗青”、“苟利国家生死以，岂因祸福趋避之”等，都义无反顾地将国家利益置于个人利益之上。当前，推动国家诚信体系建设就是爱国的一种表现。通过汲取优秀传统文化中的爱国精神，可以激励当代企业强化社会责任意识，明确自己在社会诚信体系建设中肩负的历史使命，自觉把维护社会道义、弘扬诚信精神作为企业的价值观，在实现利润最大化的同时，对社会的要求和公众的期望做出积极主

① 李福刚．2004．企业呼唤外部诚信和内部诚信［DB/OL］．致信网—人力资源—薪酬福利[2004-01-30]．

动的响应，以诚信回报社会、造福社会。

2）中国优秀传统文化倡导“不为物役”的人文精神，有利于抑制和消解市场经济所产生的价值观混乱，增强企业诚信的自觉性。中国传统文化历来崇尚道义，主张以道德的至善来凝结人心，实现社会范围内的天下有道，表现在义利关系上就是重义轻利、先义后利、见利思义的价值观。当前，虽然我们实现了社会主义公有制占主体，但在市场经济的发展过程中，企业和个人等市场主体仍有各自独立的经济要求，如果一味放任人们对“利”的盲目甚至疯狂的追求，势必导致唯利是图，引发社会的混乱。“义利之辨”作为一种文化监督和批判机制，对于现实生活中存在的不公平竞争、拜金主义、享乐主义、极端个人主义及以权谋私、贪污腐化等不正之风，都具有净化和批评作用。

3）中国优秀传统文化倡导“人无信不立，业无信不旺”的诚信精神，有利于营造诚信制胜的文化氛围，增强企业诚信的坚定性。诚实守信自古以来就是中华民族所倡导的道德准则，是中国传统社会生活中最具普遍意义的一种道德原则，是立人之本、立业之本、立国之本，是维护社会稳定、保持社会有序的基本道德要求。《礼记·王制》记载了这样的商业规范：“用器不中度，不粥于市；兵车不中度，不粥于市；布帛精粗不中数，幅广狭不中量，不粥于市；奸色乱正色，不粥于市……五谷不时，果实未熟，不粥于市；木不中伐，不粥于市；禽兽鱼鳖不中杀，不粥于市。”荀子的“商贾敦悫无诈，则商旅安，货财通，而国求给矣”，更是道出了诚信对于经济繁荣、商业兴旺和国家富足的促进作用。明清之际出现的以晋商和徽商为代表的两股商业力量，坚持诚信经营，商业成就饮誉华夏大地，为后人树立了榜样。由此可见，诚实守信是事业取得成功的重要保证。现代企业只有以诚求成，视诚信为生产力，培育诚信文化，塑造诚信品牌，才可以增强消费者的认同感、忠诚度和信任度，提高核心竞争力，铸就成功之路。

4）中国优秀传统文化倡导“修身正己”的道德修养，有利于提高企业管理者的诚信品质，增强企业诚信的可能性。企业管理者是企业生存发展的中坚力量，是企业诚信文化的具体实践者和护卫者。对外他们代表企业洽谈业务，对内他们代表企业行使权力，许多企业的失信行为都与高层管理人员直接或间接有关。另外，高层管理人员的言行也直接影响到一般员工的价值取向。中国传统文化非常重视自我修养，主张“修身、齐家、治国、平天下”，“若安天下，必须先正其身；能自制，后可以置人；能治人，然后能为之用”，将自我修为放在了第一步，同时不忘“己欲立而立人，己欲达而达人”，这就意味着企业管理者要主动加强学习和自我完善，自觉提高思想道德素质和科学文化素质，为提高企业诚信水平做出更多的努力。此外，中国传统文化还重身教甚于重言传，强调领导者的表率作用，要求领导者正身自律。孔子认为“政者，正也。子帅以正，孰敢不正？”“其身正，不令而行，其身不正，虽令不从。”孟子则曰“其身正而天下归之”、“正己而物正者也”。

5）中国优秀传统文化倡导“以和为贵”、“和而不同”的和谐思想，有利于完善企业的社会职能，增强企业诚信的广泛性。中华民族历来推崇“和为贵”的思想，主张“和而不同”、“求同存异”，提倡在均衡中化解矛盾，求得和谐。在关于人与自然的关系上，主张“天人合一”，强调人必须遵循自然规律，顺应自然，对自然界采取友善的态度，追求天地人整体和谐发展；在人与人的关系上，主张“合群济众”，提倡相互帮助、人际和谐；在人与自身的关系上，主张身心和谐，保持平和、恬淡、高雅的心态，正确处理物与欲的关系；在人与社会即民族与民族、国家与国家的关系上，主张和谐共处、协和万邦，反对以武力解决争端。由于“和”的思想反映了事物的普遍规律，因而追求和谐成为人类社会永恒的主题。增强企业诚信意识，也应以构建和谐社会为出发点和落脚点，在依法诚信经营、维护市场经济秩序的同时，正确处理好企业发展与自然生态、社会发展之间的关系，认真履行诚信责任。

6）中国优秀传统文化倡导天地之间莫贵于民的民本理念，有利于强化企业发展的人本意识，增强企业诚信的实效性。科学发展观强调以人为本，而民本思想恰恰是中国古代文化的核心政治价值。孟子有一句名言：“民为贵，社稷次之，君为轻。”中国古代民本思想，无论表现为天命观、天道观，还是天理观，都是在说明天与人之间具有不可分割的关系，目的是说明人的重要地位，从而为重民奠定理论基础。继承与发扬民本主义传统有利于增强企业为人民服务的信念。企业诚信对外表现为诚信于客户或是消费者，以优质的产品和服务取信于用户，处处为用户着想，让顾客满意；对内则表现为诚信于员工，关注员工需要，提供发展空间，创造学习机会，尊重员工意志，提倡人人平等。只有取信于民，企业才能赢得良好信誉，推动可持续发展。

学习与思考

核心价值观能让企业浴火重生

IBM 所经历的三个企业核心价值观时代，其实在揭示一个大道理——企业百年基业长青的秘诀无非是适时而变，不断地根据外部市场的改变调整自身的业务重心与策略。

美国学者威廉·詹姆斯曾经说过：“人的思想是万物之因。你播种一种观念，就收获一种行为；你播种一种行为，就收获一种习惯；你播种一种习惯，就收获一种性格；你播种一种性格，就收获一种命运。总之，一切都始于你的观念。”

很多人记得 IBM 的超级计算机和卡斯帕罗夫下棋，记得 IBM 发明了 PC。不错，近百年的公司历史上，IBM 在 IT 行业里建树颇多，也有很多令人称道的技术、产品、人物。从最初的“卖量具”到今天的“卖价值”，IBM 的秘诀无非是适时而变，不断地根据外部市场的改变调整自身的业务重心与策略。这一点相信大多数企业的领导者都很清楚。不过我现在要说的是这种“适时而变”的另一方面：根据不同的市场环境和业务模式调整企业的核心价值观，可能说企业文化大家更熟悉。核心价值观，顾名思义也就是企业文化的核心组成部分。IBM 的成功，也正是得益于拥有了一种核心价值观，并且内化为员工的思维和灵魂，外化为员工的行为和习惯，固化为公司的规范和制度，从而形成了企业的核心竞争力。从实践来看，这是企业成功并得以持续生存发展的一个共同经验。

IBM 曾经经历过三个企业核心价值观时代，从中我们或许能找到一些问题的答案。

在 IBM 的创始家族沃森那里，他们用三句话把 IBM 的员工凝聚在了一起。在 20 世纪中期，“尊重个人、追求卓越、服务顾客”成为 IBM 的基本信仰。当时正处于大型机时代。IBM 主要是依靠大型主机技术方面的领先技术、产品，以及服务人员的专业技能来赢得客户。那时还没有通用型计算机，每台计算机都是独一无二的，连操作系统和应用软件都是单独编写的。每个客户的系统都不一样，而他们的服务人员也是相对长期和固定的。在这样的市场状况下，具有专业技能和应用经验的员工无疑是公司最宝贵的资源。公司要在市场上具有竞争力就必须保持大量优秀人员的稳定。“尊重个人”得到了充分而且完美的演绎。用现在人的眼光来看，那时的 IBM 真是“大锅饭”的天堂，福利待遇好得出奇。其实在我看来，是否“大锅饭”并不重要，重要的是一种适合公司所处市场特点，能够帮助公司保持并促进核心竞争力的措施就是好措施。“尊重个人、追求卓越、服务顾客”是最适合当时状况的，而事实也证明了一个正确有效的企业核心价值观的作用是巨大的。IBM 正是在这三句话的激励下高挂云帆，成为世界计算机技术发展的领航企业，达到了大型计算机时代的巅峰。

但是到了 20 世纪末，世界变了。通用计算机小型机和个人计算机的兴起使得计算机市场迅速地扩展，客户类型变得复杂多样，客户也有了更多的选择。计算机行业逐渐从卖方市场进入了买方市场，仅仅依靠产品技术和人员的资深已经不能赢得客户的欢心了。

这次，IBM 的动作慢了。由于对市场的错误决策等原因，IBM 开始走向低谷，并且我们所信奉的基本信仰的负面影响也日益显露，如精益求精反而成了对技术的固执迷恋和追求，造成决策缓慢甚至决策流产；过分相信自己的行业等。

专家使 IBM 忽略了对客户需求变化的关注，失去了敏锐的市场适应力；尊重个人则使公司失去了优胜劣汰的选拔机制，或者无法贯彻公司的决定。而这时候，郭士纳临危受命。郭士纳对 IBM 进行了一系列业务和管理制度的改革与调整，成功地实现了从生产型企业向同时出售硬件、网络及软件整体解决方案的供应商的转型，重新塑造了 IBM 的竞争力。

今天的 IBM 所“出售”的并不是看得见摸得着的 IT 产品，而是包括产品、技术、服务，以及 IBM 在商业和各行各业积累的敏锐洞察力和经验，整体解决方案也就意味着 IBM 不依靠单一产品来赢得客户。在这样的业务模式下，需要的是合作而不是彰显个人。因此，根据当时公司的状况及业务模式的转变，郭士纳提出了“胜利、执行和团队合作”的三条新的企业核心价值。以这三条标准为出发点，经过 10 年的救亡图存，IBM 浴火重生。

今天的 IBM 是一个时时刻刻都在思考创新的企业，不但在自己的企业内部创新，而且还联合全球不同行业的专家、学者和官员们协作创新；IBM 提供给客户的不是单纯的软硬件产品或解决方案，而是应用了产品和服务之后，客户竞争力的增强；IBM 也不仅仅关注自身企业的发展，而是关注如何与各国政府和企业一起协同合作、共谋发展。简单地说，今天的 IBM 所“出售”的并不是看得见摸得着的 IT 产品，而是着眼于用 IBM

的种种优势（这些优势包括产品、技术、服务及 IBM 在商业和各行各业积累的敏锐洞察力和经验）能够给客户带来什么样的价值。这种价值多种多样，可能是政府在民众心中的形象提升；可能是企业业务模式的顺利转型；可能是科研单位更有效地利用资源；可能是帮助公司降低内耗、提高管理等。这些无疑比以前 IBM 所出售的“产品”都复杂得多。员工们一致认为“创新为要”、“成就客户”和“诚信负责”是对 IBM 现在和未来最为重要的三个要素。于是顺理成章地，这三个要素上升成为 IBM 的核心价值观。IBM 希望成为一个全员创新的公司，成为客户首选的创新伙伴；希望通过努力，不仅是 IBM 自己获得成功，更重要的是帮助客户取得成功；最后，“诚信负责”，则是 IBM 无论在哪个国家和地区，都能成为当地国家资产的一部分，成为政府和客户最值得信任伙伴的关键①。

思考题

1．结合材料，谈谈核心价值观对于企业的意义。

2．通过案例，思考我国的企业能从中得到怎样的启示。

① 钱大群．2008．核心价值观能让企业浴火重生［DB/OL］．聪慧网—企业管理—《新智囊》2007 版[2008-07-15].

第 3 章　企业精神文化

作为苹果公司的联合创始人，乔布斯曾在 1985 年被当时外聘的首席执行官扫地出门。那时，他还被很多人认为是一个喜怒无常的微观管理者，他曾经倡导的花哨的创新变革及他所坚持的全面控制也带来诸多枝节问题。1997 年，乔布斯又重新掌管苹果。10 年后，苹果的股票每股已从 7 美元飙升至 74 美元，市场价值 620 亿美元。苹果从濒临破产的小企业一跃成为全球最令人艳羡的科技公司，乔布斯究竟如何做到这些的呢？

第一，专注高端，收缩产品线以明确树立品牌。

第二，发扬特色，用亮丽性感的产品满足消费者个性需求。

第三，与对手合作。同宿敌微软和解，取得微软对它的 1.5 亿美元投资，并继续为苹果机器开发软件。

第四，倡导不同的思考方式。苹果在 20 世纪 90 年代末发起过一个以“Think Different”为主题的广告设计大赛，并取得了巨大成功，它激起了人们的创新发明意识。

第五，近乎于病态的完美主义。每当有重要产品即将宣告完成时，苹果都会退回最本源的思考，并要求将产品推倒重来。

……

总之，在乔布斯的所有秘密武器中，自始至终从未改变过的，是他对创新的热情，这就如他最喜欢的《全球概览》停刊前的告别辞所写：Stay Hungry. Stay Foolish.（求知若渴，大智若愚。）

执着创新，这既是苹果，也是乔布斯成功的根本原因，它又是苹果公司的企业精神文化的核心。

3.1　企业精神文化概述

企业文化从狭义的角度来理解，主要是指企业精神文化。企业的精神文化是企业文化的核心和精髓。一个企业的理念、精神、价值观就会决定这个企业的组织结构、经营方式、管理制度、员工队伍和服务质量。

3.1.1　企业精神与企业精神文化

1. 企业精神的含义

美国著名管理学者托马斯·彼得曾说：“一个伟大的组织能够长期生存下来，最主要的条件并非结构、形式和管理技能，而是我们称之为信念的那种精神力量及信念对组织全体成员所具有的感召力。”

企业精神，一般地说，它是企业全体成员或多数员工共同一致、彼此共鸣的内心态度、意志状况和思想境界。

企业精神一旦形成，便形成一种群体心理定势，既可以通过明确的意识支配人的行为，也可以通过潜移默化的作用使人产生行为。一个精神境界很高的企业，其做出的选择必然是高水平的，能够众志成城地去实现企业目标；反之，一个精神萎靡不振的企业，不可能有高水准的价值选择，选择了价值也往往难于实现。

每个企业都有各具特色的企业精神，往往以简洁而富有哲理的语言形式概括出来，常通过口号、厂训、企业标志等形式生动形象地表达出来。例如，美国 IBM 公司的“IBM 就是服务”，泰国正大集团的“正大无私的爱”，波音公司的“我们每一个人都代表公司”[①]，伊利的“诚实、诚恳、诚心、诚意”，宝洁的“开拓、创新、务实、奋进”。

2. 企业精神文化的含义

企业精神文化，是用以指导企业开展生产经营活动的各种行为规范、群体意识和价值观念，是以企业精神为核心的价值体系，集中体现了一个企业独特的、鲜明的经营思想和个性风格，反映着企业的信念和追求，是企业群体意识的集中体现。企业精神文化代表着企业广大员工工作财富最大化方面的共同追求，因而同样可以达到激发员工工作动机的激励功能。

企业精神与企业精神文化之间的关系表现为：企业精神是企业精神文化的重要组成部分，是企业精神文化建设的关键要素，是全体成员共同意志和思想的精华。例如，惠普公司自 1939 年成立以来已有 73 年的历史，在长期的发展过程中，惠普公司长期坚持的精神理念——尊重个人、追求卓越成就、坚持诚实与正直、重视团队精神、鼓励灵活性与创造性，逐渐积累成为了该公司的企业精神文化，也为惠普积淀了深厚的文化底蕴。

3.1.2 企业精神文化的内容

企业精神文化包括企业哲学、企业精神、企业价值观、企业道德等内容，是企业意识形态的总和。

1. 企业哲学

企业哲学是指企业在经营管理过程中提升的世界观和方法论，是对企业全部行为的一种根本指导。企业哲学的根本问题是企业中人与物、人与经济规律的关系问题。

企业哲学的三大命题：那就是“为什么存在”“成为什么”“如何存在”，如表 3.1 所示。第一层，即核心层是“企业为什么存在？”。问题是解决企业存在的价值，即“我是谁（who）”的问题，就是企业的使命（mission）。它是跟企业的发展阶段、企业家的

---

① 张德．2009．企业文化建设[M]．2 版．北京：清华大学出版社．

精神密切相关的。这个结论跟马斯洛的需求层次论是相吻合的。当一个企业刚刚成立时，要更多地考虑企业的生存问题，就是如何去赚钱，即需求层次中最底层的生存需要；随着企业规模的扩大，企业的生存价值也就慢慢提升，到了最高一层，自我价值的实现。企业哲学的第二层是“企业的发展目标”，就是“成为什么（what）”，即愿景的问题。一个公司的愿景（vision）是全体人员为之奋斗的目标，它必须是前瞻性的、挑战性的，而又必须是宏伟的，就是说它具有艰苦性又具备可操作性，也是激励人心的，有“气吞河山”的功效。企业哲学的第三层是“企业如何生存”，即“怎样（how）”，是经营理念(motto)的问题，这一层次涉及的内容最为广泛，它根据企业所处的行业、地域、关注点的不同而不同，大致上可包括对市场、客户、员工、产品、管理意识等方面的内容①。

表 3.1　企业哲学三大层次②

层次	内涵	名称	包含的内容
第一层	企业存在的意义（who）	使命（mission）	为了谁（民族、股东、顾客、员工）而存在
第二层	企业存在的目标（what）	愿景（vison）	什么是最重要的（产品、技术、人才、市场份额、顾客满意）
第三层	企业如何生存（how）	核心理念（motto）	对市场、对客户、对员工、对产品、对管理意识等方面的价值观

2. 企业精神

企业精神是指企业全体或多数员工共同一致、彼此共鸣的内心态度、意志状况和思想境界。它可以激发企业员工的积极性，增强企业的活力。企业精神作为企业内部员工群众的心理定势和主导意识，是企业经营宗旨、价值准则、管理信条的集中体现，它构成企业文化的基石。企业精神渗透于企业生产经营活动的各个方面和各个环节，给人以理想和信念，给人以鼓励和信誉，也给人以约束。IBM 公司的汤姆·沃森说：“一个企业组织的基本哲理、精神和干劲对于企业成就所起的作用，比技术、经济资源、组织机构、革新和时机的选择要大。

[资料]

海航精神

海航的企业精神借用了静慧大师的名言：大众认同、大众参与、大众成就、大众分享，但赋予了其新的内涵。海航所说的大众认同是指海航将其所从事的事业出发点是满足大众不断需要的物质和文化产品的需要、创造社会效益、促进社会进步；大众参与就是将海航事业推向社会，让大众广泛参与、支持关心海航的发展；大众成就是指海航事业是一个永无止境的探索与追求过程；大众分享的意思是艰苦的探索与追求属于大众，

① http://wiki.mbalib.com/wiki/企业哲学.
② http://wiki.mbalib.com/wiki/企业哲学.

胜利喜悦的分享也属于大众。

尽管各个企业的企业精神在文字表述上千差万别，我们还是可以按其内涵的规定性归纳出一些基本精神：①爱国主义精神；②集体主义精神；③主人翁精神；④奉献精神；⑤科学精神；⑥创新精神；⑦竞争精神；⑧民主。此外，还有创业精神、服务精神、质量精神等。

企业精神的内容具体表现在：坚定的追求目标、强烈的群体意识、正确的竞争原则、鲜明的社会责任和可靠的价值观念及方法论等。

3. 企业价值观

从哲学上说，价值观是关于对象对主体有用性的一种观念。企业价值观是指企业在追求经营成功过程中所推崇的基本信念和奉行的准则，企业价值观是企业全体成员或多数员工一致赞同的关于企业意义的终极判断。

企业的价值观多种多样，有的认为“企业的价值在于致富”，有的认为“企业的价值在于利润”，还有的认为“企业的价值在于服务”或者“企业的价值在于育人”，这些企业的价值观分别可称为“致富价值观”、“利润价值观”、“服务价值观”、“育人价值观”。

在西方企业的发展过程中，企业价值观经历了多种形态的演变。其中，最大利润价值观、经营管理价值观和企业社会互利价值观是比较典型的企业价值观，分别代表了三个不同历史时期西方企业的基本信念和价值取向。

最大利润价值观，是指企业全部管理决策和行动都围绕“如何获取最大利润”这一标准来评价企业经营的好坏。经营管理价值观，是指企业在规模扩大、组织复杂、投资巨额而投资者分散的条件下，管理者受投资者的委托，从事经营管理而形成的价值观。企业社会互利价值观，是20世纪70年代西方社会兴起的一种企业价值观，它要求在确定企业利润水平的时候，把员工、企业、社会的利益统筹起来，不能失之偏颇。

中国企业文化的价值观，包含了丰富的内容，如人本观、知识观、竞争观、信息观、卓越观、风险观、民族观等。

当代企业价值观的一个最突出的特征就是以人为中心，以关心人、爱护人的人本主义思想为导向。日本松下幸之助说：“如果公司没有以促进社会繁荣为目标，而只是为了赚钱而经营，那就毫无意义了，我们应该力求为社会、为职工提供最优质的服务，这样，企业的生存和发展才有动力、才有意义。”

[资料]

3M公司的价值观

3M公司是一家美国企业，全称为明尼苏达矿务制造业公司（Minnesota Mining and Manufacturing Corporation)，于1920年成立，是一家历史悠久的多元化跨国企业，素以产品种类繁多、锐意创新而著称于世。百年来，3M 的产品已深入人们的生活，涉及领域包括工业、化工、电子、电气、通信、交通、汽车、航空、医疗、安全、建筑、文教办公、商业及家庭消费品等，极大地改变了人们的生活和工作方式；1997 年被《财富》杂志评为全球最著名的 19 家企业之一。现代社会中，世界上有 50%的人每天直接或间接地接触到 3M 公司的产品。

3M 公司的价值观如下：

严格遵循正直、诚实的商业操守；

以卓越的品质、价值和服务满足客户的需求；

持续发展，为股东提供可观的回报；

尊重社会和自然环境；

尊重员工价值、发挥其潜力、鼓励创造力和领导力；

成为备受尊崇的企业楷模。

4. 企业道德

企业道德是指企业在长期的生产经营实践中逐渐积淀升华形成的，依靠社会舆论、传统习惯和内心信念来维持的，以善恶评价为标准的道德原则、道德规范和道德活动的综合。按照道德活动主体的不同，可分为企业的组织道德和员工个人的职业道德。

例如，海尔的企业道德是“追求卓越品质”；江西东津电力责任有限公司 “四抓”入手，努力践行“发一方电，造一方福”；广州快递公司是“忠诚、勤奋、自强、守信”；广州全互信息科技有限公司是“诚实做人、诚心做事、诚信服务”；江西电力公司是“诚实守信”；同仁堂企业是“‘德’、‘诚’、‘信’”；富锦市中央鞋城是“以诚至上、文明经营、以义生利、以德兴企”；浦城祥瑞工贸有限公司是“诚实守信，忠善亲和”；一汽集团是“把第一的服务送给广大用户”；联想集团是“诚信为本，取信于用户、取信于员工、取信于合作伙伴”。

3.1.3 企业精神文化的功能

企业精神文化是支撑企业文化体系的灵魂。

企业文化作为整体是动态的，被企业外部环境所制约，时代的变化、消费模式的变化，都会影响企业文化。

在当今社会，如以什么样的态度和方法对待市场和顾客、以什么样的态度和方法对待效率和效益、以什么样的态度和方法对待员工和社会，已经成了塑造企业精神文化的新课题和研究方向。

1. 凝聚功能

企业精神文化像一根纽带，把职工和企业的追求紧紧联系在一起，使每个职工产生归属感和荣誉感。它可以围绕企业发展目标，凝结成极大的群体合力，产生出奋发进取的集体意识，唤起员工的能动精神，最有效地推动企业生产经营发展。它可以得到企业上下员工的内在认同，从而在生产经营实践中形成新的共同价值观和行为准则，成为大家的自觉意识和自觉行为。它可改善人与人之间的关系，使员工情感交融，亲密相交，对企业产生出一种依恋之情，形成企业的内聚力、向心力。

[资料]

企业文化让三井公司重新集结

1945 年美国占领日本后，美国总统杜鲁门下令解散日本的大财团。作为日本首屈一指的大财团——三井公司被分割成 170 家企业，并被禁止使用原来的商号，这些企业都有独立经营的条件。但是两年后，这些企业就开始为集聚在一起努力，试图重新集结在原来三井的旗帜之下。经过长达 20 多年的时间，原来被分割的企业又重新变成一个公司开始对外运作，并恢复使用“三井”的商号。为什么过了 20 多年，三井仍能重聚？阿里德赫斯（“学习型组织”概念的提出者）在他的《长寿公司》一书中，对此作了解释。他说，其原因是三井公司的共同价值观在起作用，而这种价值观的核心正是集体主义。

正是由于有着坚定的“集体主义”价值观，使得日本大财团三井公司在经历 20 多年的分崩离析后又重新聚合在了一起。

2. 激励功能

企业精神文化是用以指导企业开展生产经营活动的各种行为规范、群体意识和价值观念，是以企业精神为核心的价值体系。企业精神是企业广大员工在长期的生产经营活动中逐步形成的，并经过企业家有意识地概括、总结、提炼而得到确立的思想成果和精神力量，它由企业的传统、经历、文化和企业领导人的管理哲学共同孕育，集中体现一个企业独特的、鲜明的经营思想和个性风格，反映着企业的信念和追求，是企业群体意识的集中体现。企业精神文化代表着企业广大员工工作财富最大化方面的共同追求，因而同样可以达到激发员工工作动机的激励功能。

对于激励员工，微软所做的是召开千人会议。定期召集几千名非常优秀的员工聚集在一起，在一个很大的体育场，所有的人为上一期目标的达成状况和下一期目标达成预期摇旗呐喊时，这个时候被称为“微软之魂”的鲍尔默开始出场，首先绕场跑三周，向每一个人挥手致意，员工受到他的激励也会欢呼，相互呼应起到很好的互动效果。在微软，每一位员工都期待着这样的会议，这样的会议也被称为充电会议，其激励效果非常好。

3. 协调、沟通和辐射的功能

优秀的企业精神文化，不仅能够在企业内部各个方面协调关系，沟通情况，化解矛盾，增进感情，提高认同感，齐心协力办好企业。同时，可以辐射到企业以外的，如对社区文明建设、家庭文明建设等都会有所促进。各个企业都注重企业精神文化建设，还会在社会上、在合作伙伴间、在区域间协调沟通好关系，实现可持续健康发展，为社会文明进步做出贡献。

美国《幸福》杂志指出："建设强大的企业文化、没有卓越的企业价值观、企业精神和企业哲学信仰，再文明的企业经营战略也不会成功。过去企业以企业自身经济效益为中心，现在就应把社会效益和消费者利益放在首位，否则会被社会时代所淘汰"。

4. 导向功能

导向功能体现在企业精神文化核心层的理想信念上。这种信念，可以使员工把现实的努力和长远的目标结合起来，成为一种动力，形成一种充满情感意志的，能够面对困难、克服困难的活力。通过企业精神文化建设，企业理想、信念一经被员工接受，员工就会产生一种归属感，把自己视为企业的一员，信赖企业，把企业作为发挥个人潜能、实现个人抱负的地方，从而积极参与企业的各项活动，完成自己的任务，为创造良好的企业形象而努力。从这个意义上讲，企业精神文化也是生产力。

例如，被誉为"经营之圣"的稻盛和夫因其"以心为本的利他经济学"和卓越的人格力量被众多企业家视为精神领袖和人生楷模。他指出企业精神是"诚爱、和谐、敬天爱人"。他主张企业更要利他、为整个人类服务，不仅要重视利润，同时，企业要重视人力资源、提高技术能力、尊重顾客、有远大理想、为人类的进步和发展做出贡献。

5. 催化功能

企业精神文化建设把提高员工的文化技术素质和文化生活，看成员工搞好经营管理的基础，也是形成企业统一价值观念和企业精神的前提条件，使企业的发展目标变为员工的自觉行动，与企业共命运，为企业的发展尽力，特别是在企业走向市场、竞争激烈的形势面前，在高科技迅猛发展的时代，一个企业要生存、发展，就必须提高员工的整体素质，就必须提高产品的科技含量，就必须重视品牌战略，推出自己的名牌产品，讲信誉、保质量，"诚"和"信"是企业生命力所在，而这一切，都要靠企业员工的素质来实现。

企业如果形成了一种与市场经济相适应的企业精神、发展战略、经营思想和管理理念，即企业品牌，就能产生强大的团体向心力和凝聚力，能激发员工的积极性和创造精神，使企业的发展目标转化为员工的自觉行为，增强员工自身能力和素质，重视本企业的品牌，从而推动企业持续快速发展。无论是世界著名的跨国公司，如"微软"、"福特"、"通用电气"、"可口可乐"，还是国内知名的企业集团，如"海尔"、"华为"、

“康佳”等，都是因为具有独特的企业精神文化进而创造出了强大的市场竞争力。

6. 约束功能

企业精神文化对职工行为具有无形的约束力，经过潜移默化形成一种群体道德规范和行为准则，实现外部约束和自我约束的统一。企业精神文化主要构成企业的非正式约束，其约束功能主要是从价值观念、道德规范上对员工进行软的约束。它通过将企业共同价值观、道德观向员工个人价值观、道德观的内化，使员工在观念上确立一种内在的自我约束的行为标准。一旦员工的某项行为违背了企业的信念，其本人心理上会感到内疚，并受到共同意识的压力和公共舆论的谴责，促使其自动纠正错误行为。因此，优秀的企业精神文化可以降低企业运行的费用，达到最佳的约束功能①。

3.1.4 东西方企业精神文化的差异

根据企业文化的主要来源，我们可以发现，不同的国家和民族有不同的文化，这种不同的民族文化决定了企业文化的差异性，在经济全球化的大趋势下，企业文化的建设者应该在兼收并蓄、取长补短的基础上建立自己具有强大生命力和远大辐射力的企业文化。这不仅是企业从事国际化经营的基本要求，也是企业在高强度竞争环境中求生存、求发展的法宝。

通过比较，我们发现企业精神文化层面的差异性主要表现在以下两个方面。

1. 企业价值观不同

在美国，企业利润多少是衡量企业行为的唯一价值尺度，追求利润最大化是企业的终极价值目标。存在着一种过分追求短期利润的急功近利的企业文化取向。奉行契约主义，传统的美国企业中，雇主与雇员之间缺乏信任，日常工作中，不重视处理人际关系。在新教伦理的影响下，美国企业更重视个人价值的实现，发挥个体的才智和创造力，以个体来推动集体。

美国的企业提倡竞争并为职工提供公平竞争环境和竞争规则，充分调动其积极性并发挥他们的才能。

例如，IBM公司对员工的评价是以其贡献来衡量，提倡高效率和卓越精神，鼓励所有管理人员成为电脑应用技术专家；福特汽车公司在提升干部时，凭业绩取人，严格按照其能力对应其职位的原则行事，福特公司前总裁亨利·福特说：“最高职位是不能遗传的，只能靠自己去争取”；杜邦公司成功的经验是发扬不停顿精神，不断开发新产品；3M公司的成功在于创新有绝招。3M公司不轻易开始一个设想，如果一个设想在3M各部门找不到归宿，设想者可以利用15%的工作时间来证明自己的设想是正确的。3M公司还能容忍失败。“只有容忍错误，才能进行革新。过于苛求，只会扼杀人们的创造性”，

① 佚名．2012．企业精神文化的作用［EB/OL］．中国企业网[2012-12-15].

这是 3M 公司的座右铭。成功者收到奖励，失败者也不受罚。3M 公司董事长威廉·麦克唐纳说："企业主管是创新闯将的后台。"

西欧企业文化精神性与人文主义色彩较浓。西欧国家的企业普遍强调职工互爱与劳资和谐，并在企业文化的建设过程中，重视培养职工的自豪感与主人翁感。倡导人与人之间的平等，具体表现为实施雇员参与制度与高福利制度。

日本企业追求经济效益与追求社会效益有机结合。日本企业所注重的是家庭观念、仁爱为本、和谐与秩序、集体的奉献等。日本的原始宗教是神道教，国家意识是这一宗教的核心，对国家的奉献即对神的奉献，以此结合儒家的忠、孝观念和佛教的苦行意识，形成了日本的武士精神，即忠诚、献身、无我的意识，并以此作为国家繁荣、民族昌盛的根本。日本企业文化在武士精神的影响下，日本企业尤其强调整体性，并尊重人，使员工在集体主义的感召下形成和谐的集体，最大限度地发挥组织功效。

中国企业追求经济利益，但同时注重与政府的关系。很多企业把处理好与政府的关系看得比搞好企业管理和市场经营更重要，中国在长期的封建统治下形成的官本位意识，大一统的思想根源，新中国成立后又长期实行计划经济，造成了对政府的依赖。在新中国成立以后，主要是国有企业为主流，相信工人阶级，充分发挥广大工人阶级的主动性与创造性，将工人看作企业的主人，也表现出了社会主义企业对人的关注和以人为本的思想。

2. 企业哲学不同

美国企业中，物质利益的驱动是第一推动力，也是其最基本的经营哲学。长期以来过分重视短期利益，功利性经营哲学十分明显。从 1914 年福特公司宣布增长一倍的工资和实行 8 小时工作制以来，利益一直是劳资纠纷的焦点。20 世纪 50 年代中期，一种新的职工持股制度产生以后，一定程度上缓解了劳资双方的利益冲突。职工持股是通过立法形式将企业利润的一部分转化为职工股份，目前，美国已有 25 项联邦立法确立了职工持股制的一般原则和运作形式，以此使美国 15000 家企业的 1200 万名职工成为公司的合法股份持有者。

欧洲企业的经营哲学思想，主要表现为追求卓越、追求自我价值的实现，是以"法"为核心的管理哲学理念，在管理上的表现是规范管理，即注重建立规章制度和条例，严格按规则办事，追求制度效益，从而实现管理的有序化和有效化。

日本企业文化中"和"是日本企业的精神内核。"和"的概念在很大程度上制约和引导着日本企业的经营哲学。终身雇佣制和年功序列工资制是日本企业基本的制度结构，企业工会则是组织保证。"和"的主要内涵是指爱人、仁慈、和谐、互助、团结、合作、忍让等，它是使日本企业成为"高效能"团队的精神主导和联系纽带，日本人高度重视人际关系的处理，即注重在共同活动中与他人合作、追求与他人的和谐相处和时刻自觉地约束自己。

中国企业的经营哲学思想中，政治哲学在企业中的表现明显。这种政治与经济紧密结合的企业文化在特定历史时期无疑具有积极作用。但其问题也较明显，如导致政企难分，使企业失去独立、缺乏经济活力。改革开放后，企业市场化程度越来越明显，竞争哲学引入企业经营，一方面继承中国传统的竞争哲学（战争哲学，如《孙子兵法》），另一方面受西方的竞争哲学影响也较大。

3.2 企业精神文化的塑造

3.2.1 企业精神文化塑造的意义

企业精神文化的塑造，是新世纪企业生存和发展的内在需要。

（1）塑造企业精神文化可以充分调动企业员工同心协力地实现企业目标

塑造企业精神文化是当今世界企业发展的一种趋势，是经营企业的新思想、新观念。调动和科学组织广大职工的积极性、智慧和创造力，是现代化管理的高层次选择。通过塑造企业精神文化，可以培育企业价值观，把企业全体员工拧成一股绳，为实现企业目标而奋斗。

例如，有人把海尔的文化称为“创合文化”。其核心就是一个“创”字，即创新、创造、创业，其途径是组合、融合、整合。当张瑞敏接手青岛电冰箱总厂时，第一道命令竟然是“车间禁止大小便”，先整顿企业混乱的现象，再抓提高质量、降低成本的基础工作，随后他又果断提出“创新”的口号。通过创新，海尔走向了世界。在这个过程中，员工看到了“创新”对于企业的重要意义，统一了奋斗目标，海尔围绕“创新”形成了自己的企业文化，实现了海尔走向世界的目标。

（2）塑造企业精神文化可以增强企业活力和市场竞争力

塑造企业精神文化是使企业生存和发展的根本战略。通过建设企业精神文化，增强企业活力，保证市场经济健康发展，促进经济上新台阶的迫切需要。树立企业文化的战略意识，增强企业文化的战略观念，强调企业文化的战略决策，进行企业文化的战略实施，是当前转换经营机制和进行科学管理以赢得市场经济竞争优势的迫切需要和必然趋势。

在知识经济时代，企业要在世界经济大潮中立足并不断发展，必须站在前所未有的时代高度和广度上审时度势，从企业长远发展的战略高度制定企业的经营战略。而企业长远发展战略是企业的全局性的行为，是企业立足过去、现在和未来的活动，它的基本依据是市场经济条件下的企业对生产经营管理基本规律的认识和掌握，而这一切正是源于企业根本的经营指导思想，也就是企业精神文化。在高明的企业哲学指导下可以制定科学正确的企业发展战略，企业增强活力和市场竞争力，可以持续发展，反之，平庸的企业哲学必然导致平庸的企业，而低劣甚至错误的企业哲学必然会葬送企业的前程。

（3）塑造企业精神文化对企业的凝聚力、吸引力、战斗力、公信力等形成和提高具有重要意义

凝聚力是一个企业的核心力，如能将员工比作一根线，那企业就是由线拧成的一股

绳，绳的结实程度就是凝聚力。优秀的企业文化就是一双编绳的巧手；吸引力是一个企业的向心力，让员工贴得更近，让外界人员靠得更近，这就是企业文化的魅力；战斗力是员工的作战能力，优秀的企业文化能让员工思想统一，而思想统一才能步调一致，步调一致的团队才有战斗力。公信力不但是企业员工的精神支柱，也能提高企业的公众信誉，给企业带来难以估计的社会效益。

[资料]

让企业员工认同创新理念

远大是长沙的一家民营企业，将名字定为远大，不仅意味着企业拒绝短期行为，还表明企业要在成功面前不停步，永远追求企业大发展、对社会大贡献。

远大的员工都共同认同一种理念——创新。创业之初的 1988 年，公司开发的是无压锅炉，到 1992 年，公司研制了中国第一台“溴化锂吸收式温水机”，后来统称为直燃机。企业一向倡导技术绝对领先的企业精神，在 1996 年开发出用网络控制产品的技术。1998 年，又开发出了节能产品，销量非常好，从此进入了国际市场，并在西班牙、美国等许多国家，市场占有率都是第一位。2000 年，公司又开始研发家用燃气空调，产品很快全面投产，燃气空调的时代到来。

正是这一系列的研发活动，同时也是企业精神文化的塑造，激发了员工的积极性和成就感，使创新的理念逐渐为全体员工广泛认同，员工能够统一步调，促进了企业各方面的效率大幅度提高，增强了企业的市场竞争力和企业的公信度。

3.2.2 企业精神文化塑造的原则

由于企业精神文化是企业文化的核心和灵魂，是企业制度文化、行为文化和物质文化的统帅，因此，企业精神文化的塑造是企业文化发展的关键。

1. 实践性原则

企业精神文化的塑造，不是企业领导者脑海中凭空臆造出来的，而是企业在借鉴外部先进理念的基础上对企业长期经营管理实践的经验总结和理论概括，是对具体实践的升华和超越，并在今后的企业实践中得到检验和发展。脱离了企业实践，企业精神文化就会毫无生命力可言，必将被广大员工丰富生动的经营管理实践所抛弃。

要使企业的精神文化落到实处，深入每一个员工心里，真正成为企业文化的核心和精髓，就必须将企业的理念文化贯穿在企业制度文化、企业行为文化和企业物质文化中去，不然企业的精神文化将会流于形式，只停留在口号或对外宣传上。

[资料]

百年老店“百事可乐”成功转型

这是百事公司在2008年年底启动的大项目。他们发觉大环境在改变，市场在改变，消费者的行为也在改变。欧美市场的消费者对可乐的需求在减少，但是对健康饮料，如“果汁矿泉水”等的需求在增加，新兴市场对可乐的需求还在增长，消费者的年龄层在降低，而社会上绝大多数都是年轻人。

为了重新把握变化中出现的机会，他们启动了一个公司上下的大转型。

首先是企业在这新的时代和市场的重新定位——要年轻化(总裁说要像IPod一样)、健康化、人性化、简单化，这是主轴。于是，他们动员公司上下与外部的咨询公司合作，开始了转型：新的百事可商标（Pepsi）变得更有流行线条了，图像上有一个微笑曲线，全部七个饮料品牌、1121种商品的包装全部改变。当然，紧接着公关广告也会跟着变，最根本的企业文化也在转型，在企业精神文化方面，他们这是在建造一个新的“欢乐型企业精神文化”，这才是按照企业实践而进行的“急需”转型。

2. 个性原则

企业自身的特殊性决定了企业在群体价值观、经营管理方针等方面的特殊性，对这些特殊性的总结、提炼的结果必然形成企业文化理念层的个性特色。没有个性的企业理念，必将导致缺乏活力的企业文化。但是，突出个性，并不等于排斥对优秀企业文化观念共性的吸收，而是强调在共性基础上的个性。

[资料]

个性企业文化：业绩再好的员工也会被炒

某公司的考核体系是这样的：员工的价值观与业绩各占50%。员工通过考核被分成三种：有业绩，但价值观不符合的，被称为“野狗”；事事老好人，但没有业绩，被称为“小白兔”； 有业绩，也有团队精神的，被称为“猎犬”。

这家公司需要的人才，是“猎犬”，而不是“小白兔”和“猎狗”，对“小白兔”可以通过业务培训来提升他们的专业素质，而对于“野狗”，在教化无力的情况下，一般都会坚决清除。

2009年，山东分公司的一名业务员发展了一家客户，给公司带来了6位数的收入。但是，这名业务员在可以帮助客户从这笔生意里拿到客户想要利益的情况下，却没有让客户得到利益，这名员工因此得到了“野狗”的绩效评定。公司不仅把这单生意的收入退给了客户，业务员也因为价值观跟公司不符而离开了公司。

客户利益第一，只是这家公司价值观的第一项标准，其整个价值观体系共分为六个维度：客户第一、团队合作、拥抱变化、诚信、激情、敬业。价值观听起来虚无缥缈，如何定性考核？公司将每一条价值观都细分出了 5 个行为指南，这 30 项指标，就成为了价值观考核的全部内容。

公司还有一项更加严格的规定：谁给客户一分钱回扣，不管是谁，都立刻辞退。就是因为这样严肃的“军纪”，公司辞退了许多所谓优秀的销售人员。

公司的招聘程序也是精心设计的，一般新员工都要经过主管业务部门、人力资源部门、主管副总裁等几道面试才能正式入职，面试最核心的问题就是“看人”：从一开始就尽量寻找与公司价值观相近的人才。最开始，价值观的考核还只针对总监以下级别的员工，随着公司规模的扩大、空降高管的增多，从 2007 年开始，公司把价值观考核提升到更高层次，包括总监、副总裁在内的全体员工都需要接受考核。

也许你会觉得奇怪，这样严格又另类的考核方式，在这种公司真的能存在并且发展下去吗？

当然可以，因为这家公司就是中国互联网电子商务的领军企业—— 阿里巴巴。

3. 持久性原则

企业文化理念层是企业经营管理实践的航标，应该能够在今后相当长一段时间内具有生命活力，而不是“昙花一现”。企业文化要有持久的生命力，就要求目标企业文化的理念层设计必须站在历史和时代的高度，充分吸收当今一切最先进的社会思想文化观念，而且要能够把握社会前进的脉搏，预见企业未来的发展趋势。纵览企业文化的浩瀚大海，可以看到许多老企业的企业理念历经数十载而依然光彩照人，原因就在于能够经得起时间的检验，具有超越时代的生命力。

20 世纪 80 年代曾经名列美国《财富》杂志的五百强企业，到了 90 年代几乎有一半跌出五百强企业排名之外。通用和 IBM 在 80 年代也遭逢极大的挑战，甚至岌岌可危。值得研究的是，在每一次危机中，在企业陷入困境时，企业制度虽然失败，但他们都能成功走出困境。重要原因就在于持久的企业精神文化“挺身而出”，激发出企业的全部能量，成为扭转乾坤的关键因素，不断引领企业走出困境，走向成功，从而也就成就了“百年企业”的梦想。

3.2.3 企业精神文化塑造的途径

企业的精神文化是一种价值观念，属于社会意识范畴。在企业管理中，企业的精神文化的塑造要把企业的各种精神理念通过各种方式，像春风化雨般潜移默化地使员工入耳、入脑、入心。

1. 坚持“以人为本”

文化管理认为，在人、财、物诸因素中，人是首要因素，人应该成为企业管理的出发点和归宿点。

对内，尊重员工，关心员工，千方百计调动员工的内在积极性、创造性。虽然信息、财务、人力资源、安全、服务、技术等工作非常重要，但要靠人去驾驭、靠人去创造。所以，人应该成为企业家关注的中心，工作的重点。树立起一切为了职工、一切依靠职工、全心全意为职工服务的宗旨。只有充分激发员工的主人翁精神，才能齐心协力渡过难关，企业才能得到更大的发展。企业与员工之间不仅仅是雇佣与被雇佣的劳动和金钱关系，而且也是共同的创造者。所以，要充分考虑员工的多层次需要，尽量创造员工自尊和自我实现需要的得到满意的良好环境。促使员工创造出远远超越他们报酬的价值。

例如，在日本铃木公司的一条发动机装配线上，员工全是女工。当你走进班组休息室时，发现里面摆着各种各样的玩具娃娃。这是一种有意的设计，充分考虑了女性的心理特点，使她们在工间休息得到充分放松，体现了铃木公司对女性员工的重视和关心，也是一种以人为本的企业文化的具体体现。

文化管理处在一个知识经济时代，而创新的主体是人，人才的竞争将成为未来竞争焦点，所以实行以人为本的管理其意义极为深远。

对外，要以用户（乘客）为中心，关心用户，时时处处为用户着想，树立“用户（乘客）就是上帝，用户（乘客）就是衣食父母”的观点和企业宗旨。企业全体员工要真正认识到，用户（乘客）是企业生存的前提，了解用户（乘客）的需求，满足用户（乘客）的愿望是企业永远追求的目标。

党的十八大报告中提出“促进人的全面发展，逐步实现全体人民共同富裕”，是对企业文化内涵的进一步拓展。要求“以人为本”不仅要“挖掘人的潜力”或“增加员工的福利”，更是对每个人具体的人文关怀，给每一个人“自由、平等”的发展机会，积极“促进人的全面发展”，使每一个人都能有尊严地劳动。

[资料]

联想集团的人才理念

1. 人才观：用联想的纸和笔，绘出你的未来

联想甘做创业者的纸和笔，任你在这里绘出自己的辉煌前景！

在具备基本知识和技能的前提下，那些正直、有韧性、有学习精神的人在联想很容易成长。事实证明：正直是您日后工作中，所需要的责任心、进取心以及良好品德和心态的保障；学习精神可以使个人能力不断得到提升；而韧性则是做成事的必备素质，也是联想人“把5%的希望变成100%现实”的基本要求。“一流人才创造一流企业”，联想为您已经准备好了纸和笔！

2. 选人观：卓越能力必然创造不俗业绩

联想选报人才所依托的标准是“不唯学历重能力，不唯资历重业绩”。

凡是有真才实学、有专业技能的优秀人才都是联想欢迎的人。在联想内部人才选拔中，选拔人才所遵循的是：在赛马中识别好马，在工作过程中选拔人才，因此，只要在联想努力工作、发挥所长、业绩出色，您在联想就一定有成长的空间！

3. 用人观：没有天花板的舞台

进入联想，您将得到“一个没有天花板的舞台”，尽情展示你的知识与才干，让有能力的人能脱颖而出。

联想所采用的人才大致有三个层次，能独立做好一摊事的人，包括各个业务领域的专业人才；能带领一班人做好事儿的人；能审时度势，具备一眼看到底 、制定战略的人。首先要做到的是出色地完成自己的一摊事，随着个人能力的不断提升，您在联想可以不断抒写个人发展的传奇。

4. 育人观：从做鞋垫到做西服的成长

要做高档西服，要先从做鞋垫而开始，然后做短裤、做衬衫、做长裤，最后才能做西服，直至做好西服。这是联想育人的一个过程。

2. 设计企业精神文化的内容

企业的精神文化内容丰富，企业要根据自己的特点来设计企业精神文化的方方面面，其主要设计内容有企业哲学、企业理念、企业价值观、企业精神和企业道德等。

（1）企业哲学设计

企业哲学是对企业发展动力的哲学思考，表明企业靠什么安身立命，一般表达成“××哲学”，然后进行解释。企业哲学设计过程，反映的是对企业动力的思考过程，对企业而言，要充分考虑未来企业缺乏什么，较好地反映出企业未来发展的要求，如人本哲学、日新哲学、玻璃哲学、自来水哲学等。

1）企业愿景设计。企业愿景也称企业理想或共同目标，它表明企业全体员工的共同追求。它既是一切活动的目标，也是凝聚人心的根本，所谓“志同”才能“道合”就是这个道理，因此，企业设计过程中首先要清楚的是它的共同性，企业家个人的愿景常常会成为共同愿景的基础。在企业愿景表达方面，立意要高，谋虑要远，仅仅表达出企业在经济方面的奋斗目标是不够的，还要包含对企业社会价值的认识和未来企业的定位。例如，“建国内一流企业，工业报国”，“打造世界知名品牌，为人类创造美好生活”等。

2）企业宗旨设计。企业宗旨又称企业使命或企业责任，它表明企业存在的价值和对各方面的责任义务。一般来说，企业利益的相关方不外乎国家、民族、股东、上级单位、社会、顾客、供应商、竞争者等几个方面，企业的责任表达不能完全局限于“为用户服务”、“一切让顾客满意”，还要承担起“国家强盛、民族振兴”的重任，这样的企业宗旨才会产生巨大的感召作用，如当代企业均把企业的最高目标与国家民族利益联系在一起：大庆油田——出好油多出油为中国人民争气；大庆石化总厂——爱我中华，振兴中华；江南造船厂——坚持以国家利益为重；长虹集团——以产业报国，民族责任感为己任；海尔集团——创造中国的世界名牌。从中不难看出，企业的哲学理念只有确立崇高目标才能把企业利益和员工追求凝聚在一起形成合力，这是企业长期发展的永恒动力。

（2）企业理念设计

企业理念设计是企业经营宗旨、方针和企业精神与价值观的提升，目的是增强企业理念的识别力和认同力。因而在设计的过程中，应遵循如下基本原则：

1）民族性原则。首先企业理念系统的民族化设计原则要求在进行理念系统的设计时，必须充分考虑民族精神、民族习惯、民族特点，体现民族形象。体现本民族的精神追求、价值取向、道德标准，从而不仅在民族文化范围内产生普遍认同，而且也在世界范围内弘扬企业的民族文化个性。因为只有民族性的，才能真正成为世界性的。

例如，日本企业的理念设计都十分注重体现和弘扬大和民族崇尚“和谐”、“诚实”、“努力”等民族文化特征。1983 年，日本佳友生命公司以日本全国 3600 公司为对象进行企业方针的调查，其中以“和谐”为企业基本理念的企业最多，共 548 家，占 15.2%；以“诚实”为企业基本理念的企业次之，共 466 家，占 12.9%；以“努力”为企业基本理念的企业再次之，共 380 家，占 10.6%；而美国的企业则十分注重本国民族崇尚、强调个性的民族文化特点。概括有关资料，美国企业中近乎 1/3 的企业强调员工“个性”的展示，“人格”的尊重和“潜力”的充分发挥。如 IBM 强调对人的“尊重”和“信任”，以及事业上的“进取”和“卓越”等；我国企业坚持“以人为本”的企业理念，深刻地体现了与中国悠久的历史文化传统的联系，蕴含着丰富的民族精神。中华民族崇尚仁义、人和、中庸、诚信、勤俭、忍让、谦恭、进取等民族精神和特征，既是激励中华民族发奋图强的精神财富，又是企业精神和理念设计不可脱离的深厚的民族文化土壤。长虹提出“产业报国，以民族昌盛为己任”的理念，奥妮的“国货当自强”理念等，其民族性特征就非常鲜明。

2）多样化原则。理念系统的设计要求理念表达方式多样化。只有多样化才能反映个性化，也才能体现民族思维的形象创造力。所谓多样化就是在语言结构、表达方式的设计上，以及围绕理念传达、理念宣传的活动设计上都要力求丰富多彩：标语、口号等要富于思辨色彩，不能淡而无味；活动要注意寓“理”于乐，讲求多样化原则；目的在于使理念系统真正民族化、个性化，真正成为企业的理念、企业的灵魂，真正发挥统帅企业的功用。例如：海尔——真诚到永远；中国嘉陵——启用科技动力，传感全新时代；台湾资通电脑——积极热诚，前瞻未来；北京蓝岛大厦——买走一份商品，带回千缕情丝。

（3）企业价值观设计

企业价值观又称共同信念或信仰，它是大家都认同的对人、对事、对物的价值判断标准。企业价值观可以是一条，也可以是一个体系，有些企业把价值观表达成“××观”，如“义利观”、“学习观”等。人的行为无不受观念和感情的驱使，只有员工群体协调一致地努力，企业才会赢得成功。协调一致的群体行为依赖于共同信守的价值观的培育。因此，培育企业的共同价值观，是登上文化管理台阶的基本标志。

[资料]

阿里巴巴与“六脉神剑”

阿里巴巴是中国最大的网络公司和世界第二大网络公司，是马云在1999年创立的，是企业对企业的网上贸易市场平台，以阿里巴巴价值观体系为核心的强大的企业文化已成为阿里巴巴集团及其子公司的基石。

阿里巴巴集团有六个核心价值观，被称为“六脉神剑”，它们支配企业的的一切行为，是公司DNA的重要部分。在有关雇用、培训和绩效评估的公司管理系统中融入了这六个核心价值观。

（1）客户第一

• 客户是衣食父母。

• 尊重他人，随时随地维护阿里巴巴形象。

• 微笑面对投诉和受到的委屈，积极主动的在工作中为客户解决问题。

• 与客户交流过程中，即使不是自己的责任，也不推诿。

• 站在客户的立场思考问题，在坚持原则的基础上，最终达到客户和公司都满意。

• 具有超前服务意识，防患于未然。

（2）团队合作

• 共享共担，平凡人做非凡事。

• 积极融入团队，乐于接受同事的帮助，配合团队完成工作。

• 决策前积极发表建设性意见，充分参与团队讨论；决策后，无论个人是否有异议，必须从言行上完全予以支持。

• 积极主动分享业务知识和经验；主动给予同事必要的帮助；善于利用团队的力量解决问题和困难。

• 善于和不同类型的同事合作，不将个人喜好带入工作，充分体现“对事不对人”的原则。

• 有主人翁意识，积极正面地影响团队，改善团队士气和氛围。

（3）拥抱变化

• 迎接变化，勇于创新。

• 适应公司的日常变化，不抱怨。

• 面对变化，理性对待，充分沟通，诚意配合。

• 对变化产生的困难和挫折，能自我调整，并正面影响和带动同事。

• 在工作中有前瞻意识，建立新方法、新思路。

• 创造变化，并带来绩效突破性地提高。

（4）诚信

• 诚实正直，言行坦荡。

• 诚实正直，表里如一。

• 通过正确的渠道和流程，准确表达自己的观点；表达批评意见的同时能提出相应建议，直言有讳。

• 不传播未经证实的消息，不背后不负责任地议论事和人，并能正面引导，对于任何意见和反馈"有则改之，无则加勉"。

• 勇于承认错误，敢于承担责任，并及时改正。

• 对损害公司利益的不诚信行为正确有效地制止。

（5）激情

• 乐观向上，永不放弃。

• 喜欢自己的工作，认同阿里巴巴企业文化。

• 热爱阿里巴巴，顾全大局，不计较个人得失。

• 以积极乐观的心态面对日常工作，碰到困难和挫折的时候永不放弃，不断自我激励，努力提升业绩。

• 始终以乐观主义的精神和必胜的信念，影响并带动同事和团队。

• 不断设定更高的目标，今天的最好表现是明天的最低要求。

（6）敬业

• 专业执着，精益求精。

• 上班时间只做与工作有关的事情；没有因工作失职而造成的重复错误。

• 今天的事不推到明天，遵循必要的工作流程。

• 持续学习，自我完善，做事情充分体现以结果为导向。

• 能根据轻重缓急来正确安排工作优先级，做正确的事。

• 遵循但不拘泥于工作流程，化繁为简，用较小的投入获得较大的工作成果。

（4）企业精神设计

企业精神是企业为实现共同愿景必须具有的群体精神风貌，这种精神常用"××精神"或英雄人物来表达。企业精神的设计要体现企业未来的定位，更好地塑造企业未来的公众形象。例如，北京公交"一心为乘客，服务最光荣"的精神，就是服务标兵李素丽的形象概括，它对所有员工的行为具有潜移默化的影响。

（5）企业道德设计

企业道德是人格化了的企业在生产经营及相关活动中应该遵循的道德规范，它是社会道德理念在企业中的具体反映。企业道德所调节的关系比较复杂，包括了企业所在环境及自身的种种关系，因此设计企业道德理念也必然要符合民族、社会、业内等各方面的道德要求。

企业道德设计应注意以下几个要素：符合中华民族传统的优秀道德；突出本行业的职业道德特点；符合社会公德和家庭美德。在进行企业道德建议的时候，要确认行业的性质、特点和事业范围；要与现有的企业哲学、目标、宗旨、精神等要素相统一、相配合。

例如，中国的服务行业企业，企业道德多围绕忠诚、团结、诚信、文明、奉献、遵纪、节俭、自强等核心要素展开。

3. 使软管理与硬管理巧妙结合

所谓硬管理是指执行规章制度，进行直接的外部监督及外部命令等刚性管理。所谓软管理是指开展思想工作，培育共同价值观，建立良好的企业风气，形成和谐的人际关系等柔性管理。科学管理主要靠硬管理，而文化管理则要求刚柔相济、软硬结合，共同价值观和规章制度都是企业文化的组成部分，制度和纪律是强制性的、硬的，但它们要靠企业精神和共同价值观来自觉地执行和遵守；企业精神、企业道德、企业风气是非强制性的、软的，但其形成的群体压力和心理环境对员工的推动力是不可抗拒的、是硬的。特别是这种软环境的建立和维持，离不开通过执行制度、进行奖惩等措施来强化。软环境保证硬管理，硬环境强化软管理，这就是软硬文化管理的辩证法。

[资料]

松下电器公司的“硬管理”

松下电器公司对员工进行“硬管理”的方式是通过惯例性的活动对员工进行教育训练，如反复诵读和领会、定期演讲、举行新产品的出厂仪式。

（1）反复诵读和领会

松下幸之助相信，把公司的目标、使命、精神和文化，让职工反复诵读和领会，是把它铭记在心的有效方法。所以每天上午八时，松下遍布日本的87000名员工同时诵读松下七条精神，一起唱公司歌曲，其用意在于让全体职工时刻牢记公司的目标和使命，时时鞭策自己，使松下精神持久地发扬下去。

（2）定期演讲

所有工作团体成员，每一个人每隔一个月至少要在他所属的团体中进行十分钟的演讲，说明公司的精神和公司与社会的关系。松下认为，说服别人是说服自己最有效的办法。在解释松下精神时，松下有一名方：如果你犯了一个诚实的错误，公司非常宽大，把错误当做训练费用，从中学习，但是你如果违反公司的基本原则，就会受到严重的处罚—— 解雇。

（3）新产品的出厂仪式

松下认为，当某个集团完成一项重大任务的时候，每一个集团成员都会感到兴奋不已，因为从中他们可以看到自身存在的价值，而这时便是对他们进行团结一致教育的良好时机。所以每年正月，松下电器公司都要隆重举行新产品的出厂庆祝仪式。

学习与思考

浪莎营造“家企业”

翁荣弟记得，1986年的冬天特别寒冷。农历年末，他和二哥带着几大包货物登上了开往乌鲁木齐的列车。他们听说人工饰品在新疆非常畅销，于是向亲戚借了几万元，在义乌进了货去贩卖。在火车上站了四天四夜到达了目的地，他们的腿已经肿得几乎迈不开步了，但赚钱的渴望还是支撑着他们兴冲冲地赶到了市场，却没想到被当头浇了一瓢冷水——人工饰品的价格早已经跌下来了。和在家里坐镇的大哥商量以后，他们忍痛贱卖了所有的货，赔了一万多元。在成交的一瞬间，兄弟俩对看一眼，发现对方的眼睛都有泪光。

在翁荣弟的记忆中，1986年的冬天又是温暖的。这温暖来自兄弟间的亲情，来自缺水的火车上兄弟俩谁也不肯多喝一口，来自生意亏本时大哥的一声安慰和鼓励：“没事，咱们从头再来！”20多年后的今天，翁家三兄弟已经今非昔比。

千里之行，始于足下——他们的事业正是从脚上的袜子开始。从取得广东一个品牌的总代理权，到建立自己的全国性批发网络，再到创办浪莎针织有限公司，三兄弟越走越远、越做越大。现在，浪莎的3000台袜机每天生产150万双袜子。“浪莎”也成了一个响当当的品牌，他们被称为“中国袜王”。

创业时不离不弃的三兄弟现在依然是事业上的紧密搭档。老大翁光荣现在是总经理，老二翁荣金是董事会主席，老三翁荣弟是总裁，浪莎的员工把他们依次叫做大老板、二老板、三老板。这是一个典型的家族企业。随着企业的快速发展，他们同样面临着家族企业的管理难题。用翁荣弟的话来说就是：三兄弟只有六只手，怎么办？浪莎的做法是，用亲情来维系，营造“家”的氛围。浪莎现在有5000名员工，浪莎就是一个5000人的大家庭。

（1）平等的“家”

提倡“平等”其实是浪莎十几年来发展的一个重要因素。浪莎的办公区是一个敞开式的超大办公室，没有隔间，所有的人都在一起办公。翁氏三兄弟的办公室在最里面，虽然他们有独立的办公室，“特殊”了一些，但里面其实也很简陋，而且，他们的办公室的门总是开着的。

翁家有几个亲戚在浪莎工作，但在管理层工作的几乎没有。这是因为三兄弟在创业之初就确立了一个重要的原则：亲戚与外姓人之间一律平等，多年来把其作为一条铁的纪律牢牢坚持，他们三兄弟也都以身作则。

许多在浪莎工作的员工会把自己的爱人或者亲戚朋友介绍到公司里来工作，时间一长，公司里出现了很多“小家”。浪莎从来没有闹过“民工荒”，缺什么人一般都不用去劳动力市场招聘，在内部报纸上登一个广告就解决问题了。

但对于浪莎来说，一个公司存在这么多的家庭，必然也会带来很多潜在的问题。浪莎解决的方法一是将有亲戚关系的人分配到不同的部门，二是翁氏兄弟对这方面的投诉很敏感，投诉一旦调查属实，就一定要严肃处理。处理了几次这样的事情之后，大家看到老板很忌讳这样的事情，自然也就不敢再造次。而要一碗水端平，唯一的评判标准只能是绩效。浪莎这些年来不断地细化绩效考核，在这套考核标准下，谁做得好，谁做得不好，大家都能一目了然。

（2）温暖的“家”

既然浪莎是“家”，就应当是温暖的。

在浪莎总部所在的二期工业园中，定型车间的厂房墙壁上写着这样几个大字——视员工如亲人。翁荣金说：“我们管理的目的就是为我们的员工创造更多的幸福！”在这样的思路下，2004 年，翁荣金把浪莎原来提倡的三个价值观“视员工如亲人、爱浪莎如自家、把义乌当故乡”变成了“为员工幸福、为客户着想、为公司生存、为自己工作”。翁荣金强调，为员工幸福着想是首要的，是一切事情的起点。

以为员工幸福为起点，让浪莎找到了一个推进各项工作的着力点。这个点是温暖的，而不是冷冰冰的。提出了这个价值观后，浪莎在公司里发动了一场大讨论，题目就是“谁来为员工幸福着想？”是谁呢？翁氏兄弟当然首先要为员工幸福着想。他们设立了一笔专项基金，扶持有困难的家庭，解决他们的后顾之忧；在义乌曾经出现罕见的水荒和电荒时，浪莎提出“宁停生产也要保障员工生活用水用电”，专门派车拉水到公司。然而，单单是翁家三兄弟为员工的幸福着想吗？不，所有的人都应当为员工幸福着想。

浪莎巧妙地把提高管理的触角伸到每个角落，去推动每个人，而其表现出来的方式却充满温情。通过这种方式，浪莎已试图在建立一种充满着“家”的氛围的企业文化，翁荣金显然已经感受到这种努力带来的好处，他说：“人管人气死人，制度管人累死人，文化管人管住魂！”

（3）成长的“家”

既然浪莎是“家”，它就应当是使人留恋的，不想离开的。浪莎的股份目前全部被三兄弟拥有，他们持股的份额几乎相等。三兄弟的分工也很明确：大哥分管工厂和销售，二哥负责全面的管理，老三负责行政和财务。翁家三兄弟都很喜欢说这样一句话：浪莎是我一生的事业。而且他们希望浪莎不仅是自己一生的事业，而且成为所有员工一生的事业。不仅把现在的员工留下来，而且能不断地吸纳新鲜血液，让新加入的人也能融合到这个家中。

而这一切的前提，是三兄弟自己能够把浪莎当成自己一生的事业。如何让其他经理人也把浪莎当成自己一生的事业呢？浪莎最有效的方法是，给他们发展空间。浪莎发展空间很大，有事业部、有分公司、有合资公司，经理人只要有能力，都可以提上来。

对于一线的员工，浪莎也要尽力把他们留住。浪莎的管理层都会非常留心一个指标：员工流失率，如果哪个部门的员工流失率高了，会对相关管理者的绩效考评非常不利。

除了自己培养人才，浪莎对外来人才也张开双臂。浪莎有“袜子研究院”，还是国内为数不多的设有“博士后工作站”的企业之一，拥有5名博士。2006年，浪莎还一口气从意大利、韩国等引入了10名行业内很有名的专家，翁荣弟说：“我希望他们也能长久地留下来，把浪莎当成自己一生的事业。”

思考题

1．从以上案例中，分析企业精神文化内容都体现在哪些方面。

2．结合所学知识和以上案例，谈谈企业精神文化的塑造在企业管理中的重要作用。

第 4 章　企业制度文化

提起中国的家电产品，没有人不知道海尔这个品牌。自 1984 年引进德国利勃海尔电冰箱生产技术，海尔集团从一个亏损 147 万元的集体小厂迅速成长为中国家电第一品牌。

海尔在 20 多年的发展历程中，建立了比较完善的企业制度，形成了适应市场竞争和企业发展的企业制度文化。海尔的制度文化中包含了对产品、市场及企业本身的一些基本观点，如“市场唯一不变的法则是永远在变”，“只有淡季的思想，没有淡季的市场”，“卖信誉不是卖产品”，“否定自我，创造市场”，“企业围墙之内无名牌”，“带走用户的烦恼”，“烦恼到零”，“用户永远是对的”等。海尔的这些观点不是在喊口号或做文字游戏，每一条的背后都是自己或他人、成功或失败的经验积累，都为企业将来发展留下了宝贵的财富。

在张瑞敏看来，企业应该是任何时候都没有激动人心的事情发生，这说明企业运行过程正常，而这些只有在每个瞬间都有严格的控制才可能实现。海尔的管理制度中让人印象最深刻的是 OEC（overall every control and clear）管理法，即全方位地对每天、每人、每事进行控制，是一种全方位优化管理法。张瑞敏在接受《中国经营报》记者采访时曾把海尔的管理模式总结为“企业内部模拟市场”。它的含义是“工厂下道工序是上道工序的用户，上道工序则是下道工序的市场。下道工序如果发现上道工序有质量问题，那么他的工资就有了来源，由上道工序出；如果他没有发现问题，而自己下道工序的人指出了质量问题，则下道工序的人的工资由他本人出。”OEC 管理法为海尔集团创造了巨大的经济效益和社会效益，获得国家企业管理创新“金马奖”、企业改革“风帆杯”，朱镕基曾批示在全国推广这种管理经验。海尔的 OEC 管理方法，成为海尔制度文化的一个组成部分。

对一个企业来说，为什么制度文化的建设如此重要？本章将就制度文化的相关内容进行介绍。

4.1　企业制度文化概述

4.1.1　企业制度文化的含义与内容

1. 企业制度文化的含义

按照早期制度经济学家康芒斯解释，制度就是“集体行为”控制“个人行动”，而体现“集体行为”的就是他所谓的“业务规则”[①]。

诺思认为，制度是一系列被制定出来的规则、守法程序和行为的道德伦理规范，它旨在约束追求主体福利或效用最大化利益的个人行为[②]。

总体来看，制度最一般的含义是要求大家共同遵守的办事规程或行动准则。制度作为一种规范人的行为的方法，是一定范围内和特定时间里每个人都要遵守的，它具有强制性、工具性和时效性。

[资料]

制度的力量[③]

18世纪末，英国人来到大洋洲，随即宣布大洋洲为它的领地。这样辽阔的大陆，怎么开发呢？当时英国没有人愿意到荒凉的大洋洲去。英国政府想了一个绝妙的办法：把罪犯统统发配到大洋洲去。

一些私人船主承包了大规模运送犯人的工作。起初，政府为上船的人支付船主费用，至于到了大洋洲上岸时还有多少人活着就与船主无关了。当时运犯人的船大多是很破旧的货船改装的，船上设施极其简陋，没什么药品，更没有医生，生活条件十分恶劣。而船主为了牟取暴利，尽可能多装人，却把生活标准降到最低。一旦船离了岸，船主按人数拿到了钱，对这些人能否活着到达大洋洲就不管了。有些船主甚至故意断水断食。3年间从英国运到大洋洲的犯人在船上的死亡率达12%，有一艘船上424个犯人竟死了158个，死亡率高达37%，不仅英国政府遭受了巨大的经济和人力资源损失，英国民众对此也极为不满。

英国政府想了很多办法。每艘船上都派一名官员监督，再派一名医生负责船上的医疗卫生，同时对犯人的生活标准做了硬性规定。但死亡率不仅没降下来，有的监督官和医生竟也不明不白地死了。政府后来查清了原因：一些船主为了贪利而行贿官员，如果官员不听从，干脆扔到大洋里喂鱼。问题没解决，还出了新问题，政府多花了钱，却照常死人。

一些绅士提议，把船主召集起来进行培训，还教育他们要珍惜生命，告诉他们送犯人去大洋洲开发是为了英国的长久大计，不能把金钱看得比生命都重要。

但情况依然没有好转，死亡率一直居高不下。

一位英国议员想到了制度：那些私人船主钻了制度的空子，而制度的缺陷在于政府付给船主的报酬是以上船人数来计算的！假如倒过来，政府以到大洋洲上岸的人数为准计算报酬呢？政府采纳了他的建议——不论你在英国上船装多少人，到大洋洲上岸时再

---

① 康芒斯．1981．制度经济学（上册）[M]．北京：商务印书馆．

② 诺思．1994．经济史中的结构与变迁[M]．上海：上海三联书店，上海人民出版社．

③ 佚名．2012．制度的力量[DB/OL]．中国企业培训网[2012-10-20]．

清点人数支付报酬。

问题迎刃而解。船主主动请医生跟船，在船上准备药品，改善生活，尽可能让每一个人都健康抵达大洋洲。因为在船上死掉一个人就意味着减少一份收入。

一段时间以后，英国政府又做了一个调查。发现自从实行上岸计数的办法后，船上的死亡率降到了1%以下，有些运载几百人的船只经过几个月的航行竟然没有一人死亡。

这就是制度的力量。犯人还是同样的犯人，船主还是那些船主，一个制度的改变把所有问题都解决了。

企业制度是关于企业组织、运营、管理等一系列行为的规范和模式的总称，其表现形式有法律与政策、企业组织结构（部门划分及职责分工）、岗位工作说明、专业管理制度、工作流程、管理表单等各类规范文件。

企业制度有两方面作用：一方面它可以规范、约束、管理员工的生产和经营行为，推动企业经营目标和发展愿景的实现；另一方面，企业制度具有激励作用，能够提高生产效率。

[资料]

麦当劳的“Q、S、C”

麦当劳快餐店开遍全球，各地都可品尝到一样可口的牛肉饼、感受到一样优质的服务，因为全球麦当劳都有着同样的企业文化。雷克洛用三个大写字母表示麦当劳的成功秘诀，即Q、S、C。Q是quality（品质），公司要提供高质量的食品；S是service（服务），公司要提供一流的服务；C是cleanliness（清洁），公司要保证清洁卫生。这些理念又是通过严格的企业制度得以实现，比如口味一致的牛肉饼，要求饼重1.6盎司，3.78英寸宽，煮熟后缩小0.221英寸，上面浇0.25盎司的洋葱，盖上芥末泥、番茄酱和一片酸黄瓜，然后全部塞进一块小面包中。为保证各分店风格一致，总公司不允许分店擅自尝试新花样，还有地区顾问随时检查。如果分店不按总店要求提供食品和服务，将被取消经销权。当然，为了适应不同地区的口味，总店也允许有一些改动，但新花样都是在实验室做了无数次实验后，才向该地区统一推出。

企业制度文化是企业在长期的生产、经营和管理实践中产生的一种文化特征和文化现象，是由企业的法律形态、组织形态和管理形态构成的外显文化。

企业制度文化强调的是在企业生产经营的活动中应建立一种广大员工能够自我管理、自我约束的制度机制，这种制度机制使广大员工的生产积极性和自觉能动性不断得以充分发挥。例如，你可以约束和命令员工每天干满8小时，但永远做不到让员工在8小时之内都尽心尽力、高效率地为企业工作，只有制度文化能做到这一点。通过加强制度文化建设来进一步激励、教化、引导员工，能够实现这一目标。

2. 企业制度文化的内容

企业制度文化主要包括企业领导体制、企业组织结构和企业管理制度三个方面。

（1）企业领导体制

企业领导体制是企业领导方式、领导结构、领导制度的总称，其中主要是领导制度。

领导体制的核心内容是用制度化的形式规定组织系统内的领导权限、领导机构、领导关系及领导活动方式。任何组织系统内的领导活动都不是个人随意进行、杂乱无章的活动，而是一种通过明确的管理层次、等级序列、指挥链条、沟通渠道等进行的规范化、制度化而非人格化的活动。

同时，任何组织系统内的领导活动也不是一种千变万化、朝令夕改的活动，它有一套固定的规则、规定或组织章程，各种领导关系、权限和职责具有一定的稳定性和长期性。组织系统内领导活动的这些特点是由组织系统的领导体制所决定的。没有一定的领导体制，组织系统内的领导活动就不能正常进行。

企业领导体制的演变经历了四个阶段。

1）家长式领导体制阶段。这种模式盛行于资本主义发展初始时期，企业规模小，技术装备落后，企业主既是企业财产的所有者，又是企业的经营管理者。他们在企业中的地位等于家庭里的家长，一切经济活动都由他们说了算。他们的决策往往带有浓厚的家族、个人色彩，这种封建式的家长或领导体制一直延续到19世纪中叶。

2）经理领导体制阶段。19世纪中叶以后，随着商品经济的发展，企业出现了许多新的变化。企业规模不断扩大，技术水平提高，生产方式改变，由原来的手工作坊式演变为半机械化、机械化生产。这些变化促进了企业领导体制的变革，单凭个人经验的家长式领导体制已经不再适应企业发展的需要，取而代之的是经理制。这时担任经理的主要是一些在企业中精通业务的技术专家，即所谓“硬专家”。这些转行来的硬专家通晓技术，熟悉生产过程，具有较高专业知识水平和一定的管理能力，他们比只凭个人经验的家长或领导要高明得多，经理制的推行是企业领导体制的一大进步。

3）职业“软专家”领导体制。这种体制形成于20世纪以后，此时企业又有了很大发展。企业生产进一步社会化，企业与企业之间、企业内部进一步专业化。企业技术水平进一步提高，企业经营的范围日益扩大，任务日益繁重。企业规模进一步扩大，内部结构更加复杂，与外部环境的联系也日益增强。企业发展的这些变化使精通专业技术的“硬专家”也难以适应企业领导工作的需要，于是，以企业管理为职业的“软专家”就应运而生了。这些职业化的软专家经过系统的经营管理培训，掌握各方面专业知识，具有经营和领导的才能，比从专业技术岗位上转行担任领导的硬专家要高明。职业软专家领导体制不仅能克服硬专家的不足，而且，职业软专家的出现，使企业的发展产生了巨大的推动力。

4）企业家集团领导体制。企业规模的扩大和集团型企业的增加，出现了许多跨国公司。这些大企业，管理层次多、经营范围广、技术工艺复杂，领导的复杂性急剧增大，单靠职业软专家个人的能力已经远远不够。而且，飞速发展的新技术革命使企业外界环境变化很快，对经营的要求也大大提高，任何一个高明的软专家都无法只靠个人的能力去领导企业，迫切要求企业家集团的领导。企业家集团制是现代企业发展的必然趋势。

企业家集团领导体制，不仅包括企业几位最高级领导人组成的集团领导，还包括吸收各类专家参与领导决策。参与决策的软专家，不仅指专家个人，更重要的是指为领导决策提供科学依据的各种形式的智囊团。

[资料]

美国杜邦公司管理模式的变迁

美国杜邦（DuPont）公司是美国最大的化学工业公司之一，也是全球最大的化学与能源集团，素有世界“化工帝国”之称。

杜邦公司是家族企业出身，精力过人的杜邦二世，曾经一人掌管杜邦公司近 50 年（1850～1899），他不仅是企业的首脑，也是整个杜邦家族的一家之长。他事无巨细独立决策所有公司事务，还负责召开家族会议对求学、婚姻等家庭事务提出意见。杜邦二世去世后，杜邦公司因为缺乏一个强有力的接替者，传统的经营管理秩序几近崩溃，公司甚至差一点改换了姓名。1902 年在杜邦公司生死存亡的关头，三个杜邦堂兄弟用 2000 万美元买下了杜邦公司并重新改组，引进了系统管理方式使杜邦公司重获新生。

当时杜邦公司控制着 70 多家公司，为了保护产权，杜邦公司先后买下了这些公司。第二步就需要使这些分散的公司有效地实现一体化，其中最重要的步骤是成立了杜邦公司经营委员会，该经营委员会是全美国所有公司中最早成立者之一，开创了由一个领导层取代一个人决策的先河。委员会成员都是副总经理和董事，有四位是杜邦家族成员。

新成立的经营委员会，通过建立中央参谋职能部门制定政策和选择、控制措施，然后由总经理和经营委员会下令实施。例如：建立了一个中央销售局，由它制定价格表并强制执行，结束了削价折扣、秘密协议等；工业用炸药按不同规格的需要予以协助，这些专家帮助顾客安装并开发多种用途；加强安全和节约，集中成立了一个交易记录局，任何地方销售的每一包甘油炸药或每一磅炸药都必须以副本报告该局，以便对每位顾客的实际销售额和可能销售额进行持续的分析。

经过近 20 年的探索，到 1918 年已形成了这样的经营管理机构——由 27 位董事组成的董事会作为公司的最高经营决策机构，每月的第三个星期一开会。董事会闭会期间由董事长、副董事长、总经理和 6 位副总经理组成执行委员会，行使其大部分权力，集体负责、分兵把守承担日常的经营管理决策，推行董事会制订的营销策略。每周星期三执行委员会开会先就日常业务进行审议并决定处置办法。正式议程的主要内容是听取和审阅各部门经理的业务报告，其内容包括生产情况、业务进展、市场销售、效益存在的问题和建议等，并就进一步采取的措施和对策进行讨论，然后做出决议。执行委员会的最后决定，通常采取多数赞成的方式，对于复杂的问题经充分酝酿后协商决定。

除了执行委员会外，董事会还下设财务委员会，其委员多数由不参与日常业务经营的董事们担任财务委员会，决定总公司的财务政策并对财务活动进行指导和监督。

与此同时，杜邦公司还培养出了一批杰出的公司经营人才。

随着公司规模的扩大、产品种类的增多，在领导决策方面越来越需要多学科广博的知识。个人以至家族少数几个人难以胜任，杜邦们适时调整了管理方式：让其下属机构成为独立的核算单位，使分散的人员在公司的一个管理小组的领导下变成一个紧密结合在一起的整体。这样做既发挥了一个个分支机构的积极性和创造性，又不分散实力，在对外竞争上仍发挥着整体的优势。

（2）企业组织结构

企业组织结构，是指企业为了有效实现企业目标而筹划建立的企业内部各组成部分及其关系。如果把企业视为一个生物有机体，那么组织机构就是这个有机体的骨骼。因此，企业的组织结构是否适应企业生产经营管理的要求，对企业生存和发展有很大的影响。

企业组织结构的类型根据权责关系的不同形式，可分为直线式、职能式、事业部制和矩阵式四种形式。

1）直线式结构是指上下级只存在直线关系，没有横向并列的组织机构。上级主管人员执行各种管理职能，统一指挥，下级只服从一个上级，并只对他负责。直线式结构示意如图4.1所示。

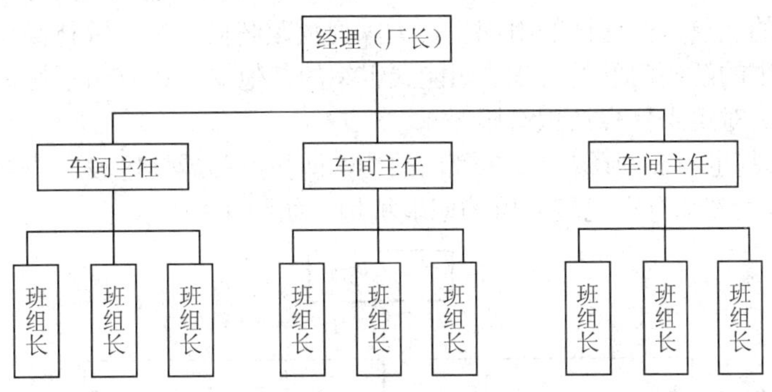

图4.1　直线式结构示意

直线式结构简单明了，指挥系统单一，职权明确，横向摩擦少，因而效率高，但是这种类型的组织没有专业化的管理分工，因此只适用于小规模的企业，或者是经营管理活动内容比较单纯的企业。

2）职能式结构是企业最常见的组织结构形态，如图4.2所示，其本质是将企业的全部任务分解成分任务，并交与相应部门完成。例如，一个生产制造型企业必须采购原材料，加工并销售产品。生产对象在这三个环节中流动，每个环节由专门的部门完成，以提高效率。

职能式结构的核心优势是专业化分工。让一组人专注于生产，而另一组人专注于销售的效率，比大家两者兼做的效率要高很多。

职能式结构的一个优势在于其鼓励职能部门的规模经济。规模经济是指组合在一起的员工可以共享一些设施和条件。例如，一家工厂可以用一套机器设备生产所有的产品，或者不同技术的部门在同一套设备上生产不同的产品，提高利用效率。部门和岗位的设置是以技术种类和技术水平来划分的，部门和岗位需要专一而有深度的技能，这促进了深层次的技术提高。

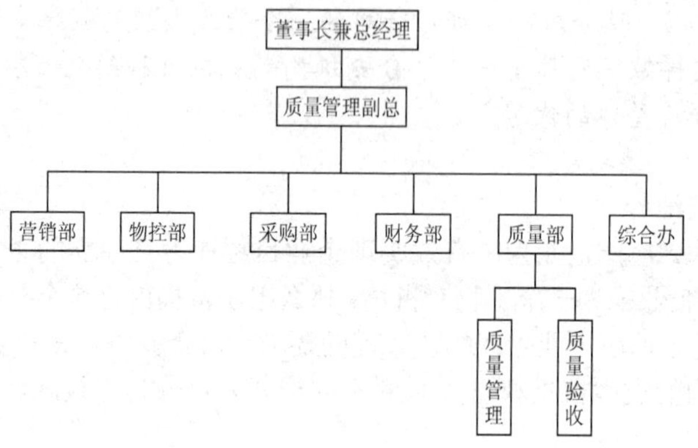

图 4.2　职能式结构示意

职能式结构的主要劣势是对外界环境变化的反应太慢，而这种反应又需要跨部门的协调。如果环境变化快，或者技术是非例行、相互依存的，则会出现纵向决策信息超载，高层决策缓慢的现象。在这样的组织里，大家习惯眼睛向上看，等待高层决策，而缺少横向联系和自主的解决问题的意识。职能式组织的其他缺点还有由于协调不当导致缺乏创新，每个职员对组织目标认识有限。

3）事业部制也叫 M 形结构或多部门结构，即按产品或地区设立事业部（或大的子公司），每个事业部都有自己较完整的职能机构，如图 4.3 所示。

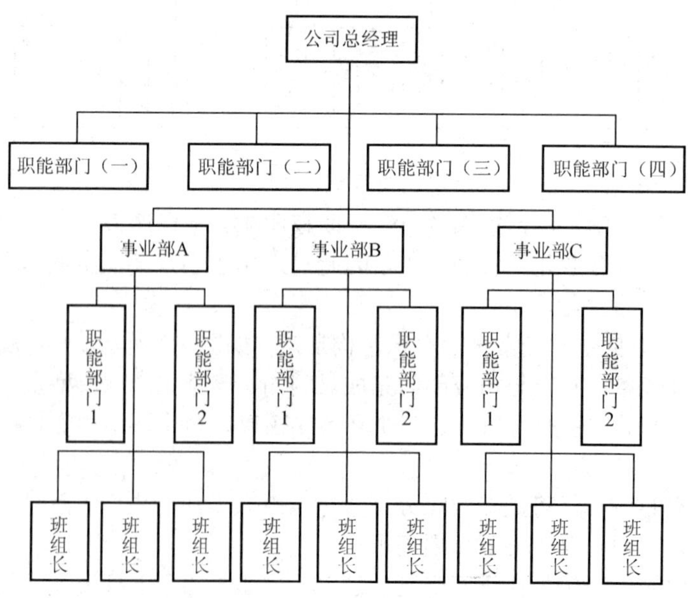

图 4.3　事业部制组织结构

事业部在最高决策层的授权下享有一定的投资权限，是具有较大经营自主权的利润中心，其下级单位则是成本中心。事业部制具有集中决策、分散经营的特点。集团最高层（或总部）只掌握重大问题决策权，从而从日常生产经营活动中解放出来。事业部本质上是一种企业界定其二级经营单位的模式。

事业部制适用于规模庞大、品种繁多、技术复杂的大型企业，是国外较大的联合公司所采用的一种组织形式，近几年我国一些大型企业集团或公司也引进了这种组织结构形式。

[资料]

事 业 部 制

事业部制最早是由美国通用汽车公司总裁斯隆于1924年提出的，故有“斯隆模型”之称，也叫“联邦分权化”，是一种高度（层）集权下的分权管理体制。当时，通用汽车公司合并收买了许多小公司，企业规模急剧扩大，产品种类和经营项目增多，而内部管理却适应不了这种急剧的发展而显得十分混乱。时任通用汽车公司常务副总经理的斯隆参考了杜邦化学公司的经验，以事业部制的形式于1924年完成了对原有组织的改组，使通用汽车公司的整合与发展获得了较大成功，成为实行事业部制的典型，因而事业部制又称“斯隆模型”。

几乎与此同时，在日本，“经营之神”松下幸之助在1927年也采用了事业部制，这种管理架构在当时被视为划时代的机构改革，与“终身雇佣制”、“年功序列”并称为松下制胜的“三大法宝”。

4）矩阵式结构是由职能部门系列和为完成某一临时任务而组建的项目小组系列组成，如图4.4所示，它的最大特点在于具有双道命令系统。矩阵制组织形式是在直线职能制垂直形态组织系统的基础上，再增加一种横向的领导系统，可称之为“非长期固定性组织”。它是把按职能划分的部门和按项目（或产品、服务等）划分的子公司或部门结合起来组成一个矩阵，使同一名员工既同原职能部门保持组织与业务上的联系，又参加所在子公司或部门的工作的一种管理模式。为了保证完成一定的管理目标，每个子公司或部门都设负责人，在组织的最高主管直接领导下进行工作。它的优点在于加强了横向联系，专业设备和人员得到了充分利用；具有较大的机动性；促进各种专业人员互相帮助，互相激发，相得益彰。其缺点在于：成员位置不固定，有临时观念，有时责任心不够强；人员受双重领导，有时不易分清责任。

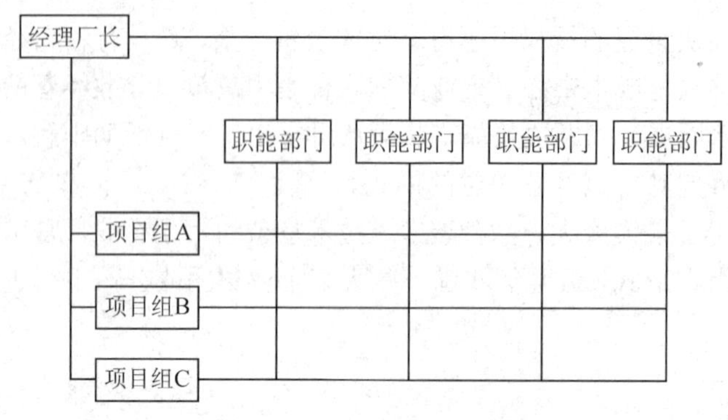

图 4.4　矩阵式结构示意

［资料］

疯狂的架构——我国著名科技公司组织结构图

2014 年 6 月 27 日，Web 设计师 Manu Cornet 在自己的博客里画了一组美国科技公司的组织结构图。在他笔下，亚马逊等级森严且有序；谷歌结构清晰，产品和部门之间却相互交错且混乱；Facebook 架构分散，就像一张散开的网络；微软内部各自占山为王，军阀作风深入骨髓；苹果一个人说了算，而那个人路人皆知；庞大的甲骨文，臃肿的法务部显然要比工程部门更加重要。

真是一组有趣的图，它很快风靡网络。6 月 29 日，它传入中国，在新浪微博上被转发了一万多次。

据此，《第一财经周刊》也尝试着炮制了一份中国主要科技公司的结构图——华为、阿里巴巴、新浪、百度、联想、腾讯。结果发现，它们也是彼此风格迥异。不同的公司成长史、不同的业务架构和不同的管理风格，让它们的架构图也呈现出明显的不同。如图 4.5 所示。

与很多强调组织结构稳定的企业不同，华为建立的是一种可以有所变化的矩阵结构。换句话说，华为每次的产品创新都肯定伴随组织架构的变化，而在华为每 3 个月就会发生一次大的技术创新。这更类似于某种进退自如的创业管理机制。一旦出现机遇，相应的部门便迅速出击、抓住机遇。在这个部门的牵动下，公司的组织结构发生一定的变形——流程没有变化，只是部门与部门之间联系的次数和内容发生了变化。但这种变形是暂时的，当阶段性的任务完成后，整个组织结构又会恢复到常态。

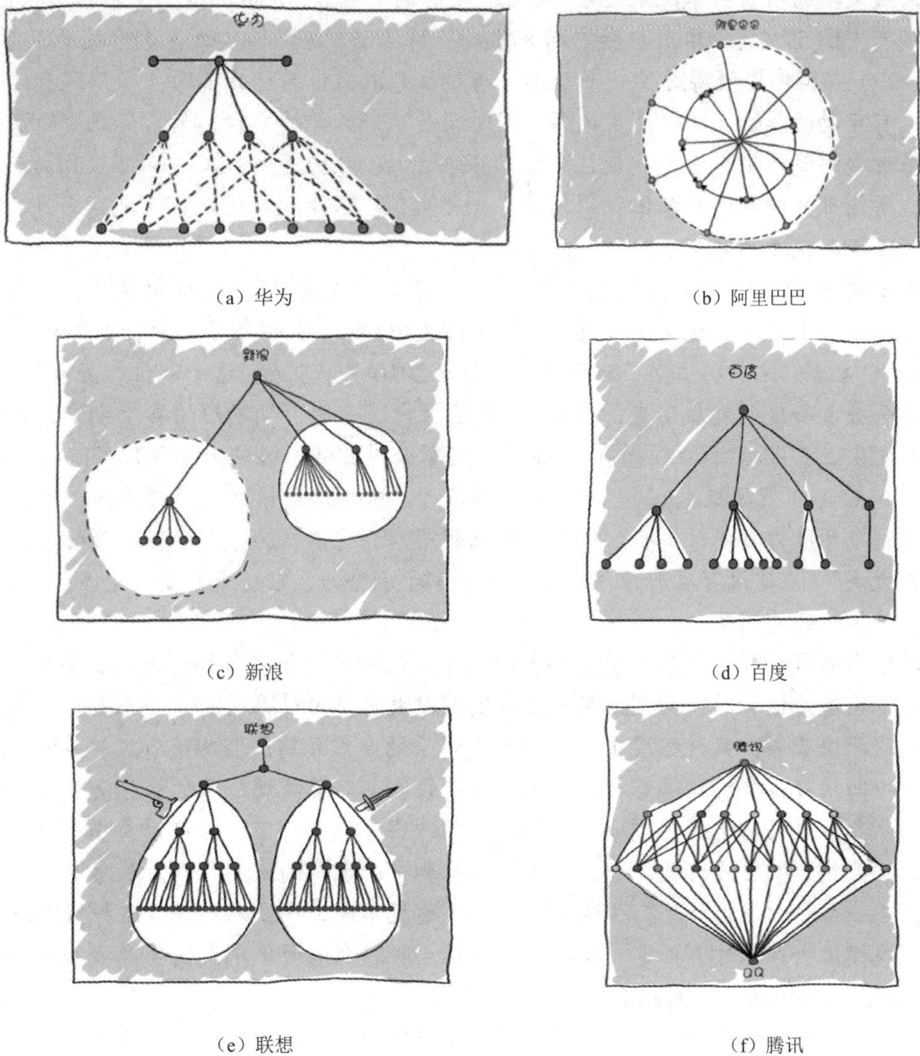

（a）华为　　（b）阿里巴巴

（c）新浪　　（d）百度

（e）联想　　（f）腾讯

图 4.5　著名科技公司组织结构图

你能想象没有马云的阿里巴巴吗？尽管 2007 年阿里巴巴 B2B 业务上市后，马云开始练太极、习道学、悟阴阳，但是，在阿里巴巴，马云的影子似乎无时无处不在。现在，他又向公众展示了一条完美的产业链。万网提供域名，并量身定制出两套网站—— B2B 和 B2C，再通过阿里巴巴网站和淘宝商城、淘宝集市三大平台，精确对接细分用户。分散在全国的 7 个百万平方米以上的阿里大仓、若干个小仓，由物流宝打通的从供应商到阿里大小仓直至用户之间的物流数据流，囊括了大阿里战略中所有的业务。而马云，正如他自己所说，“已经融化在这家公司里。”

2009 年新浪收入下滑了 3%。但这一年新浪推出了微博，不到两年，这个产品就成为新浪最重要的增长引擎，活跃用户过亿，股价翻了两倍。分析机构上海睿析科技估计，新浪拥有中国57%的微博用户和中国87%的微博活动。都说华尔街喜欢听故事，这一次新浪 CEO 曹国伟用微博讲了一个案例。与过往新浪推出的产品不同，微博既有媒体的属性也有互动的属性，可以发生故事，同时又是很好的传播平台。如果说此前新浪的用户大多数以浏览为主，看完就走，那么从微博开始，用户开始沉淀下来了。图 4.5（c）中虚线所圈部分即表示新浪依托微博画了一张大饼，只是现在还没有实现。而且，它还要面对腾讯和搜狐的竞争。

百度前任 COO（首席运营官）叶朋称，“百度崇尚简单”。这话同样可以套用在百度的组织结构上——百度看上去是一家只需要 CEO 就够了的公司。在叶朋 2008 年 4 月担任 COO 之前，这个职位空了一年之久。当他 2010 年离职后，这个职位一直空缺至今。而回过头去看百度的发展历史，COO 职位已经出现三次为期不短的真空期了。同样的遭遇也发生在 CTO 职位上。而在 2008 年，这家公司竟然同时缺失 COO、CFO（首席财务官）和 CTO（首席技术官）。一些分析师认为，出现这种情况，是因为内部清洗和股票禁售到期两股力量同时夹击。但是互联网观察家谢文却认为，百度在找高管方面“判断有些失误”，他建议百度应该下决心把管理班子调整好，它还是需要一个 5～7 人、各有专长的核心高管团队。

与很多公司一样，联想希望能够大小通吃，既做好消费者市场，又出击商用市场。前者是以渠道为核心的交易型业务，后者则是以大客户为对象的关系型业务。一家公司同时做这两块业务，某种程度上就像金庸小说里的左右互搏。联想 COO 刘军则将此比喻成长枪与短刀，要想舞得好，就要在价值链的各个环节做到合理的区分与整合，并细致地平衡各方利益，化解模糊地带容易发生的冲突。举例而言，与双模式相对应，联想国内的生产线、供应链的设计也兼顾了大客户和中小客户的采购特点。联想中国有两类生产线，一类即所谓的“大流水线”，一台 PC 通过不同工序多人组装，这种模式适合大批量、规模化生产；对小批量、多品种的订单，联想则采用单元式的生产线，由一位工人从头到尾完成一台 PC 的组装。

腾讯是个令人费解的内外两重世界，就像一堵围墙，墙内的人觉得公司简单欢快如大学校园，墙外的人却觉得企鹅彪悍且来势汹汹。反映在腾讯的业务和组织架构，这种矛盾性也处处存在。经过几次大大小小的架构调整，腾讯将不断增设的新部门重新归类后细分为八大单元。其中，根据业务体系划分出四个业务系统——无线业务、互联网业务、互娱业务、网络媒体业务；另外，根据公司日常运转划分出四个支持系统——运营支持、平台研发、行政等职能系统及企业发展系统。看起来很清爽吧？可是当找出腾讯的产品与服务结构图来比较就会发现，腾讯产品与部门之间有着千丝万缕的关系。而此中的原因便是，作为腾讯盈利的法宝，QQ 不仅是即时通信平台的核心，也搭载或捆绑着腾讯的诸多产品与服务。想了解这一点，打开任何一个 QQ 互联网端界面就知道了。

（资料来源：兰红. 2011. 疯狂的架构. 第一财经周刊，(27)：70）

（3）企业管理制度

企业管理制度是企业为求得最大效益，在生产管理实践活动中制定的各种带有强制性义务，并能保障一定权利的各项规定或条例，包括企业的人事制度、生产管理制度、民主管理制度等一切规章制度。企业管理制度是实现企业目标的有力措施和手段。它作为职工行为规范的模式，能使职工个人的活动得以合理进行，同时又成为维护职工共同利益的一种强制手段。因此，企业各项管理制度，是企业进行正常的生产经营管理所必需的，它是一种强有力的保证。优秀企业文化的管理制度必然是科学、完善、实用的管理方式的体现。

企业的管理的类型包括以下几种。

1）市场营销管理。市场营销是企业经营的核心职能。

2）生产管理。生产管理是对企业日常生产活动的计划、组织和控制，是和产品制造密切相关的各项管理工作的总称。

3）研究开发管理。研究开发指人们在科学技术领域中进行的知识创新活动。企业的研究开发活动通常侧重于应用研究和实验开发，并以实验开发为主。

4）人力开发管理。企业人力资源管理的主要任务包括求才、用才、育才、激才（通过各种激励措施，充分调动人才的积极性）、留才。

5）财务管理。财务管理是有关企业的资金筹集、投放、运用、回收与分配等方面的管理。

相应地，在管理过程中不同的领域形成了不同的制度。

[资料]

海航集团的管理制度

海航集团按照“产权明确、责任清晰、政企分开、管理科学”的原则，在管理体制上以建立现代企业制度为目标，进行了一系列改革，初步构造了全新的经营管理体制和高效的运行管理机制。

（1）人事制度

实行全员劳动合同制，干部择优聘任，称职者上，不称职者下，同时实行严格的奖惩制度。企业的竞争归根到底是人才的竞争。为了能让人才尽快脱颖而出，海航的干部能上能下，能进能出，不论资排辈，不以学历职称和年限为提拔依据，重实际能力，重工作业绩，破格提拔了一批工作能力强、业绩突出的年轻干部。各级领导及其所属人员逐级聘任，逐级辞退及奖惩权，形成了任其职、负其责的“金字塔”型用人结构，调动了干部的工作积极性。工作上“无功便是过”，奖惩分明，并建立了竞争上岗和人员淘汰机制。公司设立总裁基金，共奖励了几百名有功人员。对不称职的干部和员工公司给予降级、下岗培训和下岗待业的处分。

（2）财务制度

海航将一般航空公司计划处、企管处、财务处合并为计财部，减少了部门之间的信息不畅及权力分割。另外，引进西方先进的财务制度，突出效益第一，加强企业成本与资金控制，不断进行效益分析，并严格按照上市公司的要求，定期公开披露公司财务状况。

（3）分配制度

除按国家有关股份制的规定和公司《章程》提取法定盈余公积金、公益金、分配股息红利外，海航另外制定了三条分配原则。一是向生产一线（飞行员、乘务员）、技术系统（航务、工程人员）和经营部门倾斜。二是纠正脑体倒挂现象，对专业人员，特别是有执照和职称的人员实行优惠政策，体现尊重知识、尊重人才的政策。公司实行岗位工资制无论是干部还是职工，一律通过业绩考查，定岗定位。岗变薪变，打破分配的平均主义和大锅饭，各类人员收入拉开了档次。三是实施效益工资制度。将公司经营风险、业绩与员工的收入直接挂钩。

（4）运行制度

海航的机构设置以灵活、高效为目标，公司把以前的 14 个部门调整为 10 个部门，并根据公司业务发展情况进行调整。另外，借鉴美国波音公司的运行管理经验，成立了生产运行中心，由生产运营部门负责人轮流担当正副值班员，全权处理与生产和飞行安全有关的事务；公司还实行了预案制，将生产运行中各种可能发生的问题全部列入预案，使值班领导和全体运营人员心中有数，遇事不惊，对各种突发事件均能迅速采取应对之策。

（5）规范化管理

海航按照现代化企业管理的要求，大力推行规范化管理，减少人为摩擦和内耗，海航在借鉴国内外航空公司经验的基础上，制定了 1000 多项规章制度，形成了《质量手册》、《程序汇编》、《办公室管理手册》、《人事部管理手册》、《培训工作手册》、《飞行手册》、《运行规章》、《维修手册》、《生产运行管理制度》、《生产运行程序》等 12 套分职能分部门的工作手册，并在工作中不断补充修改，逐步加以完善。程序化管理确保了公司的内部管理有章可循、有法可依，工作正常有序地进行，受到了中国民航中南管理局通报表扬。1998 年，海航组织了人力、物力进行了 ISO 9002 质量标准认证，使企业质量管理达到了国际标准。1999 年 3 月，海航获得了国家认证部门的审核与通过，这使海航成为中国民航第一个全面获得 ISO 9000 质量标准认证的企业。ISO 9002 质量证书的获得，标志着海航的管理进入了一个新的阶段。1999 年 12 月，121 部审定通过，公司获得了中国民航颁发的运营合格证，成为中国民航第一批获得合格证的航空公司，标志着公司在规范运作上按照国际标准又迈上了一个新的台阶。

3. 美国、日本和中国企业制度文化的比较

由于文化背景的差异，不同的国家的企业制度各不相同，带有本民族的特点。作为世界前三大经济体，美国、日本和中国三个国家企业制度文化的差异主要表现为：

（1）不同的决策制度

1）美国人的自由、平等观念相当强烈，自由和平等是天赋不可剥夺的权利。正是这种天赋人权形成了美国文化强调个体、重视个体的特点，体现在其决策风格上，则是管理上注重授权。

美方的高层经理通常会给下属制定一个目标，然后就是由下属来达到这个目标和成果，高层经理只是以成果来衡量目标，至于中间用什么样的方式去做，他基本上是不会干预的。任何一个层次的部门经理，都可以在部门的范围之内作决策，如何把工作做好，只要不违反公司的商业道德即可。

这种制度的缺陷是，如果监督机制不完备或不得力，容易产生个人专断；决策过程快，但执行过程长。

2）日本企业集体决策，决策过程慢，反复讨论，但是执行起来比较顺利。日本企业的决策方式是一种集体决策制度。

日本企业的重大问题都拿到“经营会议”上来解决，循着由下而上，然后再由上而下的顺序进行，层层裁决，层层盖章，逐级向上反映汇报，同时，各有关部门也进行横向交流和协商以取得一致同意。

这种制度的优点在于可以最大限度地减少决策失误，减少盲目性、主观性，增强科学性、客观性。

3）中国企业的决策是“环链式”决策。大多数企业采取厂长在集体讨论的基础上进行综合决断的方式。首先由厂长在决策设想基础上提出课题、目标和原则，交给有关部门收集信息资料，草拟方案，然后将方案交给管委会办公室，组织有关人员进行可行性分析，完善方案内容，将确定的方案打印，分别征求党委、工会等有关方面的意见和建议，并提前将决策方案提交管理委员会研究酝酿，请委员提出建议，这中间还要做一些必要的协调工作，最后由厂长主持召开管委会会议进行讨论和论证。在充分听取各方面专家和职工代表意见并集中集体智慧的基础上，厂长拍板决策。

在一些企业内部，个人的权力和意志在企业决策中还起着决定性作用。管理人员和普通职工只是单纯的决策执行者，不能参与决策的制定，这样会挫伤员工的工作积极性。

（2）不同的用人、育人制度

1）在员工的雇佣方面，日本企业采用的是典型的终身雇佣制，这一制度不仅仅是一项政策，它更是一种教义，浓缩了日本人生活与工作的方方面面。日本的大型组织是终身雇佣制的主要提供者，大约30%的日本雇员会在提供终身雇佣制的大型财团内工作，围绕着这些财团，还有很多有固定长期业务关系的卫星企业，这些企业共同形成了具有鲜明日本特色的财阀。这种特殊的利益团体使得企业之间的相互信任提升，交易成本下降，并且在这样的制度安排下，“Just in time”等管理思想的实现成为可能。在大的财阀退休的员工，将有可能被安排到卫星企业进行就职，这种安排不仅使得终身雇佣制延伸到了退休以后，也使得退休员工的再就业与卫星企业之间形成了更加密切的合作关系。长期奖金的支付、退休后临时雇佣制和卫星公司的组合成为日本企业抵御风险的缓冲器。核心企业有可能将行业风险在企业内部员工间和企业外部的卫星企业间进行化解，从而使得企业更加容易长寿、稳定。

2）与日本企业不同，美国企业采用的是短期雇佣制。短期雇佣制下的员工流动频繁，在效益不好时，采用直接裁员的做法，而不是日本企业普遍采用的全体员工减薪的方式。

3）过去中国企业受计划经济的影响，国有企业和集体企业一直采取行政命令的管理模式，对企业内外环境因素的变化反应迟钝，管理模式和人才队伍无法适应市场竞争的需要。近年来在市场竞争的压力下，通过实行公司制改革，引进和培养人才，虽然在一定程度上得到了改善，但与公司制相配套的各种体制还不健全。

（3）不同的薪酬与晋升制度

1）美国公司制企业具有灵活自主的分配制度，其主导性的薪酬制度是以岗位工资为主，奖金、津贴为辅的模式，部分公司还实行员工持股制度。一般蓝领生产工人实行岗位等级工资制度，工资等级按各工种技术水平的高低划分。工人薪酬的构成包括基本岗位工资、福利津贴、社会保险金及部分医疗费、保健费、抚恤金和文娱费用。美国企业将个人绩效与收益直接挂钩，开发出关键绩效指标、平衡记分卡等大量量化、复杂、考核到个人的考核工具。在美国企业有可能企业亏损，但仍有部分员工加薪。

美国公司为员工提供了快速的评估和升职机会。由于人员流动频繁，因而企业可以提供大量的升迁岗位。直接的管理目标和量化考核为快速升迁提供了依据。由于个人绩效与收益直接挂钩，所以员工可以在短期内获得公平感。

2）日本企业实行年功序列工资制，这是以资历为主要依据的一种分配制度，年功工资制度是指依据工作年限或年龄的增加而定期提高工资的一种惯例。职工晋升工资主要以工龄长短作依据，福利待遇也是这样。员工晋升与个人的学历、资历、年龄和工龄密切相关，从工人到组长需 3～4 年，大学毕业生到课长需 12～13 年，钢铁企业最快要到 41 岁才能当处长。日本企业将奖金与企业总体绩效挂钩。

在评估与晋升方面，日本企业实行缓慢的评估与升职过程。升职缓慢，抑制了人们在公司内部展开短期竞争的积极性。日本企业认为，人们实际上非常有可能一清二楚地看到真实的绩效，因而促进以公开的态度进行合作。在日本企业内，采用典型的日式开放式办公布局，所有人都坐在同一个大的、宽敞的办公环境当中，互相非常容易观察到其他人的工作。在日本企业，加班会赢得周围同事甚至邻居的尊重，那些下午准时下班的人被认为不被单位重用。员工的归属感，而不是现金的激励会改变员工的态度、动机和行为。

3）对当前中国企业薪酬制度存在的突出问题，专家们认为，主要有以下几方面。①人们的工资是身份工资而非职位工资。②资历而非能力和绩效导向。③结构而非水平问题突出。薪酬设计水平线有五种模型：匹配型、领先型、落后型、浮动型、权变型。在国有企业，低级职位是领先型，如某公司的司机年薪竟然达 10 万元。④几乎没有工资制度。制度内工资等级差别很小，不能体现职位的价值和工作绩效的差别。差距只在单位与单位之间，行业与行业之间[①]。

---

① 刘志迎．2012．试论企业制度文化的国际差异[EB/OL]．中国管理传播网[2012-10-21].

4.1.2 企业制度文化的作用

企业制度文化体现了企业的软实力，它的作用包括以下几个方面。

1. 决定企业的性质

不同的产权制度决定了不同的企业的性质。基本的产权类型主要包括三种：私有产权、共有产权和国有产权。不同类型的产权可以结合，形成混合产权类型。不同的产权安排决定了企业是属于私有产权的、共有产权的、国有产权的还是它们的混合产权的，从而赋予企业合法地位，决定企业的经营管理性质。

2. 减少企业职工行为的不确定性

制度的作用在于减少人们行为的不确定性。正确制度引导正确的行为，错误的制度引导错误的行为。企业制度的作用在于规范和约束职工的行为，使职工明确“该做什么”与“不该做什么”及“怎样去做”，引导职工采取正确的行为及努力程度，约束职工的不良行为甚至破坏性行为，以确保企业目标顺利达成。因为，企业制度必须充分体现出企业的价值观，它是企业价值观的“传导器”，是企业精神与职工行为之间的“桥梁”。通过企业制度，可以引导企业职工对企业价值观的认同、接受与执行，从而使企业价值观真正成为引导企业员工的思想观念和行为的准则。

3. 协调企业职工之间的关系

企业制度文化为全体职工提供了共同的行为准则和各种具体的行为规范。这些共同的行为准则和规范反映了企业职工的共同意愿，因此，会引起企业全体职工的共同认可，并且会引导全体职工自觉维护与遵守，据此建立起共同认可和遵守的行为准则和规范，实现企业部门之间、职工之间有效协调配合，从而使企业的群体行为得到有效的协调与统一。

4. 保障企业的健康发展

例如，员工保险制度的设计可以分担企业风险，民主制度可以抑制专政等。企业经营管理活动涉及方方面面，没有制度及与之相适应的制度文化氛围，企业可能寸步难行。有了制度及与之相适应的制度文化氛围，企业的经营管理才有规矩，人与制度的结合才有章可循。规范的制度建设是企业健康发展的根本保障。

5. 降低企业交易费用，减少企业对内、对外合作成本

交易费用论在20世纪70年代开始传播以后，受到人们极大关注，已经成为现代经济学的中心议题。交易费用概念被频繁地用于各种经济现象的分析，并被逐渐吸收进主流学派的理论中。好的企业制度文化通过塑造具有共同理想和信念、明确的价值取向、高尚道德境界的企业工作群体，可以把企业的利益内在化为员工的个人利益，形成一股强大的合力。企业员工通过分享企业的“共同愿景”，增强共同的责任感和使命感。这

种强大的文化内聚力再通过员工的努力工作外化为企业管理人员的减少、管理强度的降低，企业制度的执行成本随之下降，从而使企业的内部交易费用减少。

6. 提高人们的文明程度

制度是一种文化形式。制度是文明的象征之一。制度不断完善是社会文明进步的重要方面。企业制度是制度的一种形式，是社会制度的重要组成部分。企业制度不断完善，能够提高企业职工的文明程度。企业制度建设是促进企业文明的重要途径。

4.1.3 企业制度文化与企业精神文化、企业物质文化、企业行为文化的关系

1. 企业制度文化与企业精神文化

制度文化是一定精神文化的产物，它必须适应精神文化的要求。人们总是在一定的价值观指导下去完善和改革企业各项制度的，企业的组织机构如果不与企业目标的要求相适应，企业目标就无法实现。卓越的企业总是经常用适应企业目标的企业组织结构去迎接未来，从而在竞争中获胜。

制度文化又是精神文化的基础和载体，并对企业精神文化起反作用。一定的企业制度的建立，又会影响人们选择新的价值观念，成为新的精神文化的基础。企业文化总是沿着精神文化—制度文化—新的精神文化的轨迹不断发展、丰富和提高。

2. 企业制度文化与企业物质文化

企业物质文化是企业制度文化的存在前提，一定的物质文化需要与之相适应的制度文化。企业的组织机构是提高管理有效性的重要方法之一。如果企业组织结构不先进，那么无论怎样试图调整，这个管理机构的活动也不能得到预期的效果。相反，有科学根据的组织结构，在减少与管理有关的消耗的同时，能为提高管理的有效性、可靠性和应变能力，创造出十分有利的条件。因此，这些组织结构的质量及其各部分的相互作用在很大程度上决定着能否及时履行管理职能。正确处理企业制度文化和其他企业文化的关系，对于提高企业管理的质量也具有重要意义。

而企业制度文化则是企业物质文化建设的保证。现代化的生产设备要求形成一套现代化的管理制度，制度文化还要随着物质文化的变化而变化。企业劳动环境和生产的产品发生了变化，企业的组织结构就必须做出相应的变化，否则就不能发挥其应有的效能。制度文化是物质文化建设的保证，没有严格的岗位责任制和科学的操作规程等一系列制度的约束，任何企业都是不可能生产出优质产品的。

3. 企业制度文化与企业行为文化

企业的制度文化规定并制约了企业的行为文化，同时又是企业行为文化得以正常运

行的保证。同企业职工生产、学习、娱乐、生活等方面直接发生联系的行为文化建设得如何，企业经营作风是否具有活力、是否严谨，精神风貌是否高昂，人际关系是否和谐，职工文明程度是否得到提高等，无不与制度文化的保障作用有关。

4.2 企业制度文化的塑造

在企业中，文化理念和行为规范作为一种倡导，有时其约束功能显得很不足，管理者时时需要面对与价值观不一致的言行，这时候，制度的刚性弥足珍贵。张瑞敏在刚掌管海尔的时候，他所做的第一件事就是强化制度刚性，如“不准在车间随地大小便”。慢慢地，海尔人有了更高的文化追求，“真诚到永远”成了海尔的文化象征，海尔的企业制度成了企业管理规范的一种象征，制度升华为文化，成为海尔人的文化自觉。

当企业不断发展壮大后，领导者的意志已经不能有效地覆盖企业的各个方面，客观上需要企业根据自己的业务状况制定和执行科学的管理制度和业务流程，规范组织和人的行为，明确职责，有效监督，形成一种决策科学化、流程标准化、考核系统化的管理模式。

4.2.1 塑造企业制度文化的方法

一个社会的制度好，会使坏人不敢做坏事；制度不好，会使好人不敢做好事，企业亦是如此。如果企业的制度根植于企业的运营实践，能够与企业的行业特征、地域特征、文化特征等紧密地结合在一起，就能起到规范企业人行为的目的，逐渐使制度所约束的行为转变成企业的自觉行为，推动企业的发展。反之，如果企业的制度脱离于企业实际之外，与文化相背离，就会大大降低制度的执行力，受到企业员工的抵制，阻碍企业的发展。

从制度文化的层面来看，制度文化包括领导体制、组织结构和企业管理制度三个方面。所以，当我们讨论企业制度文化建设的时候，也从这三个方面考虑，协调进行。

1. 企业领导体制的设计

企业领导体制是领导方式、领导结构、领导制度的总称。企业领导体制是企业制度文化的重要内容，一个好的领导体制，可使企业管理者形成一致的目标，产生强烈的动机为之努力，并能在员工中产生较强的号召力和影响力。

（1）企业领导方式

人们常说，企业文化就是领导者文化。这句话虽不科学，但我国企业中确实普遍存在着这样一种现象。在我国企业运行中，领导者的示范作用对企业的发展产生着很大的影响。因此，在推动企业制度文化建设的过程中，要注重对企业领导方式的培养。提倡民主、公正、科学的领导方式，反对独裁、专制、浮于表面的领导方式。通过对领导方式的培养，在企业中营造良好的工作氛围，以领导者科学的领导方式带动全体员工积极、高效、团结的工作态度的养成。

（2）企业领导结构

从企业领导结构建设方面看，要尽可能多地完善公司法人治理结构，并建立起完善规范的权力制衡机制。法人治理结构是现代企业制度中最重要的组织架构。它主要由股东大会、董事会、监事会和经理四个部分组成。

法人治理结构的建立应当遵循以下原则。

1）法定原则。公司法人治理结构关系到公司投资者、决策者、经营者、监督者的基本权利和义务，凡是法律有规定的，均应遵守法律规定。

2）职责明确原则。公司法人治理结构的各组成部分应当有明确的分工，在这个基础上各司其职、各负其责，避免职责不清、分工不明而导致的混乱，影响各部分正常职责的行使、整个功能的发挥。

3）协调运转原则。公司法人治理结构的各组成部分是密切地结合在一起运行的，只有相互协调、相互配合，才能有效率地运转，有成效地治理公司。

4）有效制衡原则。公司法人治理结构的各部分之间不仅要协调配合，而且还要有效地实现制衡，包括不同层级机构之间的制衡，不同利益主体之间的制衡。

另外，公司的权力制衡难以实现的根源之一就是集权和专制，专制就意味着权力的高度集中，权力集中必然会导致权力滥用，当权者的一句话就可决定企业的命运，这显然是非常可怕的。

企业在建设制度文化的同时，要尽可能多地完善公司法人治理结构，建立完善规范的权力制衡机制，坚持以权制权、以监制权，从而实现权力的制衡，只有这样才能真正实现企业决策和管理的民主化、科学化。

（3）企业领导制度

企业的领导制度，受生产力和文化的双重制约，生产力水平的提高和文化的进步，就会产生与之相适应的领导体制。因此，要加强企业领导机制，首先就要完善企业领导制度。制度能规范人的行为，领导制度则能规范领导在管理中的行为，提高其管理效率。

2. 企业组织结构的设计

企业组织结构设计是指通过对组织资源的整合和优化，确立企业某一阶段的最合理的管控模式，实现组织资源价值最大化和组织绩效最大化。企业组织结构的设计依赖于企业规模的大小、生产经营的复杂程度和管理的特点。科学的组织机构的设置更多地倾向于分权，通过权力下放增强部门工作的自主性、灵活性和创新性，最大限度地发挥部门成员的作用，提高管理的效率。

（1）企业组织结构设计的主要内容

1）职能设计。职能设计是指企业的经营职能和管理职能的设计。企业作为一个经营单位，要根据其战略任务设计经营、管理职能。如果企业的有些职能不合理，那就需要进行调整，对其弱化或取消。

2）框架设计。框架设计是企业组织设计的主要部分，运用较多。其内容简单来说就是纵向的分层次、横向的分部门。

3）协调设计。协调设计是指协调方式的设计。框架设计主要研究分工，有分工就必须要有协作。协调方式的设计就是研究分工的各个层次、各个部门之间如何进行合理的协调、联系、配合，以保证其高效率的配合，发挥管理系统的整体效应。

4）规范设计。规范设计就是管理规范的设计。管理规范就是企业的规章制度，它是管理的规范和准则。结构本身设计最后要落实、体现为规章制度。管理规范保证了各个层次、部门和岗位，按照统一的要求和标准进行配合和行动。

5）人员设计。人员设计就是管理人员的设计。企业结构本身设计和规范设计，都要以管理者为依托，并由管理者来执行。因此，按照组织设计的要求，必须进行人员设计，配备相应数量和质量的人员。

6）激励设计。激励设计就是设计激励制度，对管理人员进行激励，其中包括正激励和负激励。正激励包括工资、福利等，负激励包括各种约束机制，也就是所谓的奖惩制度。激励制度既有利于调动管理人员的积极性，也有利于防止一些不正当和不规范的行为。

（2）企业组织结构设计的基本原则

1）任务与目标原则。企业组织设计的根本目的，是为实现企业的战略任务和经营目标服务的。这是一条最基本的原则。组织结构的全部设计工作必须以此作为出发点和归宿。从这一原则出发，当企业的任务、目标发生重大变化时，例如，从单纯生产型向生产经营型、从内向型向外向型转变时，组织结构必须作相应的调整和变革，以适应任务、目标变化的需要。

2）专业分工和协作的原则。现代企业的管理工作量大、专业性强，分别设置不同的专业部门，有利于提高管理工作的质量与效率。在合理分工的基础上，各专业部门只有加强协作与配合，才能保证各项专业管理的顺利开展，实现组织的整体目标。

3）有效管理幅度原则。受个人精力、知识、经验条件的限制，一名领导人能够有效领导的直属下级人数是有一定限度的。有效管理幅度不是一个固定值，它受职务的性质、人员的素质、职能机构健全与否等条件的影响。这一原则要求在进行组织设计时，领导人的管理幅度应控制在一定水平，以保证管理工作的有效性。由于管理幅度的大小同管理层次的多少呈反比例关系，这一原则要求在确定企业的管理层次时，必须考虑到有效管理幅度的制约。

4）集权与分权相结合的原则。企业组织设计时，既要有必要的权力集中，又要有必要的权力分散，两者不可偏废。集权是大生产的客观要求，它有利于保证企业的统一领导和指挥，有利于人力、物力、财力的合理分配和使用。而分权是调动下级积极性、主动性的必要组织条件。合理分权有利于基层根据实际情况迅速而正确地做出决策，也有利于上层领导摆脱日常事务，集中精力抓重大问题。因此，集权与分权是相辅相成的，是矛盾的统一。没有绝对的集权，也没有绝对的分权。企业在确定内部上下级管理权力分工时，主要应考虑的因素有：企业规模的大小，企业生产技术特点，各项专业工作的性质，各单位的管理水平和人员素质的要求等。

5）稳定性和适应性相结合的原则。稳定性和适应性相结合原则要求组织设计时，既要保证组织在外部环境和企业任务发生变化时，能够继续有序地正常运转；同时又要保证组织在运转过程中，能够根据变化了的情况做出相应的变更，组织应具有一定的弹性和适应性。为此，需要在组织中建立明确的指挥系统、责权关系及规章制度；同时又要求选用一些具有较好适应性的组织形式和措施，使组织在变动的环境中，具有一种内在的自动调节机制。

[资料]

攀枝花钢铁集团的制度文化建设

攀枝花钢铁集团在兼并成都无缝钢管厂的过程中，就特别注重将强势的攀钢文化输入钢管厂中。其具体做法：一是在充分尊重被兼并企业原有文化传统的同时，坚持攀钢文化的统一性，将攀钢日报和电视台延伸至被兼并企业，组织攀钢文化宣讲团到被兼并企业进行宣讲，重点推广攀钢文化的核心内容和行为规范，“用一种声音说话”；二是把攀钢管理制度和模式输入被兼并企业，“用一种方式做事”；三是通过干部交流辐射攀钢文化，强化典型带动和氛围感染。通过这一系列工作的开展，逐步解决了文化冲突的问题，取得了企业兼并重组的成功①。

3. 企业管理制度的制定

企业制度的制定要从企业的经营实际出发，充分考虑到企业内外多方面的因素。既要考虑行业特征的影响，又要涉及区域文化、人文特征等对企业所产生的影响。制度是任何一个社会及组织团体正常运转所必不可少的因素之一，是企业进行正常的生产经营管理的强有力的保证。合理的管理制度会充分调动企业职工的积极性，有利于职工主观能动性的发挥。科学、完善、实用的企业管理制度是与优秀的企业文化相辅相成的。

企业管理制度的制定包括制定企业人事制度、生产管理制度、民主管理制度等一切规章制度。

管理制度制定所应遵循的原则有以下几个方面：

1）合法性原则。企业管理制度的制定一定要依据和遵守国家的法律、法规、政策，不得与国家的法律、法规、政策相抵触，而应在企业管理中贯彻、融入国家的法律、法规和政策。只有这样，才能保证制度的合法性。

2）平等性原则。制度面前人人平等。上至公司董事，下至一般员工，都应该充分尊重制度的权威性。好的制度应对企业所有成员都具有同等且硬性的约束力。

---

① 北京仁达方略管理咨询有限公司．2009．建设企业制度文化[EB/OL]．新浪财经网[2009-04-21].

3）可行性原则。制度要与企业的经营实践相结合，要具有一定的可行性。没有可行性基础的制度形同虚设，不仅不能给企业管理带来一定的辅助，还会给制度的推行造成很大的困难。

4）严肃性原则。企业内部管理制度一经正式推行，企业中的每一位员工，不论是领导还是普通职员都应照章行事，做到制度面前人人平等，有章必依，违章必究。否则，制度就会缺乏权威性、严肃性，变得苍白无力，企业管理也就不可能成功，必将陷入管理松懈、纪律涣散的危险境地。

5）稳定性原则。制度应具有稳定性，切不可朝令夕改。不断变化的制度不仅会影响人的行为判断，也会使制度的权威性受到挑战。

4.2.2 塑造企业制度文化的注意事项

在制度文化建设中要注意以下几点。

（1）以人为本

"以人为本"即把握好企业精神、价值观的"柔"与制度化管理的"刚"有效结合的问题。

制度文化的效力点不在别处，而在人的心灵。所以，要适当把握企业精神、价值观的"柔"和制度化管理的"刚"，必须坚持"以人为本"，鼓励员工参与到企业各项制度的制定工作中来。倡导企业的民主管理制度和民主管理方式，是坚持"以人为本"；重视各项制度执行中的反馈意见，广泛接受企业员工和广大服务对象的意见、批评和建议，及时做好有关制度的调整工作，是坚持"以人为本"；完善公开制度，增加工作的透明度，让员工知情、参政、管事，使企（司）务公开工作更广泛、更及时和更深入人心，也是坚持"以人为本"。只有坚持"以人为本"，才能使各项制度更加合理与可行。

（2）制度建设要与时俱进

企业制度是企业文化的一种表现形式，通过它，人们能更加清晰、准确和全面地表达自己的企业文化，挖掘优秀文化加以继承，剖析劣质文化及时摒弃，对照外界环境，汲取先进文化、抵制落后文化，从而有利于推动企业文化的发展。然而，凡事皆有利弊，制度化的过程同时也是企业文化固化的过程，随着对制度的深入理解和广泛认同，人们在接受制度文化的同时，又会反对与制度相悖的文化，一方面容易让企业拘泥于制度文化，而忽略企业的其他文化，另一方面又会让企业抵制外来文化，抑制吐旧纳新的过程。

制度化过程能促使企业井然有序地运行，却又会让企业走上故步自封的道路。由此，我们可以清醒地认识并有效地避免制度文化给企业变革带来的阻力，在变革前要预见变革后企业文化与现有制度文化之间可能存在的冲突，策划制度变革的有效方法，在变革时有计划地实施制度变革，在变革后要密切关注原有制度对新文化的负面影响，及时纠正。

（3）制度文化不是企业文化的全部

制度是企业文化的重要部分，但不是全部。在企业文化建设中，强调制度的建设无疑是必要的，但企业文化建设不能仅仅局限于制度，更不能迷信于制度的制定而忽视企业文化的其他部分建设；企业文化建设中，不能仅仅局限于完善制度本身，而应同时强调制度的执行和调整，从而确保制度的科学性、可行性和有效性。

学习与思考

北京某咨询公司的董事长兼总经理何某，人称何总。何总常年跟公司的咨询人员战斗在外地项目第一线，基本上鲜见他回总部。他与下属同吃同住，任何事都喜欢亲力亲为，非常辛苦。40 岁刚过，何总发已谢顶，面无光泽，精神异常疲倦。他管理员工的哲学就是：服从、服从，再服从。

他拟定出一套管理制度，具体如下：领导传唤员工，员工手上不管有什么活，必须随传随到。员工对领导的安排，即便有异议也不能拒绝，必须无条件服从，否则走人。公司禁止员工在上班时间讲话交流，因为讲话影响工作效率。上班时间员工手机必须处于关机状态，以便能安心工作。公司座机电话只能告诉父母或者配偶，禁止告诉他人等。上班不能带任何有存储功能的设备，公司电脑上无优盘接口，禁止上网。如果需要同事之间共享资料，必须申请，在专人监督下用软驱拷贝查阅。

如果在外地做项目，管理制度另有规定：出差期间不能告诉家人去哪儿出差，禁止员工在出差期间（即便是休息日）去找当地的同学朋友，理由是保护客户秘密。出差期间上班时间为早上 8 点到晚上 10 点，午饭和晚饭吃饭加休息时间各 1 小时，晚上如果有会议，时间将延后不定。

这段时间，何总和项目组成员出差在某生产企业，该企业办公场所比较紧张，便安排咨询公司所有项目组成员包括何总在一间办公室办公。何总工作压力大，抽烟很厉害，一天能抽一包多，都是在办公室内解决。因为窗外就是生产工厂，粉尘很大，何总从不允许员工开窗，理由是外面灰尘大，开窗后灰尘进来对大家身体不利。因此下属们就整天坐在烟雾弥漫的办公室内伏案工作，没有一人提出异议。何总很高兴，觉得自己很有权威，管理得很好，没有一个人敢对他说“不”。

公司创立几年来，何总的咨询公司的员工来了一茬又走了一茬，换得很快，用他的话讲就是“新鲜血液不断涌动”。

思考题

1．请评价何总的管理手段和方法。

2．请问何总是一名成功的管理者吗？

第5章　企业行为文化

在王老吉与加多宝争议不断升级的今天，让我们回过头来看看王老吉与加多宝“分家”前，作为一家企业的王老吉是如何引领凉茶产业发展，使凉茶成为众多宴会聚餐饮品的首选的。

首先，为王老吉品牌准确定位。

最初在中国“两广”地区以外，人们并没有凉茶的概念，内地的消费者“降火”的需求基本通过服用牛黄解毒片之类的药物来解决。做凉茶困难重重，做饮料同样危机四伏。放眼整个饮料行业，以可口可乐、百事可乐为代表的碳酸饮料，以康师傅、统一为代表的茶饮料、果汁饮料更是处在难以撼动的市场领先地位。而且，王老吉以“金银花、甘草、菊花”等草本植物熬制，有淡淡的中药味，对口味至上的饮料而言，的确存在不小的障碍。这就使王老吉面临一个极为尴尬的境地：既不能固守两广，也无法在全国范围推广。经过深入调查，王老吉发现消费者并无“治疗”要求，购买的真实动机是用于“预防上火”。因此，王老吉确定了自身的品牌定位——“预防上火的功能饮料”，独特的价值在于喝王老吉能预防上火，让消费者无忧地尽情享受生活。

其次，广告对品牌宣传到位。

紧接着，王老吉确定了广告推广的主题——“怕上火，喝王老吉”。为更好地唤起消费者的需求，电视广告选用了消费者认为日常生活中最易上火的五个场景：吃火锅、通宵看球赛、吃油炸食品薯条、烧烤和夏日阳光浴。画面中人们在开心享受上述活动的同时，纷纷畅饮王老吉。而对电视媒体的选择，王老吉主要锁定覆盖全国的中央电视台，并结合原有销售区域（广东、浙南）的强势地方媒体，在2003年中的短短几个月，一举投入4000多万元广告费，销量得到迅速提升。同年11月，企业乘胜追击，再斥巨资购买了中央电视台2004年黄金广告时段。正是这种疾风暴雨式的投放方式保证了王老吉在短期内迅速进入人们的头脑，给人们一个深刻的印象，并迅速红遍全国大江南北。

王老吉成功的品牌定位和传播，给这个近180年历史的、带有浓厚岭南特色的产品带来了巨大的效益：2003年王老吉的销售额比去年同期增长了近4倍，由2002年的1亿多元猛增至6亿元，并以迅雷不及掩耳之势冲出广东。2004年，尽管企业不断扩大产能，但仍供不应求，订单如雪片般纷至沓来，全年销量突破10亿元，以后几年持续高速增长，2009年销量突破170亿元大关。汶川地震后，王老吉捐款达1亿元，玉树地震后，王老吉又捐1.1亿元，是当时捐款金额最多的企业。王老吉大手笔的捐款行动感动了不少消费者，也使王老吉获得了巨大收益。

王老吉企业的品牌定位、广告宣传和捐助行动都是企业精神文化的动态表现，我们称之为企业行为文化。

5.1 企业行为文化概述

在企业文化内容构成中，行为文化是企业文化四个部分中非常重要的一部分，它是企业制度文化、企业精神文化的体现。

5.1.1 企业行为文化的含义与地位

1. 企业行为文化的含义

企业行为文化即企业文化的行为层，是企业员工在企业经营、教育宣传、人际关系及文体等活动中产生的文化现象。它是企业经营作风、精神风貌、人际关系的动态体现，也是企业精神和价值观的折射。

企业行为文化建设的好坏，直接关系到企业职工积极性的发挥、企业生产经营活动的开展及企业未来的发展方向。企业行为文化集中反映了企业目标、员工文化素质等文化特征，它直接影响企业经营业务的开展和经营活动的成效。

在上述案例中，王老吉的品牌定位、广告宣传和捐助行动，是企业精神文化的动态表现，我们称之为企业行为文化。企业的行为不仅仅指企业的整体行为，人们认识一个企业，常常是透过企业的具体行动来感知的。消费者来到企业购买商品，如果店员的态度和举止不佳，接待客人不够亲切，总机小姐应答电话不够礼貌、售后服务差，不管企业怎么树立划一的标识招牌，穿着同一制式的标识服装，不管该企业多么费心设计华丽的店铺外观和装潢，都无法给消费者留下良好的印象。

2. 企业行为文化在企业文化中的地位

行为文化是企业文化落地的关键环节。在企业文化构成的层次关系中，理念是企业文化的核心、是指导一切的思想源泉；制度是理念的延伸，对行为产生直接的规范和约束；物质是人的感官所能直接触及到的、企业文化最具象的表现形式。但是这三个层次都是通过行为来表现和实现的。如果行为与理念和制度相违背，理念就成了空谈、制度就成了空文，物质也就只能是空想了[①]。

[资料]

对不起，让您等急了

一次，一个法国农场主驾着一辆奔驰货车从农场出发到德国去，他的心情很好，因为他驾驶的是奔驰车。可是，就是这个奔驰车到了法国的一个荒村时，发动机突然出现了故障。他又气又恼，随后用车里的小型发报机联系上了远在德国的奔驰汽车总部。没

① 李演. http://jsjjb.xhby.net/html/2010-07/15/content_255353.htm.

有想到，几个小时后，天空传来了飞机引擎声。原来，奔驰汽车修理厂的检修工人在工程师的带领下坐飞机赶来了。他们下了飞机，第一件事就是道歉："对不起，让您等急了。但现在不需要太长时间了。"技术人员一边安慰法国农场主，一边动手修机器，很快将货车修好。"多少钱？"农场主问，他心下想，修理费是少不了的，他们可是开飞机来的。他很想提醒工程师，他们的服务态度很好，技术也不差，就是开飞机来修车，费用也太高了吧。"免费。"农场主不相信自己的耳朵。"免费？""是的。"一个工程师说："出现这种情况，是我们的质量检验没有做好，我们应为您提供无偿服务。"

后来，奔驰公司为这个法国农场主免费换了一辆崭新的货车。这种周到精细的服务，就是奔驰公司行为文化的表现，通过员工热情的服务所体现出来。

奔驰公司委派检修工人乘直升机赶赴故障现场免费维修的行为、检修工人一下飞机就道歉的职业语言行为都是奔驰企业行为的具体表现，它们来自于企业文化核心理念，通过公司制度规范调整，体现在上述行为中，奔驰车作为企业产品，其高品质的评价是通过企业行为来实现的，这就是行为文化在企业文化中的重要地位。

5.1.2 企业行为的分类

企业行为是通过一定的主体表现出来的，我们在分类时，也通常按照主体去划分。广义上的企业行为，它的行为主体包括两大类：企业和企业人。狭义上的企业行为，一般是指企业人（领导者、模范人物和企业员工群体等）的行为。例如，企业在经营过程中要讲诚信，具体体现为恪守承诺、公平交易、童叟无欺等，它是组织的行为，但是它又要通过具体人的行为来实现。

1. 企业整体行为

企业整体行为是指那些以企业整体形式表现出来的行为，是指企业为了实现一定的目标而采取的对策和行动。根据行为作用的范围可以分为内部行为和外部行为。企业内部行为包括教育培训、研究发展、生产管理、人事安排、奖金或福利分配、内部沟通、文体活动等；企业外部行为包括市场开发、促销活动、广告宣传、招聘活动、资金筹集与股市活动、消费者权益保护、公益活动、环境保护等。企业在参与各种行为活动中，又会形成相应的子文化。例如，在企业内部活动中，企业会产生如安全文化、沟通文化、感恩文化等；在企业外部活动中，会产生如诚信文化、品牌文化、责任文化等。

（1）企业的内部行为所产生的感恩文化

社会交换理论的代表人物、美国社会学家霍曼斯认为，人际交往实质上类似于商品交换。这里所说的商品不仅是物质产品，而且包括如称赞、尊敬、爱慕等精神性产品。在社会交换过程中，给予他人的东西对主体来说是付出，从他人得到的东西对主体来说是收益。企业内部行为所产生的感恩文化就是这一理论的生动体现之一，领导者通过人事安排、奖金福利等企业内部行为，对员工付出了关怀，收获的必将是员工竭尽所能，报答感恩的硕果。

[资料]

是员工养活了公司

长江大厦是李嘉诚拥有的第一幢工业大厦，是他地产大业的基石，又是他赢得“塑料花大王”盛誉的“老根据地”。20世纪70年代后期，长江地产业当时的盈利已十分可观，而塑料花早就过了黄金时代，对长江实业来说，增之不多，减之不少。可在长江大厦里，李嘉诚仍然在生产着塑料花。后来，长江大厦租出去了，塑料花厂也停工了，但老员工却留了下来，被安排在大厦里从事管理等工作。

有人与李嘉诚谈起善待老员工的事，说：“有很多老板见员工老了没有用了就巴不得一脚踢开，你却不同。这些员工，过去靠你的厂养活，现在厂没有了，你仍然把他们包下来。”李嘉诚急忙解释道：“一个企业就像一个大家庭，他们才是企业的功臣，理应得到这样的礼遇。现在他们老了，作为晚辈，就该负起照顾他们的义务。”“千万不能说是老板养活了员工，应该说是员工养活了老板、养活了公司。”

李嘉诚的“是员工养活了老板、养活了公司”的观念确实值得深思。没有广大的员工卖力苦干，再有本事的老板也是孤掌难鸣，成不了气候。相反，企业具有凝聚力，员工精诚团结，为老板出力，这个企业必定大有前途。

（2）企业的外部行为所产生的品牌文化

品牌是企业文化的代言人。一个企业的品牌是一个复杂的符号，品牌包含着特色企业文化各个方面的内涵。例如，“奔驰”这一品牌就代表着“高技术、杰出、成功”等内涵，品牌不仅是个名字，更是一笔巨大的财富。品牌资产达400亿美元的“万宝路”公司的总裁就说：“企业的品牌如同只进不出的储存账户。当你不断用产品累计其价值时，便可尽享利息收入。”

一个好的品牌能够代表一个企业的特色，是企业文化的精华，从而从根本上把该公司及产品和其他公司及产品区分开来。在这里，是品牌中所包含的“文化成分”起着关键的作用。可口可乐公司已有一百多年的历史了，这个百年老企业之所以不老，不仅是因为它拥有一个朗朗上口、与众不同的品牌，更是因为它的“奔腾不息”的可口可乐文化。品牌最持久的含义是其价值、文化和个性，它们构成了品牌的实质。

2. 企业人的行为

企业人行为指企业人的岗位工作表现和作风、非正式企业活动和业余活动等，这里的企业人包括企业的领导者和领导者群体、模范人物和企业员工群体等。把企业人做这样的区分是因为这三类人体现出明显的类别差异和个体差异。

（1）企业领导者和领导者群体的行为

企业领导者，从广义上讲，包括董事长、执行董事、总经理、总会计师、总工程师、总经济师、总监等高层领导。企业的高层主管往往是企业文化、企业风气的创立者，特别是他们的价值观直接影响着企业发展的方向。企业领导人对企业文化的影响是巨大的，企业领导人创造的不同的企业文化、组织文化可以导致完全不同的管理模式。

企业要建设强有力的企业文化，首要的因素就是企业家，作为企业的领导者，企业家在企业文化建设中扮演多种角色，如图 5.1 所示。企业家在企业行为文化中起着至关重要的作用，企业家是企业的灵魂[①]。

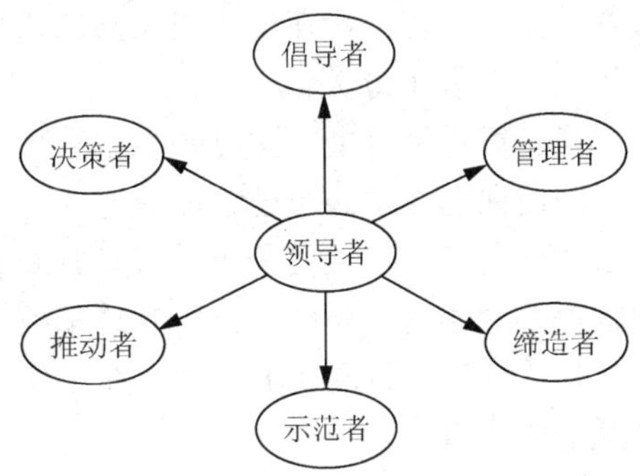

图 5.1 领导者在企业行为文化建设中的角色

企业家是工业革命后资本主义商品经济高度发展的产物。随着生产力和科学技术的发展，特别是机器化生产和大股份公司的迅速成长，企业家队伍日益壮大。在新中国成立之前，由于经济文化落后，没有严格意义上的企业家。而“企业家”一词最早见于 16 世纪的法文“Enter preneur”，后来英语也沿用这个词。它原来的含义带有冒险的意思。当时，领导军事远征的人需要承担风险，对企业的经营决策，也如同领导军事远征一样，具有较大的风险。直至今天，企业家这个词一直是与承担风险联系在一起的。19 世纪末，美国由于大规模资本主义工业的发展和大股份公司的创立，出现了一些典型的企业家。这些企业家残酷地剥削工人，他们的行为激起了工人们的愤怒和仇恨，广大工人群众把他们称为“强盗男爵”。

但是，从另一方面看，他们又是具有卓越才能的人。人们常说：“企业文化就是老板文化。”在企业行为文化的建设过程中，企业家应该成为先进文化的积极倡导者和模范实践者，起到率先垂范的作用。企业家是企业管理中的一种特殊的“角色丛”——思想家、设计师、牧师、艺术家、法官和朋友。许多企业的企业行为文化内容，甚至都是直接来自企业家的思想和主张。企业家是理念体系的建立者，精通人生、生活、工作、经营哲学，富有创见，管理上明理在先，导行在后；企业家高瞻远瞩，敏锐地洞察企业内外的变化，为企业也为自己设计长远的战略和目标；企业家将自己的理念、战略和目

---

① 张德．2009．企业文化建设[M]．2 版．北京：清华大学出版社：258．

标反复向员工传播，形成巨大的文化力量。

“如果领导者是个有作为的人，他就会把充满生机的新观念注入企业文化之中。如果领导者是个平庸之辈，那么企业的主导信念很可能会逐步退化，变得毫无生气。”①一位研究海尔问题的专家曾经指出，海尔文化实际上就是张瑞敏本人人格和智慧的外化。曾经风行一时的《联想为什么》一书的作者陈惠湘曾说：“可以说，没有柳传志就没有联想。”

有个比喻说，一只老虎率领一群绵羊，可以打败一只绵羊率领的一群老虎。同样，在市场经济条件下，一个优秀的企业家率领一群普通的企业员工，完全可以打败一个平庸的领导者率领的一群优秀的企业员工，旨在说明在激烈的市场竞争中，企业家在企业文化建设中所起的作用如领头羊一般十分关键。

通用电气公司总裁韦尔奇，每月至少去一次克顿维尔管理发展中心，在那里发表演讲或者回答问题，还承担了四门课的教学。通过这样的方式，韦尔奇快速将企业行为文化建立了起来。美国微软公司的总裁比尔•盖茨无论多忙，每日都要为员工讲几次课。摩托罗拉等跨国公司在中国办的商学院开学时，公司老总都要过来讲课。他们这么做的目的就是向员工灌输企业文化，使员工认同企业文化，在工作中，思想统一地按照企业的要求去做，从而形成企业的强大合力。

[资料]

老板也不例外

有一次，IBM 公司总裁汤姆·沃森先生带领一位阿拉伯王储参观 IBM 的一个生产工厂。当走到工厂大门口时，他们被门口的值班人员拦了下来，这时汤姆·沃森的随行人员出来呵斥这位值班的人员说：“为什么不放行，难道你不知道这位就是 IBM 总裁汤姆·沃森先生吗？”值班人员回答说：“我当然知道他是谁，他就是总裁沃森先生，但是公司给我的教育是‘无论是谁，进入厂区都必须佩戴符合规定的工作标牌方可放行’。”当初，IBM 总裁汤姆·沃森制定了该项制度，即进入厂区必须佩戴蓝色胸牌，此时，由于汤姆·沃森佩戴的是红色胸牌，因此不能被放行进入。汤姆·沃森说：“你说的是对的，你做的完全正确。”汤姆·沃森一直在门外陪着阿拉伯王储聊天，等随行人员换来了蓝色胸牌，此时，值班员才打开栅栏放行并说：“欢迎光临 IBM!”

企业家对企业行为的影响巨大。企业家作为企业的灵魂人物，他们的知识能力和个性品质等是企业文化生成的重要基因，往往主导着企业文化的特质和风格，并制约和引导着企业文化的个性和发展，尤其在企业初创和企业文化形成阶段起着决定性作用。但是，我们的很多企业家往往经常忽视个人与企业的密切关系，在不合适的时机和不合适

① 张德. 2009. 企业文化建设[M]. 2 版. 北京：清华大学出版社：259.

的场合展开一些不合适的行为活动，其结果对企业的影响往往是深重甚至是毁灭性的。

第一，企业家是企业文化的决策者和缔造者。

企业文化的形成是企业人共同创造的结果，但企业文化的主导信念，却无一例外都是先在上层确定形成，然后逐级下达，任何改变信念的工作都必须在企业家的领导下进行，因此，企业家是企业的决策者，也必然是企业文化的缔造者。

考察那些长盛不衰的知名企业，我们不难发现，他们的企业文化中都有着非常明确的主导思想，而这些主导思想大都同那些在企业发展史上有着深刻影响的企业家（尤其是企业创始人）有着极为密切的关系。闻名世界的“惠普之道”，就是由惠普公司的两位创始人体利特和帕卡德在创业之初就提出来的。他们把尊重人作为惠普文化的主导思想，由此而衍生出惠普文化的其他一系列内容。

第二，企业家是企业文化的倡导者和示范者。

著名学者埃德加·沙因在《企业文化与领导》一书中认为：“组织创建者的假设是组织文化产生的来源之一，领导者在企业文化的形成方面起领导作用；企业的高级成员会通过日常的谈话，企业的特殊庆典、仪式反复讲述企业自身的重要价值观念；企业高级成员的更迭会削弱企业文化力量，甚至改变企业的文化。”可见，企业文化设计和建设离不开企业家的积极倡导和精心培育。

当有记者问海尔总裁张瑞敏，在海尔文化的形成和建设中他担当了什么角色时，张瑞敏回答说他担当了两个角色：一个是设计师，一个是牧师。也就是说，在企业文化建设过程中，企业家不仅要设计企业文化的主导思想和建设方案，而且还要对所提倡的文化精神进行大力的宣传、鼓动和灌输。

企业家是企业文化的示范者和身体力行者。孔子曾说过：“其身正，不令而行；其身不正，虽令不从。”常言道，“上梁不正下梁歪，下梁不正倒下来”，讲的就是领导者的身体力行对下属所起的作用，在企业文化建设中也是如此。也就是说，在企业文化建设中，作为企业核心的企业家，不能只是号召别人去实践企业所倡导的企业文化而将自己置身事外。恰恰相反，在企业文化建设的过程中，领导者们必须率先垂范，躬身实践。只有如此，企业家们所倡导的企业文化才能在本企业卓有成效地开展起来。

[资料]

柳传志以身作则

2001年年末，美国《时代周刊》评出的25位最卓越的商界领袖中，排第14位的是联想集团董事局主席柳传志。因为15年来，他已经把联想从一个20万元起家的企业，发展成为中国一流的国际知名公司，控制着30%的电脑市场份额。柳传志是联想集团及其文化的缔造者和管理者。用他自己的话来说，就是管联想的意识形态。他最喜欢用“求实创新”这四个字，这四个字始终写在联想集团的大门上。他说，没有创新不行，但没有求实精神也不行。因此，这种创新精神体现在反思、求变上。柳传志是一个喜欢反思自己的人。他认为，如果缺乏反思，就会出现一个看上去欣欣向荣的企业突然垮掉的现象。正是在这样一种理念的指导下，柳传志塑造了联想集团，培育出了联想文化。

在联想招聘的时候，首先要求“血型要对”，柳传志称之为“入模子”。但是，面对网络时代的到来，柳传志也在调整着自己的企业文化，不断改进企业的这个“模子”，现在对新人已经不再要求能够完全融入“企业模子”了，而是学着容纳各类“天才”。在联想研究院，管理者正在塑造一种自由轻松的科研气氛。柳传志正在根据企业的不断发展和时代的需要，对联想文化进行微调。

严明的纪律、雷厉风行的作风是联想企业文化的一个重要特征，这同其创始人柳传志始终严格要求自己、是遵守纪律的表率是密不可分的。联想集团有一个延续了十几年的规定，就是无论是谁，开会迟到了都要罚站一分钟。可是刚刚制定规定后的第一次开会，一直备受柳传志尊重的一个原来的老上级就迟到了。这件事的确让柳传志很为难，看着员工们一双双瞪大的眼睛，看着一生勤勤恳恳工作的老领导，柳传志的心里有说不上来的矛盾。最后，他还是对老领导说：“你现在在这儿站一分钟，今天晚上我到你家里给你站五分钟。”就这样，这项制度就从此坚持下来了。柳传志本人在联想公司一共被罚了三次站。有一次，他是因为被卡在电梯里面出不来而迟到的，但他到了会场什么都没有解释，照样自觉接受罚站。

柳传志曾这样说：“小企业做事，大企业做人。”这也说明了管理中的一个经验总结：“在一个 200 人以上的企业中，领导者的能力有多大，企业就办得有多大；在一个 200 人以上的企业中，领导者的胸怀有多大，企业也就有多大。”

第三，企业家是企业文化的管理者和推动者。

有这样一种现象：如果你将一只青蛙丢进很烫的热水中，它会立即跳出来以免一死。但是，你若将青蛙放进冷水锅中逐渐加热，则青蛙不会激烈挣扎，直到死亡，因为到水烫得实在受不了时，青蛙已无力挣扎。这就是颇为著名的“煮青蛙”理论。企业文化的变化通常都是十分缓慢、不易察觉的。可是，当人们发觉到它的改变时，也许它的劣性与惰性已经变得十分强大，企业已经无法靠自身的力量来改变它，只能像青蛙那样慢慢地死去。因此，思想敏锐的企业家常常能及时发现企业文化上的问题，并能大胆创新，打破束缚企业发展的惰性文化，建立能够推动企业向前发展的新文化。

同时，企业家通常要以企业首脑的身份，参加各种会议，接待重要客户。企业家的社交直观地向外界辐射着自己的企业形象和文化，社交过程中的礼仪、礼节展示着企业好客的态度，张弛结合体现了企业理性的形象，周到的安排展示了企业的严密管理。企业家在社交过程中的行为和态度不仅展现和传播了企业的形象和理念，客观上也教导着身边的员工，形成一种集体的美德。

鼎鼎大名的通用电气前任总裁韦尔奇，就是一个能够积极推动企业文化转换和更新的优秀企业家。

[资料]

韦尔奇的改革

1981年韦尔奇上任时，通用电气的发展已经变得十分缓慢，其生产增长与企业竞争力远远落后于日本同类企业。对此，韦尔奇指出，世界在不断变化，我们也必须不断变革。我们拥有的最大力量就是认识自己命运的能力，认清形势、认清市场和顾客、认清自我，从而改变自我，掌握命运。我们不能像冷水中的青蛙那样，面临危险而得过且过，否则不出10年企业必定衰败。由此，韦尔奇开始了对通用长达5年的大刀阔斧的全面变革。

韦尔奇在注重打破原有的科层制度，构建扁平化结构，重组通用电气等"硬件"方面变革的同时，更加注重在作为"软件"的企业文化上的变革。对此，韦尔奇指出："如果你想让列车再快10公里，只需要加一加马力；而若想使车速增加一倍，你就必须要更换铁轨了。资产重组可以一时提高公司的生产力，但若没有文化上的改变，就无法维持生产力的高速发展。"在韦尔奇看来，企业文化就是企业所赖以前进的"铁轨"。同时，韦尔奇认为，管理的关键并非找出更好的控制员工的方法，而是营造可以快速适应市场动态和团队合作的文化机制，给员工更多的权力与责任，让员工与管理者实现互动。因此，他尽力试图改变整个企业的文化与员工的思考模式，从文化变革入手创建了一整套企业文化管理模式。

韦尔奇在GE实行"全员决策"之道，平时少有机会彼此交流的同事，坐在一起讨论工作。总公司鼓励各分部管理人员在集体讨论中作决策，不必事事上报，把问题推给上级。随着"全员决策"制度的实施，公司的官僚主义遭到了重创；更为重要的是，对员工因此产生了良好的心理影响，增强了他们对公司经营的参与意识，打破了旧有的观念和办事风格，促进了不同层次之间的交流。韦尔奇本人也经常深入一线了解情况。在公司中，所有人都直呼其名，亲切地叫他"杰克"。

韦尔奇对通用电气的改造取得了卓越成效。在他担任总裁期间，通用电气获得了快速的发展，销售额、利润长期居世界500强前列，1998年7月成为世界上第一家市场价值超过3000亿美元的企业。同1981年相比，17年间其市价增值25倍，韦尔奇也因此成为世界上最成功的企业家之一。美国康柏电脑公司前董事长本杰明·罗森指出，正是由于韦尔奇对该公司的企业文化进行了成功的改革，创立了快速适应市场动态和团队合作的文化机制，才使得通用电气成为企业界的奇迹。

美国前总统肯尼迪在旅日考察后的专家意见座谈会上谈到："一个总经理的最终成功在很大程度上取决于正确理解本公司的文化，以及对文化进行精雕细刻，并使它形成适应市场不断变化所需要的能力。"

（2）企业模范人物的行为

企业模范人物是企业的中坚力量，他们的行为在整个企业行为中占有重要地位。

在具有优秀企业文化的企业中，最受人尊重的是那些集中体现了企业价值观的企业模范人物。这些模范人物使企业价值观“人格化”，他们是企业员工学习的榜样，他们的行为常常被企业员工作为仿效的行为规范。

在我国，企业中的模范人物称谓很多，有“劳动模范”、“先进工作者”，还有“新长征突击手”、“革新能手”、“三八红旗手”、“学雷锋标兵”等。企业模范的行为又可以分为企业模范个体的行为和企业模范群体的行为两类。

企业模范个体的行为标准是，能卓越地体现企业价值观和企业精神的某个方面和企业的理想追求相一致。取得了比一般职工更多的业绩，具有先进性，他们可以成为人们效仿的对象。企业模范的行为总是在某一方面特别突出，而不是在所有方面都无可挑剔。所以，我们对企业模范不能求全责备。

一个企业中所有的模范人物的集合体构成企业的模范群体，卓越的模范群体必须是完整的企业精神的化身，是企业价值观的综合体现。

美国学者曾把企业模范人物划分为共生英雄和情势英雄两大类。他们所说的共生英雄，是指优秀的企业创建者。共生英雄是企业模范中的最高层次，因为他们不仅建立了企业组织，而且还缔造了一个能使他们生存并将个人的价值观付诸实践——改变公司经营方式的企业理念，且这种企业理念的影响力不断被扩大。而情势英雄又被划分出格式英雄、引导式英雄、固执式英雄和圣斗式英雄四类。

在我国，任何一个企业员工，只要通过自己的努力，都可以成为任何一个层次上的企业模范。从企业模范行为的类型上划分，可分为领袖型、开拓型、民主型、实干型、智慧型、坚毅型和廉洁型。

1）领袖型企业模范：具有极高的精神境界和理想追求，有整套符合社会发展规律的价值观念体系，能够将企业从困境中带出，并不断推动企业发展。

2）开拓型企业模范：永不满足现状，勇于革新、锐意进取，不断开拓新的领域，敢于突破新水平。

3）民主型企业模范：善于处理人际关系，善于发挥大家的聪明才智、集思广益，能把小股力量凝聚成为无坚不摧的巨大力量。

4）实干型企业模范：总是埋头苦干、默默无闻，数十年如一日，如老黄牛一样为企业贡献出自己的全部力量。

5）智慧型企业模范：知识渊博、思路开阔、崇尚巧干，常有锦囊妙计，好点子层出不穷。

6）坚毅型企业模范：越是遇到困难干劲越足，越是危险越能挺身而出，关键时刻挑大梁，百折不挠。

7）廉洁型企业模范：一身正气，两袖清风，办事公正，深得民心，为企业的文明做出表率。

例如，海南航空股份有限公司总裁王英明，2009 年在海南省第五次劳动模范和先进工作者表彰大会上，获得了“海南省劳动模范”的称号。在他身上既具有开拓性、又具有实干精神，更是企业的领袖。

1998年，海尔健康型冰箱刚推向市场，就受到广大消费者的喜爱，特别吸引大家目光的是健康型冰箱的包装箱图案设计：两个活泼可爱的“海尔兄弟”拿着气球在欢快地奔跑。包装箱图案为淡绿色，设计新颖，蕴含健康含义。参与设计人之一的黄蔚竟然是刚进厂的实习生。她非常勤奋并具有创新精神，白天她在车间实习，下班后就到科研所机房里，大胆参与了健康型冰箱包装箱设计，利用休息时间，在机房里反复设计。包装箱图案设计获通过后，深受鼓舞的她，又自告奋勇承担了灶具面板的设计。她既是实干型模范又是智慧型模范。

因此，上述七类人的行为并不是彼此独立的，只不过是在某方面有突出的表现，因此将之归为某一类型。在现实生活中，不少企业模范既有某一方面的长处，又有另一方面的优点，常常是相互交融的。

（3）企业员工群体行为

企业员工是企业的主体，企业员工的群体行为决定企业整体的精神风貌和企业文明的程度。因此，企业员工群体行为的塑造是企业文化建设的重要组成部分。

企业中要通过企业文化的传播，使全体员工共享企业的价值观、企业精神、经营理念，共同遵循企业规章制度，共创企业独特的物质、精神风貌。能否有效地发挥员工的力量，是一个企业成败的关键，有效地发挥员工的潜能，可以使企业创造出奇迹。一项德国大企业的比较研究结果是：员工价值至少是企业净资产的五倍。企业的员工的行为直接或间接地体现着本企业的文化。企业的产品和服务的质量，员工对客户的态度，员工群体的拥有的品德、素养、创新能力、行为举止规范等，都表现为员工群体行为，也就形成了企业行为文化，成为了本企业的文化向外传播的窗口，会影响公众对企业的评价。特别是企业的公关人员、接待人员、服务人员等，实际上充当了企业员工的形象代表，而企业领导更是企业形象的全权代表，如阿里巴巴总裁马云、联想集团董事长、万科集团董事会主席王石、蒙牛董事长牛根生，使人们对淘宝网、联想电脑、万科集团开发的房产以及蒙牛的牛奶都产生了美好的联想。因此，企业员工群体给公众的好印象，能给企业带来无形的资产和竞争力。

[资料]

视员工为企业的主人翁

美国经济学家莱斯特·瑟罗说：“企业提高竞争力的关键，在于提高基层员工的能力，也就是要造就名牌员工。”托·沃森也指出：“一个企业成败的关键，在于它能否激励员工的力量和才智。

松下取得现在如此巨大的成就，很大一部分原因在于其以人为本的管理理念中“视员工为企业的主人翁”的思想，松下电器老总松下幸之助说：事业的成败取决于人，没有人就没有企业。松下认为，企业是要靠全体员工来经营的。他们称之为“集体智慧的全员经营”。员工不仅要从事生产，还要努力成为企业决策的因素之一，松下鼓励全体职工参加企业的决策及管理，使他们在生产上、经济上、社会上都有显现自己才能的机会，真正成为企业的主人。“集合众智，无往不利”，这是松下幸之助穷其 70 余年经验悟出的真理。即使在 20 世纪 30 年代的经济大萧条时，日本许多工厂倒闭，松下也出现了经营困难，但公司仍不裁员，不减薪。员工心存感激，最终使松下胜利度过了经济萧条的大难关。

企业的教育培训，也成为企业推动经济进一步增长的基础。例如：美国通用电气公司每年投入 1500 万元用于员工培训，年培训人员 5000 余人；摩托罗拉公司设有自己的摩托罗拉大学，设 14 个分校，公司每年为此花费 1.2 亿元以上；德国西门子公司在国内外有 60 多个培训中心，开设了 50 余种专业，企业 37 万员工中，每年参加培训的达 15 万，他们确立了“培训出质量，培训出竞争力，培训出成就”的理念；日本三洋电机公司每次开培训班，总经理都要与学员进行座谈，传授做人做事之道①。

俗话说，“厂兴我荣，厂衰我耻”，在企业内部，企业与员工有相互矛盾的关系，但更重要的是互相依托的关系。企业是全体员工的“生命共同体”，是企业内聚力的根基，也是共建“心理契约”的基础，从现代意义上讲，企业是经济生产、员工生活的场所，更是员工实现自我、成就自我的场所，企业的目标是企业成长和员工发展双重目标的统一。如果一个企业只单纯考虑企业经济利益，而不管员工的成长，那只会是短命的企业，其存在是不可能长久的，优秀的员工迟早会另寻出路的。都说“做企业的主人”，它不是一句空洞的表白，是需要双方共同努力配合才会实现的。

5.2 企业行为文化的塑造

5.2.1 企业行为文化塑造的价值

在企业中，行为文化的塑造有哪些意义和价值呢？

我们先来看看华为的“狼性”企业文化。

华为非常崇尚“狼”，认为狼是企业学习的榜样，要向狼学习“狼性”，狼性永远不会过时。任正非说：“发展中的企业犹如一只饥饿的野狼。狼有最显著的三大特性，一是敏锐的嗅觉，二是不屈不挠、奋不顾身、永不疲倦的进攻精神，三是群体奋斗的意识。同样，一个企业要想扩张，也必须具备狼的这三个特性。

对华为而言，主业就是销售。销售表现出了狼性最为鲜活的一面，就是以整体力量向外攻击，为实现目标利用各种手段，争夺市场。它对胜利有着疯狂的追求，它对失败有着坚韧的忍耐。在竞争中，华为的武器不一定是最好的，但是一定是最有效的，所以

① 石磊. 2010. 企业文化案例精选评析[M]. 北京：企业管理出版社：134-146.

它的竞争力根植于它的狼性。在研发方面，也表现了不屈不挠、奋勇拼搏的狼性。研究人员勤勤恳恳、埋头苦干，不害怕“冷板凳要坐十年”，坚持“从点点滴滴做起”，研究问题不做广，而是要做深。所以，华为的技术总能在国内领先，这是科技产品抢占市场的利器。无论是销售还是研发行为，华为的“狼性”行为文化显现得淋漓尽致，我们看得出企业的行为文化塑造对于企业文化的意义十分重大。

1. 企业行为文化的塑造体现了该企业的文化

没有行为文化，企业文化就无法实现。人作为企业的构成主体，其行为当然蕴含着丰富的企业文化信息，是企业文化的重要载体，是企业文化最真实的表现。一个企业的企业文化的优劣、企业文化建设工作的成败，通过观察员工的日常精神面貌、做人做事的态度、工作中乃至社交场合的行为表现，就可以做出大致准确的分析判断。理念说得再美，制度定得再完善，都不如做得实在。

我们来看看海尔的执行文化：

永远战战兢兢，永远如履薄冰。

把每一件简单的事做好就是不简单！把每一件平凡的事做好就是不平凡！

坚持每天提高1%，70天工作水平就可以提升一倍。

抓反复、反复抓，抓重点、抓提高。

日事日毕，日清日高（日事日毕，解决基础管理问题；日清日高，解决速度问题）。

2. 企业行为文化塑造保证了企业文化的实施

没有行为文化，理念和制度都是空谈。在企业文化构成的层次关系中，理念是企业文化的核心、是指导一切的思想源泉；制度是理念的延伸，对行为产生直接的规范和约束力；物质文化是人能看到、听到的、接触到的企业具象的表现形式，但是这三个层次都是通过行为文化来表现的。企业行为是企业核心价值观和企业制度共同作用的结果，如果行为与企业精神、价值观和制度不一致，理念就成了海市蜃楼，制度也将是一纸空文；物质文化是行为的表现，有什么样的行为文化就会有什么样的物质文化。

企业礼仪是企业的精神风貌，它包括企业的待客礼仪、经营作风、员工风度、环境布置风格及内部的信息沟通方式等内容。企业礼仪往往形成传统与习俗，体现企业的经营理念，它赋予企业浓厚的人情味，对培育企业精神和塑造企业形象起着潜移默化的作用。

[资料]

美国希尔顿饭店的微笑服务——“你今天对客人微笑了没有？”

美国希尔顿饭店创立于1919年，在90多年的时间里，从1家饭店扩展到100多家，遍布世界五大洲的各大城市，成为全球大规模的饭店之一。90多年来，希尔顿饭店生意如此之好，财富增长如此之快，其成功的秘诀是牢牢确立了自己的企业理念，并把这个理念贯彻到每个员工的思想和行动之中。希尔顿总公司的董事长唐纳德·希尔顿十分注重员工的文明礼仪教育，倡导员工的微笑服务。希尔顿在他在任的 50 多年里，不断到他设在各国的希尔顿饭店、旅游企业视察业务。

希尔顿每天从这一洲飞到那一洲，从这一国飞到那一国，专程去看看希尔顿的企业礼仪是否贯彻于员工的行动之中。在他写的许多书中有一本书叫做《宾至如归》，时至今日，这本书已成了每个希尔顿饭店工作人员的“圣经”，饭店也由此创造了“宾至如归”的文化氛围，特别注重企业员工礼仪的培养，并通过服务人员的“微笑服务”体现出来。他每天至少到一家希尔顿饭店与饭店的服务人员接触，问各级人员（从总经理到服务员）最多的一句话必定是“你今天对客人微笑了没有？”

1930 年是美国经济萧条最严重的一年，全美国的饭店倒闭了 80%，希尔顿的饭店也一家接着一家地亏损，曾一度负债达到 50 万美元，希尔顿并没有灰心，他召集每一家饭店员工并向他们特别交代和呼吁：“目前正值饭店亏空靠借债度日时期，我决定强渡难关。一旦美国经济恐慌时期过去，我们希尔顿饭店很快就能进入云开月出的局面。因此，我请各位记住，希尔顿的礼仪万万不能忘。无论饭店本身遭遇的困难如何，希尔顿饭店服务员脸上的微笑永远是属于顾客的。”[①]事实上，在纷纷倒闭后只剩下的 20%的饭店中，只有希尔顿饭店服务员的微笑是美好的。经济萧条刚过，希尔顿饭店系统就领先进入了新的繁荣期，跨入了经营的黄金时代。希尔顿饭店紧接着充实了一批现代化设备。此时，希尔顿到每一家饭店召集全体员工开会时都要问：“现在我们的饭店已新添了第一流设备，你觉得还必须配合一些什么第一流的东西使客人更喜欢呢？”员工回答之后，希尔顿微笑着摇头说：“请你们想一想，如果饭店里只有第一流的设备而没有第一流服务员的微笑，那些客人会认为我们供应了他们全部最喜欢的东西吗？如果缺少服务员的美好微笑，就正好比花园里失去了春天的太阳和春风。假如我是旅客，我宁愿住进虽然只有残旧地毯，却处处见到微笑的饭店，也不愿走进只有一流设备而不见微笑的地方……”当希尔顿坐专机来到某国境内的希尔顿饭店视察时，服务人员立即就会想到一件事，那就是我们的老板可能随时会来到自己前面再问那句名言：“你今天对客人微笑了没有？”

如今，希尔顿的资产已从 5000 美元发展到数百亿美元。希尔顿饭店已经吞并了号称“旅馆之王”的纽约华尔道夫的奥斯托利亚旅馆，买下了号称“旅馆皇后”的纽约普拉萨旅馆，名声显赫于全球的旅馆业。

企业形象是社会公众对某个组织、个人或某种产品的整体印象和评价。企业员工是企业整体中的一分子，顾客对企业员工印象的好坏会直接反射到对企业整体形象的评价上。而在员工自我形象的塑造中，企业的一贯礼仪又直接影响员工形象的塑造效果。在这里我们看到，这也是希尔顿要抓企业员工礼仪的原因。希尔顿企业之所以长盛不衰，

① 白光．2004．人力资源与企业文化战略[M]．北京：中国经济出版社：223．

是因为企业重视员工礼仪及由此而体现的企业行为文化。

3. 行为文化塑造实现了员工个人与企业价值观的统一

行为规范不是制度，而是倡导。制度是硬性的，而行为规范会根据不同的行为主体、不同对象采取不同的手段。例如，企业制度不会写上司用什么样的态度与下属谈话，行为规范就可以写出来。行为文化就是通过文字规范进行约束，慢慢变成员工的习惯，不符合企业核心价值观的行为会被文化无形的力量纠正，不认可这种规范的人会被企业排斥。当员工已经完全接受了企业的核心价值观时，员工的行为会超过制度的要求。所以，当员工的价值观与公司的核心价值观一致后，规章制度就退后了，制度约束的行为已经变成了员工的自觉行为，这就是以价值观为本的组织控制，是价值观的巨大力量。

企业行为文化，是一种较为特殊的文化成果。它不像企业精神文化、制度文化和物质文化，以既成的静态形式作为文化成果存在，而是以动态的形式作为文化存在，是创造其他文化的活动文化。行为文化一方面受精神文化的指导，另一方面又在各种活动中影响和创造着新的精神文化。

[资料]

日本松下公司的早会

日本东芝公司前董事长岩田贰夫上任之初，就总结过松下公司的经验。他对员工说：“松下电器日益兴盛的理由，就在于员工与松下先生上下一心，具有相同的观念，所以工作效率非常好。”确实是这样，松下公司为了使企业理念深入到每个员工的潜意识里，曾开展了一系列宣传教育活动。全日本每个分公司、办事处和工厂都要举办早会就是这些活动中一项有名的活动。在早会上 20 万名员工都要高声朗诵松下董事长颁布的“松下公司要遵守的七大精神”。

企业的行为文化，直接塑造企业物质文化、制度文化和精神文化。因而，优秀的企业家总是通过英雄人物和各种文化仪式来开展各类活动，用正确的价值观、行为规范统一人们的行为，用一种强大的、似乎是无形的意识教化人们。如果不重视企业的行为文化，企业员工就不可能逐渐形成统一的企业价值观，企业也不可能形成优秀的企业文化。上海蓝天宾馆在企业文化建设中，为了帮助一些青年员工纠正在工作时间浓妆艳抹、留长发的不良影响，组织了“我爱蓝天，我爱美”的活动。职工十分感兴趣，有的班组几乎全体员工报名参加。这一活动当场讲评，使员工在欢声笑语中受到教育，树立了表现企业价值取向要求的审美意识。

5.2.2 企业行为文化塑造的途径

企业行为文化建设的好坏，直接关系到企业职工工作积极性的发挥，关系到企业经营生产活动的开展，关系到整个企业未来的发展方向。企业行为文化集中反映了企业的经营作风、经营目标、员工文化素质、员工的精神面貌等文化特征，它直接影响着企业经营业务的开展和经营活动的成效。

1. 建立价值理念体系，利用先进理念引导行为

员工的价值观念是行为文化的核心内容，价值观念支配人的行为，决定着企业人的思维方式和行为方式。因此，构建行为文化体系的首要任务是从观念层面解决问题，形成正确的导向，并使这种思想观念得到全体员工的认知和认同。

1）企业文化建设的核心工作之一就是构建企业文化理念体系。先进的理念往往具有强大的牵引力、激励力和凝聚力，能够引导员工行为。当企业凝练提升出企业文化理念之后，企业往往还需要通过一系列的活动来宣传并贯彻这些文化理念，进而潜移默化地通过这些理念来引导员工行为。心理学研究表明，当一个人大脑中重复地思考一件事情时，他会自然而然地去完成这件事情。

2）企业的各种生产、经营行为所表现的社会责任感也是企业理念的体现。同样是强调企业的社会责任感，农夫山泉的做法是每销售一瓶水提取一分钱用于帮助水源地的贫困孩子，并向中国宋庆龄基金会捐赠500万元人民币设立了“饮水思源”助学基金，由此在消费者心目中树立了良好的企业形象。如今，谈到与一分钱有关的捐助活动，我们就能很自然地想起“有点甜”的农夫山泉。谈到宝洁，则会想起“主人翁精神”和赋权的工作氛围①。

[资料]

摩托罗拉公司的全球文化战略

精诚公正、以人为本、跨文化管理中的本土化，是摩托罗拉三位一体的核心理念。

摩托罗拉公司成立于1930年，先是生产汽车收音机与音响，后来发展到无线对讲、宇航通信设备，成为年销售额近百亿美元的大企业，跻身于世界驰名电子公司的行列。摩托罗拉之所以能创造出这样的业绩，其根本原因就在于公司倡导的精诚为本的企业责任感。公司始终以这种企业责任感教育每一位员工。该公司的企业伦理顾问爱罗斯在布拉格第十届国际企业伦理研讨会上，用一个案例来说明企业家应该在确保产品安全、品质卓越方面承担起道德义务，并常年用这个案例来教育和提高摩托罗拉各层的每一位经理和员工。摩托罗拉的CI（corporate identity，企业识别）手册中印着这样一段话：“诚信不渝——在与客户、供应商、雇员、政府及社会大众的交往中，保持诚实、公正的最高道德标准，依照所在国家和地区的法律开展经营。无论到世界的哪个地方进行贸易或投资，都必须为顾客提供最佳的服务。

① 韦华伟．2009．文化驱动企业[M]．北京：人民邮电出版社：115．

让员工直接对话，使他们有机会与公司同心同德，发挥各自最大的潜能；让每位员工都有受培训和获得发展的机会，确保公司拥有最能干、最讲究工作效率的劳动力；尊重资深员工的劳动；以工资、福利、物质鼓励对员工的劳动做出相应的回报；以能力为依据，贯彻普遍公认的、向员工提供均等发展机会的政策。摩托罗拉的这种公司价值观为每一位员工创造了一种健康、积极向上的文化氛围。

在摩托罗拉跨文化管理战略中，本土化和当地化是核心战略。摩托罗拉在华投资取得成功的一个重要原因就是向中国转让世界领先的技术，并且积极推进技术研究和开发的本土化和当地化。摩托罗拉在华投资的七个合资企业和设在天津的生产基地，均引进了摩托罗拉的先进技术设备和一流产品。

摩托罗拉不是把以人为本停留在口头上，而是落实到公司的各项管理制度和企业行为中；摩托罗拉在制定工资报酬时所遵循的原则是“论功定酬”；摩托罗拉公司普遍实行工作轮换制度；公司为员工创造良好的物质文化环境和制度文化环境；公司支持员工在技术和能力方面寻求发展，提供多种类型的职业培训鼓励员工参加。

2. 领导者率先垂范，引领员工行为

企业家首先是企业文化的修炼者。他们绝不能因为自己位置特殊，就可以跳出文化修炼之外。企业文化中强调沟通，企业家就不能终日深藏办公室中；企业文化中强调诚信，企业家就不能明里一套暗里一套。企业家应该成为企业文化建设的表率。事实上，很多企业的文化建设无疾而终，其主要原因就是企业家率先破坏规则。如果企业理念系统只用于约束别人，而企业家本人逍遥于外，企业文化自然无法建立起来，即使建立起来也不过是一纸空文。

作为领导者，企业家需要对企业的部门机构设置、员工聘用、员工奖惩、制度的构建等进行管理。把自己的管理理念和风格，体现到各项制度及各项规定中去。作为领导者，他还时常需要调解组织内的各种矛盾和冲突，如部门制度和公司制度的冲突，生产部门与后勤部门的协作问题，甚至于一些影响组织行为的个人矛盾。处理这些问题的过程（包括方式、方法及态度等）会在很大程度上影响到企业的文化建设。

提升企业家素质。蒙牛集团的创始人牛根生说：“做小事靠智，做大事靠德。”的确如此，现在很多企业的领导者总是沉湎于或陶醉于自己的精明、会算计，在追求财富的过程中，尔虞我诈、“借鸡生蛋”、空手套白狼……可谓是机关算尽，但他们这样做充其量也只能算是个生意人或商人，绝对成不了企业家，也绝对做不成大事业。

作为企业家应有哪些综合素质呢？

1）企业家应具备的素质：心理素质、能力素质、文化素质、身体素质等。

2）企业家应具备的精神：吃苦精神、牺牲精神、忘我精神、求实精神、学习精神、开创精神、负责精神、冒险精神、创新精神。

3）企业家应具备的“五德”：智、信、仁、勇、严。

“智”指大智慧，高瞻远瞩、运筹帷幄、善于做出正确的抉择。

“信”指大信用，诚实守信、正直可信、善于建立公共关系。

“仁”指大胸怀，海纳百川、仁者爱人、善于团结队伍、凝聚人心。

“勇”指大勇敢，挑战风险、当机立断、善于驾驭风浪、渡过难关。

“严”指大魄力，严谨务实、严格管理、善于统帅指挥，夺取胜利。

4）企业家应具备的性格：具有现实主义态度，从不把幻想当做现实，对冒险的事三思而后行；彻底的独立性，独立决策，稳重、理智地行事；善于为他人着想，关心他人；适当地依靠别人；善于控制自己的感情，掌握分寸；深谋远虑；胸襟博大；永不满足，虚心学习，乐于接受新事物，总想做得更好。

5）企业家应具备的能力：美国企业管理协会曾对企业家的素质进行了专门的分析研究。该杂志花了5年时间，对4000名经理人特别是其中的1812名最成功的经理人进行了深入的分析。归纳出一个成功的企业家至少要具备19种能力：工作效率高；有主动进取心；逻辑思维能力强；富有创造性；有判断力；自信心强；能辅助他人；为人榜样；善于使用个人权力；善于动员群众的力量；利用交谈做工作；建立亲密的人际关系；心态乐观；善于到员工中去领导；有自制力；主动果断；客观而善于听取各种意见；能正确地自我批评；勤俭艰苦和具有灵活性[①]。

3. 设计并推行标准化的企业行为规范体系，培养良好的行为习惯

企业和企业人的行为承载着企业文化，企业通过企业和企业人行为使抽象的企业文化得以外显和具体化。企业人的一举一动都代表着企业形象，彰显着企业文化的内涵。因此，企业可以以价值观为指导确立企业和企业人开展各项活动的行为准则，并将所提倡的行为制作成企业行为规范体系在企业中推行，以规范化的行为要求来指引不同岗位员工的行为，进而达到规范员工行为的目的。一般来讲，行为规范体系包含企业整体行为规范、企业道德行为规范、高层领导行为规范、中层管理人员行为规范、基层员工行为规范和礼仪规范等。

企业高层领导的行为对于落实企业文化尤为重要，他们不仅是企业文化的主要提炼者，更是企业文化的推行者和践行者。正人必先正己，许多成功的企业中，企业领导者都起了模范带头作用。他们制定了行为的标准，激励雇员，使自己的公司具有特色，并且成为对外形象的一种象征。为您服务（Service Master）公司的董事长、德鲁克基金会的董事比尔·波拉德也曾经说过：“领导应该经常问自己，当我领导别人时，我也准备为他们服务吗？当我启发别人时，我聆听他们的话了吗？当我教育别人时，我有没有学习？当我期待别人跟随时，我有没有投入？当我期待优异的表现时，我有没有从平凡开始？当我期待利润时，我有没有帮助别人发展？”[②]也许正是因为比尔·波拉德对这种

① 叶凌宇．2011．面壁十年图破壁，企业文化润无声：关于宇恒企业文化之我见［M］.北京：光明日报出版社：64-65.

② 韦华伟．2009．文化驱动企业[M]．北京：人民邮电出版社：187.

“身先士卒”理念的践行，在他的领导下，“为您服务”公司 25 年来总资产已达到公司刚成立时的 30 倍，客户总数已经达到了 1200 万家，服务遍及全球 45 个国家，销售额达到 60 亿美元，股东回报率超过了 20%，在 2002 年的《财富》杂志 500 强中排名第 308 位，被《金融时报》评为世界上最受尊敬的公司之一。

企业中层管理人员既是企业领导层中的执行者，又是基层人员中的领导者，在整个企业中起着承上启下的作用，其自身的行为表现将直接影响到整个企业文化的塑造。因为，一方面，企业中层管理人员必须正确理解和认同高层领导者在企业文化建设方面的意图；另一方面，企业中层管理人员要将这种理解准确地传达给基层员工。这种传达包括言语上的沟通，更包括以身作则和正确的领导艺术。如果中层管理人员切实地发挥了在企业文化建设中的中坚作用，必将有力地推动整个企业文化建设的进程。

企业的各项重大战略、工作任务的落实，最终都是靠广大基层员工来实现的。他们工作在第一线，与供应商、客户接触最为紧密，他们的行为直接影响到客户和供应商的满意度，他们的一举一动也直接影响着企业在公众心目中的形象。因此，我们需要高度重视基层行为规范的建立。企业行为规范切实指导着员工的行为，从而营造出具有鲜明特点的企业文化。例如，海尔为了内化“带走顾客的烦恼，留下海尔的真诚”的理念，规定员工在进入顾客家里维修家电时，必须做好“五件小事”：一是进门时套上鞋套；二是维修时在地上垫上一块垫布；三是维修完后用自备的抹布将家电擦一遍；四是留下公司送给顾客的一件小礼品；五是拿出一张意见表，请顾客写上对海尔的意见和建议。

可见，员工对行为文化有一个由认知到认同再到自觉实践，由不自觉到自觉、不习惯到习惯的过程。在这个过程中，价值理念是内在约束，具有柔性的自律的特性，行为规范则是外在约束，具有刚性的他律的特性，二者相辅相成。行为规范是观念、行为、习惯产生的土壤。实践也证明，一套合理有效的规范，能够造就人、改造人。没有行为规范，行为文化只能是空中楼阁。因此，在加强观念引导的同时，必须建立一整套规范，来支撑价值理念体系，并起到约束行为的作用，使企业人明确知道自己该做什么，不该做什么，使他们的行为活动自觉符合企业的价值取向，通过把行为准则变为有形的、具体的、可操作的行为规范，从而构建起完整的行为规范体系。

在规定企业行为规范的同时，也要注重培养企业人的行为习惯，要加强引导和培训。以下几个方面有助于培养行为习惯。

1）从我做起。所有的行为规章，从小事做起，从每个人做起，不能搞特殊。

2）互相协作。促使企业员工互相协作，促进企业内人际关系向和谐方向发展。

3）首问负责。最先接到单位或个人的咨询、投诉、办理有关业务的部门或个人作为首问负责制的部门和个人，并负责处理该事或督促相关部门解决该问题。

4）对话沟通。保持员工的沟通渠道，解决随时出现的问题[①]。

① 徐震宇．2004．如何进行企业文化建设[M]．北京：北京大学出版社：138．

4. 以制度强化为保障来塑造行为文化建设的环境

企业人良好行为的形成，有多种形式、途径与方法，但制度强化能起到立竿见影的效果。制度本质上是一种强制的约束性规定，是一种形式或程序，具有根本性、长期性和稳定性。制度作为文化建设和传播的重要工具，最根本的依据是制度具有刚性特征，文化本身则是软性的，是没有强制力的。从心理学上讲，对一种新文化的接受和认同，对一种理念的贯彻需要改变很多既有的习惯，需要遭遇到内外强大的阻力。如果企业不能为新理念与行为的推行提供一种可靠的、持久的、刚性的推动力，而只能寄希望于员工个人的自律，其效果一定是难以保证的。行为文化的建设恰恰就需要在外部为员工提供一种刚性的推动力量，一种阻止员工沉迷于原有习惯的力量，一种鼓励员工尝试新的行为方式和养成新的行为习惯的力量。

军队的执行文化更有特点。美国西点军校的学生每天都要说："报告长官，没有任何借口！"而它只是四句话中的一句。其余三句是"报告长官，是的！""报告长官，不是！"和"报告长官，不知道！"目的是通过这样一种基本的训练，养成执行的习惯思维模式，摒弃借口这个执行的腐蚀剂。建立了简单、积极的执行文化，技术层面的执行就不在话下。

因此，企业需要通过建立、健全和完善相关制度，构建起既有激励又有约束的良好机制，发挥制度机制对行为观念、行为实施的正向激励与负向警戒作用，从而激励员工开展企业崇尚的行为活动，营造行为文化建设的良好环境，不断推进行为文化建设。例如，不少人都认为中国移动公司的服务文化是一流的，但殊不知这些行为都是经过一系列系统的制度和流程来保障的。以营业人员为例，从新员工招聘、业务、礼仪和企业文化的培训、KPI 考核、每个月的适时第三方暗访调查通报、SOX 法案内部控制项目的实施、内部竞聘等各个环节都有明确的制度执行要求，从而培养出良好的行为习惯。

[资料]

海尔的管理制度

在海尔集团中有一项制度——"日事日毕，日清日高"。意思就是当日做的事情，当日做到结清；定一个目标，今天强过昨天；每天去清理，每天要有所提高。无论是职能部门，还是生产线的员工都遵循这一模式。

这一模式推行了一个月后，出现了漏检事件，第二天员工就被罚了 50 元，当时的副总裁柴永森借此来宣传企业文化，在《海尔人》上公开了一些论题，就此事，该罚员工还是该罚领导？在红星电器厂，多数人认为罚员工很正常，而海尔文化中，领导（少数人）要为多数人负责，因此，首先要罚领导。结果是，柴永森自罚了 500 元，同时，各级有关领导都受罚了，引起了全场很大震动。

另外，还有一件事情，说明了海尔管理制度的强化。在冰箱质检最后一关，由质检处的处长来完成，他亲自在冰箱后面放了纸团，结果没检查出来，根据海尔集团的20/80原则，他被罚并降了一级，有人问他：这么做的时候想到自己被罚了吗？他回答：想到了，只有这样做才能保证海尔出场的产品是最优的产品。

5. 注重人性化管理，加强企业内部沟通，有效地激励员工

在新浪网上有一个调查报道显示：只有16%的人发自内心地喜欢自己的企业，82%的人非常不喜欢自己的公司。76%的人表示正等着某天离开所在公司。如何能改变这种状况呢？要用一种人性化的管理方式，一种吸引员工留下的企业文化进行管理。

（1）采用人性化管理方式

1）要加强企业内部的沟通。通过各种活动的开展，净化员工的心灵。文化氛围的营造，不仅仅是靠物质环境的静态反映，更需要开展各种类型的活动，在员工的直接参与下，将企业的价值观、企业精神渗透到员工的行为之中，使员工获得亲身的感受。例如，在企业内部开展各种文体活动、餐会活动、总结表彰活动、纪念庆典活动、劳动竞赛活动等，借助于这些活动，将企业的价值观、企业精神融入其中，使员工在活动中受到潜移默化的感染。同时，在企业外部开展各种公益性活动、宣传性活动、联谊性活动及其他各项专题策划活动，借此树立企业形象，传达企业心声、净化员工心灵。

2）必须尊重员工。同样是“尊重员工”的理念，不同的企业在“尊重员工”上的行为表现却不尽相同。有的企业表现为不论职位高低、上级和下属，一律互相“直呼其名”；有的企业表现为将最好的停车位留给员工，管理人员哪怕是全球总裁也不享有特权，如思科公司；还有的企业则表现为公司里的应聘者除了需要高层员工自行安排工作内容与优先顺序，也允许不打卡，使得一切由员工自我管理，并给予员工自主权与决策空间。

在《工作就是生活》一书中有这样一个故事：前摩托罗拉中国区总裁陈永正被挖到微软做大中华区总裁，是猎头公司的运作。猎头公司开始联络陈永正，问他对微软有没有兴趣，陈永正表示没兴趣。后来，猎头公司再次致电他，这次问的问题是“您有兴趣和比尔·盖茨喝杯咖啡吗？”结果现在大家都知道，陈永正趁在美国休假的机会和比尔·盖茨见了面，并且最终接受了比尔·盖茨的邀请，跳槽到微软担任大中华区总裁。一个能够被世界首富认可的机会，谁会拒绝呢？其实，和陈永正一样，所有企业的员工都希望能够获得企业的重视，这种被重视的感觉其实就是一种归属感。如果员工对一个企业或者圈子不再期望被重视，或者说失去了归属感，工作或许就会变成一种痛苦或者是一种应付。

3）有效地激励员工。哈佛大学维廉·詹姆士研究表明：在没有激励措施下，下属一般仅能发挥工作能力的20%～30%；在充分激励的情况下，所发挥的作用相当于受激励前的3～4倍。同样，企业文化的形成也是一种心理的积累过程，与企业文化一致的行为也需要经过较长时间的塑造，需要不断进行强化。人与企业文化一致的行为只有经

过强化得到肯定，这种行为才能重复出现，进而形成习惯稳定下来，渐渐地指导这种行为的文化理念也转化为行为主体内心所认同的理念。日本丰田公司采取激励措施鼓励员工提建议，结果仅 1983 年一年，员工就提了 165 万条建议，平均每人 31 条，这些建议为公司带来了 900 亿日元的利润，相当于当年总利润的 18%。此外，正负激励的激励效果不仅会直接作用于个人，而且会间接影响周围的个体和群体。通过奖励做出与企业文化一致行为的个体，惩罚与之相悖的个体，其他员工也会受到影响，从而渐渐形成一种良好的风气，引导整个群体的行为朝着理想的企业文化方向发展。可见，要让企业文化更有效、更快地落实，必须有相应的激励机制系统予以强化。

（2）通过激励机制来巩固企业文化

1）薪酬体系和晋升机制。当企业建立了绩效考核体系后，还必须建立与该绩效考核体系相一致的薪酬体系和晋升机制，两者结合才能促成企业文化建设的有效推进，如 3M 公司对创新的薪酬和晋升激励。在 3M 公司，一个人只要参与新产品创新事业的开发工作，他在公司里的职称与薪资等级自然就会随着他们产品的销售业绩而改变。例如，他也许开始只是一个生产第一线的工程师，领取这一职级最高或最低的薪水，而一旦他的产品打入市场后就可被提升为产品工程师；当产品每年的销售总额达到 100 万美元，就是具有充分资格的产品时，他的职称与薪资等级都有了重大的改变；等到该产品销售额突破 500 万美元大关的时候，他就可以升到整个产品系列的工程技术经理了；假如该项产品再进一步破了2000万美元，这时就自然成为该部门的工程经理或是研究发展主任了。

2）融入管理。鼓励员工融入式参与到公司的经营当中来，可以有效激励员工、提升信心、调动员工的工作热情，塑造充满主人翁精神的企业文化。

[资料]

淘宝的特色文化

1. 武侠文化

在淘宝公司，每一个人都不会直呼对方真名，而会用花名代替。

第一次踏入淘宝的人，都会觉得很奇怪，因为接待你的人递过的名片，名字下面还有一行绰号——花名。这个花名都是源于金庸武侠小说中的名字。

再一次深入淘宝，进入淘宝公司，接待外部来访者的会客室，门上都写着“桃花岛”，会议室上写着“灵鹫宫”，VIP 办公室则是“光明顶”。在这个几百平方米的办公室里，可以暂时忘记外面的世界，行走于金庸创造出的地方，抬头所见的人物都是张三丰、萧峰、郭靖等大侠，或是王语嫣、小昭等美女。这些花名成为淘宝员工在淘宝网上唯一的 ID，所有的会员只需要在淘宝旺旺上加上他们的名字，便可以直接与他们对话。

另一方面，马云很显然是在其员工中培养出一种侠义的精神，一种虽然只出现在武侠世界中，但是在现实社会中因为稀缺而显得更加弥足珍贵的价值观。

在淘宝的企业文化中，从形式到内容，都体现出一种很明显的武侠文化，淘宝的客户来自五湖四海，马云希望用金庸文化作为切入点，真正能够打造出一种最美好的秩序，行侠仗义、公平、合理、互利互惠。

2. 店小二文化

在淘宝原来的雏形中，熙熙攘攘的BBS交流孕育出茶馆式结构。

店小二——用来指他们这些为网站服务的员工，这个词表现出一种我们对自己的定位，就是为顾客服务的人。在电视、电影中可以看到，以前的那些茶馆、饭庄的小二，看到客人就打招呼，照顾得非常周到。只是希望淘宝员工们可以学习旧时代店小二那种殷勤好客的服务态度。店大欺客的情况绝对不会在淘宝中出现。

在淘宝社区中，可以找到这样的帖子。

1）淘宝是大家的淘宝，每一位淘宝人都是淘宝的主人。

2）淘宝人坚信人性向善。

3）坚信人性诚信的一面必须通过规范成熟的社区制度做出良性引导。

4）互利互惠、温暖、合理地追寻物质财富并注重精神收获与个人素质修养的提高。

5）诚信与尊严是人生最珍贵的财富。

6）淘宝社区赢利必须建立在社区成员赢利的基础之上。

7）在公平、公正、公开的前提下充分尊重社区成员的隐私权。

8）对未来充满理想主义，喜欢描绘未来远景，做事当机立断并且充满激情。

在淘宝网的理念中，中国人做生意是讲感觉的，谈成了朋友也就谈成了生意。在网上做买卖，相互是摸不到的。沟通显得更加重要。

3）授予荣誉。授予荣誉如会议表彰、发给荣誉证书、上光荣榜、在公司内外媒体上宣传报道、游览观光、家访慰问、疗养、推荐获取社会荣誉、外出培训进修、评选星级标兵等。例如，惠普董事长普客曾经给一位违抗命令擅自从事内部创业活动的员工颁发奖牌，并且骄傲地说："惠普文化，就是把勇气和独立行动看得比奉行命令更为重要。"

[资料]

3M公司为激励创新设置的奖励

3M公司设计了如进步金奖（Gold Step Award）、开拓者奖（The Pathfinder Award）和卡尔顿奖（The Garlton Society）等奖项，旨在鼓励和认可研发人员的工作成就。公司总裁劳·勒尔曾这样描述发奖场面："灯光聚集，铃声大响，摄像机晃来晃去，公开表示对团体成功的赞赏。"①

在IBM公司，只要对企业有益，就予以奖励。

① 吕国荣. 2005. 小故事大管理［M］. 北京：中国经济出版社：139.

IBM 公司中，不仅仅是大的发明创造，只要对公司有益，或者能使公司进一步得到完善，这种发明创造即使微如芥豆，也能受到奖励。哪怕仅是改变一下办公室的布置，也不例外。IBM 公司对某种建议应付多少奖金，某种发明应奖励多少钱，在发明创造奖励的制度中都规定得清清楚楚。例如，公司把采用员工的某项建议所获得的利益算为金额，取其一个年度的节约或创造金额的 25%作为奖励，奖励金额最高可达 27 万美元；对于特别重大的创新，除第一年支付 25%的奖金外，以后每年还追加 10%的奖金；在发放奖金时，即使提案者已经退休或跳槽，奖金也照发不误。在 IBM 公司的创意赢利分享制度下，根本无需管理者费太多的心神，新的发明创造还是会不断地涌现出来，从而极大地推动了公司的良性发展。

此外，通过开展各种类型的培训，不断提高管理者和全体员工的素养。作为管理者，应全面掌握领导理论，着力提高管理素养和领导艺术；作为员工，应全力提高生理素质、心理素质、道德素质、思想文化素质和专业技术素质。

通过建立和完善沟通渠道，加强内部交流，优化人际关系。首先是着力于内部正式沟通渠道的建立和完善，并保持沟通渠道的畅通，利用会议、面谈等方式进行定期和不定期的沟通，同时在企业内部建立申诉制度，确保员工在受到不公正待遇时有对上进行申诉的通道，以此达到消解员工心中怨愤，缓和上下级关系的目的。其次是注重发挥企业内部非正式沟通的作用，主要是管理和运用好企业的文化网络，及时发现网络中人，利用其在非正式群体中的影响力，适时传播能够反映企业价值观和企业精神的信息，以弥补正式沟通存在的不足，满足员工情感方面的需要。再次是加强人际沟通技能培训，提高员工的人际沟通能力，消除各种沟通障碍，促进人际交流，增强内部和谐[①]。

综上所述，企业文化决定了企业行为，企业行为反映了企业文化。不同的企业文化最终决定了企业不同的命运。落后的、庸俗的企业文化只能导致拙劣的、短视的、见利忘义的企业行为的产生，这样的企业一定不能长寿。而先进的、优秀的企业文化必然会出现积极的、高尚的、有远见卓识的、光明磊落的行为，这样的企业必然会成为一个伟大的、长寿的企业。作为企业的领导者，必须深刻认识到塑造优秀的企业文化对推动企业发展的要义，积极行动起来，全身心投入到优秀文化的创建中去，从而使企业获得持续发展的不竭动力。作为企业的员工，要在日常行为规范中体现出企业的价值观和良好的精神风貌，团结协作，为企业贡献自己的一份力量。

学习与思考

星巴克的品牌文化

在小资群体当中流行着这样一句很经典的话：“我不在办公室，就在星巴克，我不

① 徐震宇．2004．如何进行企业文化建设[M]．北京：北京大学出版社：140．

在星巴克，就在去星巴克的路上。”泡星巴克，是小资们生活中不可或缺的节目。毫无疑问，这杯名叫星巴克的咖啡，是小资的标志之一。

星巴克的创始人霍华德·舒尔茨曾经说过，“管理品牌是一项终生的事业。品牌其实是很脆弱的。你不得不承认，星巴克或任何一种品牌的成功不是一种一次性授予的封号和爵位，它必须以每一天的努力来保持和维护。”

星巴克（Starbucks）是一家1971年诞生于美国西雅图、靠咖啡豆起家的咖啡公司，自1985年正式成立以来，以其“童话”般的奇迹让全球瞩目：1996年，星巴克开始向全球扩张，第一家海外店开在东京。从西雅图一条小小的“美人鱼”进化到今天遍布全球30多个国家和地区，连锁店达到15 000余家（截至2011年4月）的“绿巨人”。据说，星巴克每8个小时就会新开一家咖啡店。

2003年2月，美国《财富》杂志评选出全美10家最受尊敬的公司，星巴克以其突出的表现位居第九。《商业周刊》评出的2001年全球100个最佳品牌中，星巴克排名第88位。但《商业周刊》称星巴克是“最大的赢家”，因为在许多著名品牌价值大跌的同时（如施乐的跌幅为38%，亚马逊和雅虎的跌幅均为31%），它的品牌价值猛增38%，在100个品牌中位居第一。

作为一家跨国连锁企业，星巴克的国际市场拓展的成功历史也正是星巴克传奇演绎的历史，我们可以通过对星巴克品牌的解析来领略其传奇背后的秘诀。

“星巴克”这个名字来自美国作家麦尔维尔的小说《白鲸》中一位处事极其冷静、极具性格魅力的大副。他的嗜好就是喝咖啡。麦尔维尔在美国和世界文学史上有很高的地位，但麦尔维尔的读者并不算多，主要是受过良好教育、有较高文化品位的人士，没有一定文化教养的人是不可能去读《白鲸》这部书，更不要说去了解星巴克这个人物了。从星巴克这一品牌名称上，就可以清晰地明确其目标市场的定位：不是普通的大众，而是一群注重享受、休闲、崇尚知识、尊重人本位的富有小资情调的城市白领。

星巴克人认为：他们的产品不单是咖啡，咖啡只是一种载体。而正是通过咖啡这种载体，星巴克把一种独特的格调传送给顾客。咖啡的消费很大程度上是一种感性的文化层次上的消费，文化的沟通需要的就是咖啡店所营造的环境文化能够感染顾客，并形成良好的互动体验。

星巴克的品牌传播并不是简单地模仿传统意义上的铺天盖地的广告和巨额促销，而是独辟蹊径，采用了一种卓尔不群的传播策略——口碑营销，以消费者口头传播的方式来推动星巴克目标顾客群的成长。

星巴克通过一系列事件来塑造良好口碑。例如，在顾客发现东西丢失之前就把原物归还；门店的经理赢了彩票把奖金分给员工，照常上班；加利福尼亚州南部的一位店长聘请了一位有听力障碍的人教会他如何点单并以此赢得了有听力障碍的人群，让他们感受到友好的气氛等。

在上海的星巴克，一项叫做“咖啡教室”的服务把“挂咖啡卖文化”的把戏玩出了最佳想象力。如果三四个人一起去喝咖啡，星巴克就会为这几个人配备一名咖啡师傅。顾客一旦对咖啡豆的选择、冲泡、烘焙等有任何问题，咖啡师傅会耐心细致地向他讲解，使顾客在找到最适合自己口味的咖啡的同时，体味到星巴克所宣扬的咖啡文化。

思考题

1．结合案例，谈一谈星巴克的品牌是如何创建的。

2．从星巴克的创立及经营过程中，星巴克的企业行为文化的塑造给了我们什么启示？

第 6 章　企业物质文化

1837 年，生于德国的爱马仕在巴黎创建了自己的马具制造公司，首宗生意是为马匹制造项圈。为了让马匹能佩戴最贴颈的项圈，他耗费了大量的时间和心血，一丝不苟，终于在 1867 年的世界皮革展览中获得一等业务奖章。此后，爱马仕之子埃米尔·查尔斯再建专卖店，生产销售马鞍等物品，并开始介入零售业务。

然而，这个由马具制造出发的家族企业，在汽车问世时有了极大的变化，第三代接班人在第一次世界大战期间远渡重洋到美国，亲眼目睹了马车时代的终结和汽车工业的崛起。他做了两个关键性决定：一是将主力商品从马鞍转到手提包；二是即使改变商品，但制造过程仍坚持传统手工制作。据说每个手袋制作平均至少需要 13 小时，长的甚至一年半载，并在内侧标明由哪位工匠所制，客人日后如果需要保养维修，也只能由同一工匠负责。这种坚持，创造了爱马仕精神的崭新风格，使爱马仕经历了脱胎换骨般的成长，确立了自己独树一帜的风格。1951 年起，爱马仕由罗伯特·迪马接掌。20 世纪 60 年代起，爱马仕又陆续推出了香水、西装、鞋饰、瓷器、手表和桌饰等产品，成为横跨全方位生活的高品位代表。

爱马仕一直擅长把自己变成传奇，其实，它所有的传奇故事都是在重复同一个主题——手工。每一季，爱马仕的新产品无论手袋、钱夹、丝巾和马鞍都是用同一种方式制造，他们用投资在手工匠人身上的时间和金钱来维持自己的品质。如今爱马仕集团总部仍坐落在巴黎著名的福宝大道，而它的精品则散布于世界 30 多个国家和地区的数百家专卖店。掌管公司的家族第六代成员仍然忠诚于创立人制定的基本价值观，也许，这种坚持本身就是一种传奇。

爱马仕创造了一个产品品质的传奇，而企业的产品及与其相关的品质在企业文化结构中属于物质文化范畴，是企业物质文化的首要内容。

6.1　企业物质文化概述

6.1.1　企业物质文化的含义

企业物质文化是指由职工创造的产品和各种物质设施等构成的器物文化，是一种以物质形态为主要研究对象的企业文化。它是企业文化的物质基础，也是企业生存和发展的前提要素，对企业有着举足轻重的价值和意义。

企业物质文化通常是有形的、直观的，如各种实物产品、企业标识、企业自然环境、企业建筑风格、办公室和车间的设计与布置方式、产品包装及售后服务、技术工艺设备及其特性、企业的文化体育生活设施、企业造型和纪念性建筑、企业的文化传播网络等。通过这些具体的物质文化形式，人们可以进一步了解和认识企业，认识企业更深层次的文化内容。

6.1.2 企业物质文化的内容

企业物质文化的首要内容是企业生产的产品和提供的服务，其次还包括企业的生产环境、企业建筑、企业标识等方面，它们都是企业物质文化的主要内容。

1. 企业的产品和服务

人们对产品的传统理解，常常局限于特定的物质形态的产品以及它能提供的具体用途上，实际上现代意义的产品的内涵更加丰富，市场上那些能够被人们使用和消费，并能满足人们某种需求的任何东西，包括有形的物品、无形的服务、组织、观念或它们的组合都可以称之为产品。

产品一般可以分为三个层次，即核心产品、形式产品、扩大产品（或称附加产品），如图 6.1 所示。核心产品是指整体产品提供给购买者的直接利益和效用；形式产品是指产品在市场上出现的物质实体外形，包括产品的品质、特征、造型、商标和包装等；扩大产品是指整体产品提供给顾客的一系列附加利益，包括运送、安装、维修、保证等在消费领域给予消费者的好处。

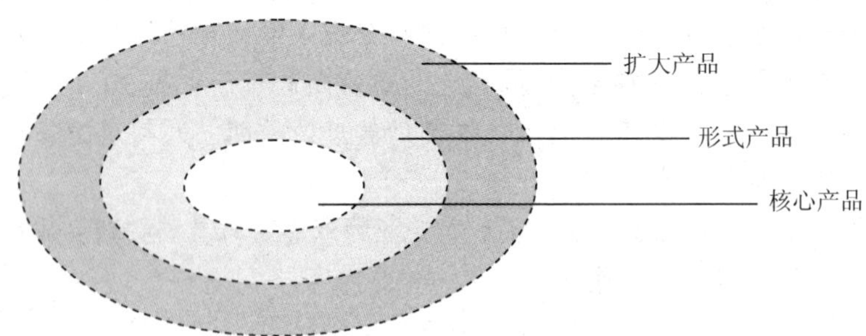

图 6.1 现代产品的基本层次

1）核心产品，也叫产品的实质层，是产品整体概念中最基本、最主要的部分。它通常产品的使用价值，既能够给购买者带来的基本的利益和效用。消费者购买某种产品绝不仅仅是为获得某种产品的各种构成材料，而是为了满足某种特定的需要。例如，人们购买电冰箱，并不是为了买到装有压缩机、冷藏机、冷藏室、开关按钮的组合产品，而是为了通过电冰箱的制冷功能，使食物保鲜，方便日常生活的需要。

2）形式产品，也叫产品的形式层，指核心产品借以实现的形式，即向市场提供的实体或劳务的外观。例如，产品的质量水平、特色、款式及包装以及品牌。现代社会，人们在购买产品时，不仅会注意到产品的功能，还会充分地考虑产品的款式、颜色、品牌等因素。

3）扩大产品，也叫产品的扩展层，指的是顾客购买产品时所能得到的附加服务和利益。它包括售前服务，即产品销售之前向顾客提供的服务，如提供各种技术咨询，为消费者用户进行勘察、设计、产品介绍、导购服务、迅速报价等；售中服务，即产品在销售过程中提供的服务，如热情接待、为顾客精心挑选产品、解答消费者提出的有关产品的各种疑虑、操作使用的示范表演等；售后服务，即产品售出后向消费者提供的服务，如送货上门、安装、调试、维修保证、技术培训、提供信贷、定期保养、保证更换、实行“三包”、按合同提供配件等。有人说“好的服务能增加产品的附加值，其在很大程度上决定着客户的性价比”。国内外许多企业之所以会成功，很重要的一条就是得益于优良的售后服务。

[资料]

海尔的售后服务

在产品同质化日益严重的今天，售后服务作为销售的一部分已经成为众厂家和商家争夺消费者的重要领地，良好的售后服务是下一次销售前最好的促销，是提升消费者满意度和忠诚度的主要方式，是树立企业口碑和传播企业形象的重要途径，在这方面海尔无疑是做得最出色的，也是做的最早的。在海尔，曾经发生过这样一个故事：

一天夜里2点刚过，位于青岛利津路的海尔冷柜售后服务中心的电话骤然响起，值班小姐迅速拿起电话，那边传来一个中年男子的声音，他要求海尔人马上上门提供售后服务。尽管外面寒风凛冽，且服务时间超过常规，服务中心主任仍然带着两个助手迅速上路了。

服务人员到达用户家时，敲了好长时间门，主人才出来开门，他们这才发现这位用户饮酒过量，已醉意朦胧。来到屋内，用户指着家中的冷柜说：“氟利昂泄漏，它放出一种怪味……”随后要求为他提供食宿及车费，因为为防“中毒”，他要到宾馆过夜。面对这种情况，服务人员耐心地向他解释：“冷柜制冷剂是一种无色无味的物质，且根本就没有什么怪味……”随后，对冷柜做了全面检查，正在忙碌的时候，用户却坐在沙发上呼呼睡着了。

服务人员对冷柜做了全面检查，得出结论：冷柜一切正常，没有问题。看到用户还没有醒，服务人员又为其重新擦了冷柜。

天渐渐亮了，这位用户也醒酒了，他看到一脸疲惫的海尔师傅正在收拾工具，才回忆起夜里的那一幕，他看到焕然一新的冷柜，心里愧疚极了，嘴角抽动了几下想说什么，服务人员挥挥手微笑着向他告别，迎着晨光踏上了归程。

在日益激烈的竞争环境中，扩大产品给顾客带来的附加利益，已成为竞争的重要手段。许多资料表明，新的竞争并非在各公司所生产的产品上，而是在于附加在其上的包装、服务、广告、顾客咨询、资金融通、运送、仓储及具有形式。因此，能够正确扩展附加产品的公司，必将在竞争中获胜。

2. 企业物质环境

企业物质环境主要是指与企业生产相关的各种物质设施、厂房建筑及职工的生活娱乐设施。它主要包括两个部分：第一，生产进行所必需的环境，如厂房、仓库、办公室等建筑物及其内容的布置、机器设备、道路；第二，员工生活所必需的物质文化环境，如住宿区、食堂、购买场所、电影院、俱乐部、图书馆、健身房等。企业环境是员工赖以工作和生活的场所，任何企业要想谋求进一步的发展，必须首先创造一个适合员工工作和生活的环境，以保证员工及其家属和邻近居民的安全、健康，使员工能够舒适地、文明地进行劳动和生活。

[资料]

“谷歌”的办公环境

谷歌一直被公认为是世界上最好的公司之一，它不仅为员工提供免费的三餐，还提供从瑜伽课程到按摩服务等一系列福利。谷歌公司向来以独特的办公环境而著称，漂亮多彩的办公环境让人叹为观止。

谷歌总部位于加州，由很多建筑构成，整体都分布于山景中。园区北部是网球场，南部是高速公路。谷歌总部园区坐落在一个安静的小山城中，树木高大，树荫浓密，整个园区看起来很隐秘。园区的北边建有一个公园，公园中设有网球场、足球场、健身中心及飞碟高尔夫场。在园区内，无论是墙上，电梯内，还是饮料冷藏箱上，到处都是谷歌的标志，雕塑及其他谷歌艺术品，所有的一切似乎都在提醒人们：你正处于谷歌的世界中。在谷歌，很多员工都是每天开车到谷歌总部上下班，园区内到处都可以看到电动汽车和电动汽车充电站，公园中的照明也是由两边的巨型电池板供电的。

下面是部分场景图[①]：

① http://tech.ifeng.com/discovery/detail_2011_11/04/10414997_8.shtml；探访加州谷歌总部 人性化的办公环境_网易探索.

Google 的山景城总部 43 号大楼，仿实木楼梯地板，墙壁当中使用了无毒的绵质隔音材料。

Google 的办公室明亮通风，办公家具使用天然木质材料，可以循环再生使用。

Google 总部的电动滑板车和自行车，这里更像是大学校园，而不是办公场所。

Google 员工可以带着自己的狗上班，Google 称这可以让他们身心愉快。

Google 总部开往其他城市的公交车，内有无线互联网接入装置。

著名的谷歌恐龙雕塑。其创始人将这个恐龙雕塑摆在这里，是为了提醒公司要时刻保持创造性，不能让公司如恐龙般缺乏时代性。

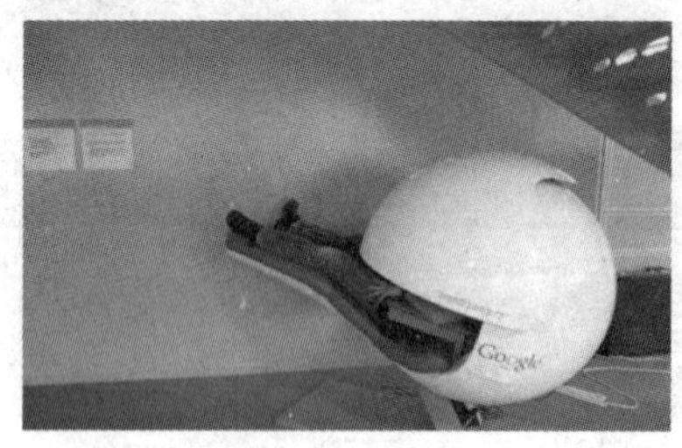

这是印有谷歌标识的“小睡豆荚”，员工们既可以在其中工作，也可以在其中睡觉。

谷歌员工的办公室。

谷歌园区内的健身中心。

谷歌总部的迷你游泳池。

微型厨房。员工们不需要自己带午餐，更不必自己煮饭，园区的餐厅可为员工提供免费的三餐。

按摩室——员工可以获得的特别待遇之一。

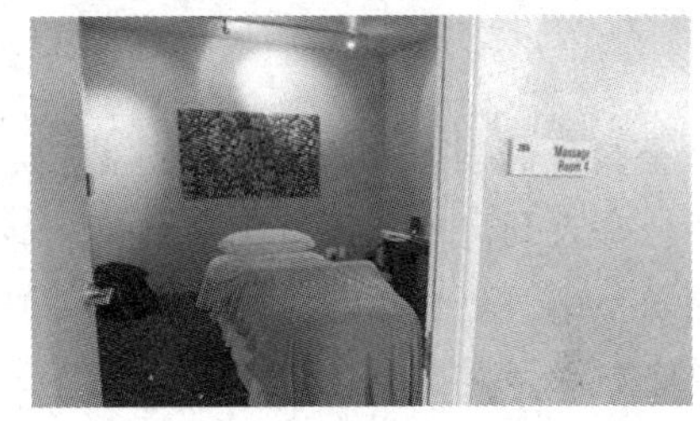

3. 企业标识

企业标识是通过造型简单、意义明确的统一标准的视觉符号，将经营理念、企业文化、经营内容、企业规模、产品特性等要素传递给社会公众，使之识别和认同企业的图案和文字。企业标识是视觉形象的核心，它构成了企业形象的基本特征，体现着企业的内在素质。企业标识不仅是调动所有视觉要素的主导力量，也是整合所有视觉要素的中心，更是社会大众认同企业品牌的代表。因此，企业标识设计，在整个视觉识别系统设计中，具有重要的意义。企业标识包括基本标识及应用标识，其中基本标识是指企业名称、标志、商标、标准字、标准色，应用标识指的是象征图案、旗帜、服装、口号、招牌、吉祥物等，它们是企业物质文化的最集中的外在体现[①]。

（1）企业名称

现代企业很注重通过宣传、推广企业名称来树立企业形象，开拓市场。名称对一个企业的发展而言至关重要，因为企业名称不仅关系到企业在行业内的影响力，还关系到企业所经营的产品投放市场后，消费者对该企业的认可度。

企业名称一般由四部分组成：行政区划、字号、行业特点和组织形式。行政区划是指企业所在地县以上行政区划的名称。字号指的是两个或两个以上的汉字组成，行业特点指应当具体反映企业的业务范围、方式或特点，包括产品名称、行业名称或产业名称，如贸易、信息科技、广告、企业管理等；组织形式指有限公司、股份有限公司、集团有限公司等，如上海（行政区划）指南针（字号）旅行社（行业特点）有限公司（组织形式）。

---

① 刘光明．2008．企业文化教程[M]．北京：经济管理出版社．

企业取名要求简练明确、易记好懂、针对问题、符合厂情、富于个性、形象生动，避免使用存在误导、意义消极的名称。企业还可以以国别、地名、人名、品名、产品功效等形式来为企业命名，如中国国际信托投资公司（国别型）、上海卷烟厂（地名型）、张裕葡萄酒（人名型）、可口可乐公司（品名型）和永明灯泡厂（产品功效型）。

［资料］

“全聚德”名称由来

全聚德的创始人杨全仁初到北京时，在前门外肉市街做生鸡鸭买卖，生意越做越红火。他每天到肉市上摆摊售卖鸡鸭，都要经过一间名叫“德聚全”的干果铺。这间铺子招牌虽然醒目，生意却江河日下。到了同治三年（1864 年）濒临倒闭。精明的杨全仁抓住这个机会，拿出多年的积蓄，买下了“德聚全”的店铺。

有了自己的铺子，该起个什么字号呢？杨全仁便请来一位先生商议。这位先生围着店铺转了两圈说：“啊呀，这真是一块风水宝地啊！您看这店铺两边的两条小胡同，就像两根轿杆儿，将来盖起一座楼房，便如同一顶八抬大轿，前程不可限量！不过，以前这间店铺甚为倒运，晦气难除。除非将其‘德聚全’的旧字号倒过来，即称‘全聚德’，方可冲其霉运，踏上坦途。”

这一席话，说得杨全仁眉开眼笑。“全聚德”这个名称正合他的心意，一来他的名字中占有一个“全”字，二来“聚德”就是聚拢德行，可以标榜自己做买卖讲德行。于是他将店的名号定为“全聚德”。在杨全仁的精心经营下，全聚德的生意蒸蒸日上①。

（2）企业标志

企业标志是通过造型简单、意义明确的统一标准的视觉符号，将经营理念、企业文化、经营内容、企业规模、产品特性等要素，传递给社会公众，使之识别和认同企业的图案和文字，如图 6.2 所示。

（a）

（b）

（c）

图 6.2　企业标志

① 高蕾. 2008.“全聚德”名称由来. 中国经济网［2008-06-19］.

“M”只是个非常普通的字母，但是在许多小孩子的眼里，它不只是个字母，它代表着麦当劳，代表着美味、干净、舒适。

与麦当劳（McDonald’s）圆润的棱角、柔和的色调不同，摩托罗拉（Motorola）的“M”标志棱角分明、双峰突出，以充分表达品牌的高科技属性。

奔驰（Benz）是原产德国的世界著名汽车品牌，一百多年来，赢得了世界的信任，是身份和地位的标志。在中国，它也是受上层社会欢迎的汽车之一。然而，白玉也有瑕，一些人不愿选择奔驰汽车的原因就是奔驰汽车那个圆形的汽车方向盘似的标志，虽然简洁明快、个性突出，但一眼看上去就像一个“囚”字，于是，奔驰汽车被一些人戏称为囚车，既然是囚车，一些人在选择时当然就有所顾忌了。

金利来商标是公司创始人曾宪梓先生 1970 年亲自设计的。它包括商标图案、品牌名英文 Goldlion、中文金利来三者构成一个整体，如图 6.3 所示。

图 6.3 金利来商标

Goldlion 中文译为金狮，是喜庆吉祥的象征，给人带来幸福。狮为百兽之王，喻示在服饰行业里，独占男人世界的鳌头，具有王者的风采，创出中国名牌、世界名牌。但是粤语金狮和“尽输”同音，为免犯忌（赛马比赛），便用音译，成了今天的“金利来”，中文牌名的改动，既不失原来金狮的王气，又含有金利滔滔的佳兆。牌名响亮，雅俗皆宜，大受欢迎。

金利来的商标图案是 Goldlion 的缩写 G、L 拼合而成的，其内涵还是金狮，其视觉形象使人联想到○为地球，L 是金狮，地球上雄踞着一头金狮——唤醒东方，预示金利来企业的产品有着无限的广阔前程，在英文牌名金狮的上方为（r），恰似金狮戏绣球。而且在中国人的心目中，圆还有圆满、完美的意蕴，这是金利来的产品的品质追求。英文标准字用毛笔书写，飘洒起伏的笔画间，描绘出丝绸之路的逶迤，闪动着东方民族的神韵，英文字的底线则起着联结的作用，商标的标准色为金黄色，象征着财源滚滚而来的好运。

企业产品同名称、商标、品牌浑然一体，独特、鲜明、优美的企业识别标志，昭示了企业的经营理念，展现了企业的远大前景，给顾客送上最美好的祝愿，得到了公众的广泛认同和喜爱。

（3）商标

商标是指生产者或经营者在商品或服务项目上使用的，将自己经营的商品或提供的服务与其他经营者经营的商品或提供的服务区别开来的一种商业专用标志，这种标志通常用文字、图形、字母、数字、三维标志和颜色组合构成。商标是产品与包装装潢画面的重要组成部分，设计精美、寓意深刻、新颖别致、个性突出的商标，能很好地装饰产品和美化包装，使消费者乐于购买。

[资料]

标志的起源

标志的起源，可以追溯到上古时代的“图腾”。那时每个氏族和部落都选用一种认为与自己有特别神秘关系的动物或自然物象作为本氏族或部落的特殊标记（即称之为图腾）。如女娲氏族以蛇为图腾，夏禹的祖先以黄熊为图腾，还有的以太阳、月亮、乌鸦为图腾。最初人们将图腾刻在居住的洞穴和劳动工具上，后来就作为战争和祭祀的标志，成为族旗、族徽。国家产生以后，又演变成国旗、国徽。

古代人们在生产劳动和社会生活中，为方便联系、标示意义、区别事物的种类特征和归属，不断创造和广泛使用各种类型的标记，如路标、村标、碑碣、印信纹章等。广义上说，这些都是标志。在古埃及的墓穴中曾发现带有标志图案的器皿多半是制造者的标志和姓名，后来变化成图案。在古希腊，标志已广泛使用。在罗马和庞贝以及巴勒斯坦的古代建筑物上都曾发现刻有石匠专用的标志，如新月车轮、葡萄叶以及类似的简单图案。中国自有作坊店铺，就伴有招牌、幌子等标志。在唐代制造的纸张内已有暗纹标志。到宋代，商标的使用已相当普遍。如当时济南专造细针的刘家针铺，就在商品包装上印有兔的图形和“认门前白兔儿为记”字样的商标。欧洲中世纪士兵所戴的盔甲，头盖上都有辨别归属的隐形标记，贵族家族也都有家族的徽记。

到本世纪，公共标志、国际化标志开始在世界普及。随着社会经济、政治、科技、文化的飞跃发展，到现在，经过精心VI设计从而具有高度实用性和艺术性的标志设计，已被广泛应用于社会一切领域，对人类社会性的发展与进步发挥着巨大作用和影响。

（4）标准字

标准字指经过设计的专门用以表现企业名称或品牌的字体，标准字是企业形象识别系统中的基本要素之一，应用广泛，常与标志一起使用，它能够直接将企业或品牌传达给观众，与视觉、听觉同步传递信息，强化企业形象与品牌的诉求力，其设计的重要性与标志具有同等重要性。

企业标准字包括企业名称标准字体、产品名称标准字体和其他专用字体，如图 6.4 和图 6.5 所示。

图 6.4　蒙牛集团标准字

图 6.5　联想集团标准字

[资料]

联想名称的转变

联想原先使用的英文名称“Legend”，在 2003 年改为“Lenovo”，现在这个名字已经家喻户晓。

“Legend”在英文字典中的意思是传奇、联想和想象，而“Lenovo”在英文字典里却找不到，它是一个臆造词。其中“le”部分继承了原来品牌英文标志中的部分，表示新联想将一如既往地继承老联想的优秀作风和品质；“novo”是一个拉丁词根，代表着“新意和创新”，合起来的意思是“创新的联想”。

联想的英文品牌名称的变化采用了 Intel 和 Sony 等大品牌的造词法，大胆突破而富有寓意，显得时尚、独特而国际化。

（5）标准色

标准色是企业根据自身特点指定的某一色彩或某一组色彩，用来表明企业实体及其存在的意义。不同的色彩代表着不同的意义，红色给人以活泼、生动的感觉，饱含着一种力量、热情、方向感和冲动。例如，可口可乐的标准色是红色和白色，其广告的整体观感是热情四射的，白色衬托着红色的火热，这与其努力推广的火热喜庆的理念是分不开的。橙色象征着充足、饱满、有活力、明亮、健康、向上、兴奋等。紫色给人以高贵、庄重的色彩感。 蓝色易使人想到蓝天、海洋、远山、严寒，使人具有崇高、深远、透明、沉静、凉爽的感觉，它象征着幸福和希望，是现代科学及智慧和力量的象征色彩，给人以高深莫测之感。高科技企业一般多用此色，象征技术力量。

[资料]

麦当劳金黄色的字母“M”

自 1962 年起，麦当劳一直采用金黄色的“M”招牌，它像两扇打开的黄金拱门，成为快餐店独树一帜的醒目标志，同时也成为麦当劳至今未改、流行全球的重要象征。

无论在哪个国家，只要有麦当劳餐厅，该城市几乎所有两岁以上的小孩看到金色的 M 都会发出笑声；当工作太忙而饥肠辘辘的成年人看到大街上的金色拱门时，都会暗自松一口气——终于可以放心地填饱肚子了。

麦当劳金色的 M 标志，巧妙地利用了心理学暗示：心理学研究表明，醒目诱人的色彩可以给人巨大的视觉冲击力；独具特色的形象对人有着不可抗拒的吸引力，不仅如此，不同的色彩还可以引起人们不同的心理反应。正是出自这一原理，红色“停”、绿色“行”、黄色“注意”才成为世界各国统一的交通标志。聪明的麦当劳创始人将这一原理巧妙地应用到了该公司的招牌上，看到红色，消费者自然会驻足，而看到黄色则会产生食欲。正是红、黄两色的结合，给麦当劳带来了巨大的经济效益。

（6）企业象征图案

企业象征图案又称辅助图形，主要用来作为企业形象的辅助识别，避免标志加名称的单调。象征图形是企业识别系统中的辅助性视觉要素，它包括企业造型、象征图案和版面编排模式等三个方面的设计。企业象征图案是为了配合基本要素在各种媒体上广泛应用而设计在内涵上要体现企业精神，引起衬托和强化企业形象的作用。通过象征图案的丰富造型，来补充标志符号建立的企业形象，使其意义更完整、更易识别、更具表现的幅度与深度。

[资料]

“谷稻禾田”企业的辅助图形[①]

灵感来源于品牌名称“谷稻禾田”的单个汉字的图形化表现（见图 6.6）。

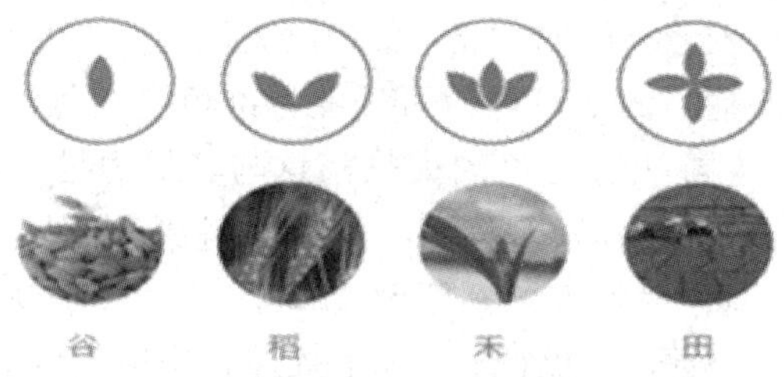

图 6.6　辅助图形

（7）企业旗帜

企业旗帜是企业的象征，旗面一般是企业的象征颜色；旗帜上面通常有公司名称或者公司标识（见图 6.7），悬挂时一般挂在企业门口，与国旗同时悬挂，并低于国旗。企业旗帜蕴涵企业的气质，彰显企业的文化理念，体现企业的精神风貌，展示企业的个性特色，对于一所企业具有十分重要的意义。

（a）中国石油旗帜

（b）中国南方电网旗帜

（c）国家电网旗帜

图 6.7　企业旗帜示意

① 图片来自 www.zcool.com.cn.

（8）企业服装

服装不仅是人类生活的基本物质产品，同时又是一种蕴含历史品味的文化产品。企业特色服装是企业物质文化的重要组成部分，东方、西方、古代、现代、艺术、怀旧……各种各样的文化元素被巧妙地蕴藏在了设计中，各企业经常利用服装作为文化的载体，力求在不经意中显示自己独特的文化品位。

[资料]

国航从2003年1月1日起更换新职业装

国航此次选用的女装名为“国韵”，由法国服装设计师设计，意在汲取东方美学精华，并借助西方先进制作技术，表现中国文化的深刻内涵。其中女乘务员的红、蓝套装采用了被国际上称为“中国蓝和中国红”两种颜色为主色，体现了东方女性之美，突出了国航新装的民族化与国际化相结合的特点，见图 6.8。男装由意大利设计师设计，飞行员服装取消了原来服装上的肩章，以高档金丝袖杠取代。

图 6.8　国航空姐服装

国航将利用此次换装全面推进一体化进程，以统一的形象、全新的面貌，展示中国民航运输企业的朝气与活力。

（资料来源：国航将于2003年元旦统一航班代号并更新空乘服装. 新华网）

（9）企业口号

企业口号也叫企业文化挂图、企业文化标语，企业宣传标语等。企业文化是一个组织由其价值观、信念、仪式、符号、处事方式等组成的特有的文化形象，企业文化标语则是将这些价值观或现象以具体的文字配合图形体现出来并张贴或悬挂于企业内部的办公区域。

[资料]

常见的企业口号

1. 态度决定一切，细节决定成败
2. 态度决定行为，行为培养性格，性格决定命运
3. 诚信立足，创新致远
4. 持诚信互利共荣，以厚德载物
5. 有一分耕耘 ，就有一分收获
6. 您的自觉贡献，才有公司的辉煌
7. 要想不被淘汰，只有跑在前面
8. 每天进一步，踏上成功路
9. 今天工作不努力，明天努力找工作
10. 一等二看三落空，一想二干三成功
11. 五湖四海聚一厂，情同手足友谊长
12. 培育礼仪员工，创造文明团队
13. 宁可因高目标而脖子硬，也不要为低目标而驼背
14. 只有勇于承担责任，才能承担更大的责任
15. 保持环境清洁，做一位可爱的人
16. 爱护公物，珍惜资源，勤俭节约，共同发展
17. 生活因拼搏而存在，拼搏因生活而永恒
18. 为自己养成一个好习惯，给别人留下一个好印象
19. 遵守厂规厂纪，争当优秀员工
20. 合格的员工从严格遵守开始

（10）企业招牌

招牌是指挂在商店门前作为标志的牌子，主要用来指示店铺的名称和记号，可称为店标，可有竖招、横招或是在门前牌坊上横题字号，或在屋檐下悬置巨匾，或将字横向镶于建筑物上等。

在我国古代，招牌实际上也成为经营者的品牌标识。如“全聚德”、“六必居”、“同仁堂”等，得到经营者的珍爱和承传。不少招牌还蕴含着丰富的人文故事，成为我国特色文化的一部分。

唐代以后，商业日渐繁盛，商店逐渐普遍地悬挂招牌，木刻的、铜铁铸造的、粉壁书写的，各式各样的招牌相继应运而生，并且加上店主的姓名或另取雅号，而形成了完整的招牌字号。

在某种程度上来说，店铺招牌的设计代表着该店铺的形象。对于吸引、招徕顾客进入店铺，招牌的设计起着很重要的作用。

[资料]

六必居匾额的由来

六必居由山西临汾赵氏三兄弟在明朝嘉靖年间创办。赵氏兄弟善于经商，买卖十分兴隆，后来经过店面扩充增加，生意越来越兴旺。

关于六必居店名的来历和六必居牌匾的传说，一直有好多种说法，有人说，六必居是因为其所经营的商品是老百姓所必需的柴、米、油、盐、酱、醋六种，所以名为六必居，也有人最初是六个人合伙开办的买卖，所以起名六必居，还有说六必居最初是个酒铺，所酿的酒有着黍稻必齐，曲蘖必实，湛之必洁，陶瓷必良，火候必得，水泉必香的“六必”因而得名……

在众多传说中，与大奸臣严嵩相关的故事是最引人注目的，相传六必居的名字来自于书法上乘的严嵩所写的匾额，但匾额上没有落款，所以真伪尚有争议，不过这并不影响六必居传说的流传。

相传六必居掌柜觉得原先的匾额小了点，想找个字写得好的人另写一块，当时严嵩尚未做官，闲居北京，常来店里买酒，一来二去与伙计们混熟了，伙计们也知道他字写得好，就将他推荐给掌柜的。严嵩于是便给掌柜的写下“六必居”几个字，但没有落款，严嵩说，自己是个小人物，落不落款无所谓，何况六必居生意这么好，没准自己的落款还会影响了你们。谁知此后不久，严嵩入朝为官成为权倾一时，严嵩的这块匾也就使得六必居名冠京华。

（11）吉祥物

吉祥物是指用来表现品牌形象、个性和价值的一种有生命的或被赋予生命的形象造型。吉祥物在视觉识别系统中属于辅助性的视觉要素，能够强化品牌的性格、个性及品牌联想，企业吉祥物一般为漫画式的人物、动物、植物、非生命物等。企业吉祥物将抽象意义形象化，塑造出感性、具体、拟人化、灵活、亲切、可爱生动、吸引人的形象，给消费者强烈的视觉与心灵冲击。如图6.9和图6.10所示。

吉祥物可以长期作为品牌的象征，有时也可作为品牌标志。有些公司的品牌吉祥物和品牌标志是一样的。例如迪斯尼公司早期创造的米老鼠、唐老鸭的卡通片取得极大的成功，公司便将其视为公司的象征和标识，并将它们授权给世界上许多相关品牌使用，成为产品促销、品牌形象提升的重要手段。此外，还有麦当劳叔叔、米其林的轮胎人必比登，以及历次奥运会中的吉祥物等。

图 6.9　天狮集团的徽章及吉祥物

图 6.10　麦当劳连锁店的吉祥物

6.2　企业物质文化塑造

6.2.1　企业物质文化塑造原则

1. 品质文化原则

品质文化原则，即强调品牌质量。品牌质量包含品牌本身的质量和品牌体现的质量两个方面的内容，是二者的有机结合。品牌本身的质量即品牌代表的产品的质量，品牌体现的质量是指消费者心中感受到的质量。其中产品质量是品牌质量的基础和前提，消费者心中感受到的质量是对品牌质量的提升和深化。因此，提高品牌质量既要提高产品质量，又要提高品牌体现的质量。在保证产品高品质的同时，还必须下工夫提高消费者对品牌的认知度，强化品牌认同，使品牌在消费者心中树立起完美的形象，只有这样，品牌质量才有保障。

[资料]

奔驰汽车以质量造就了全球闻名的品牌

奔驰汽车以质量造就了全球闻名的品牌，在汽车工业领域树起一座丰碑。奔驰成为高品质的代名词，成为德意志的光荣与骄傲。它号称跑 20 万公里不用动螺丝刀，跑 30 万公里换个发动机还能再跑 30 万公里。奔驰车之所以拥有如此卓越的品质，主要是因为奔驰公司在品牌管理中强化质量意识，营造质量理念，强调人人参与管理。以产品质量驰名天下的“奔驰”汽车，充分体现了它所代表的产品的卓越品质。奔驰汽车的质量号称以卓越的质量为后盾，他们敢于播发这样的广告：如果有人发现奔驰汽车发生故障被修理厂拖走，我们将赠您 1 万美元。奔驰公司要求全体员工精工细作，一丝不苟，严把质量关。奔驰车座位的纺织面料所用的绒毛是从新西兰进口的，粗细在 23 ~ 25 微米，细的用于高档车，柔软舒适；粗的用于中低档车，结实耐用。纺织时还要加进一定比例的中国真丝和羊绒。皮面要选上好的公牛皮，从养牛开始就注意防止外伤和寄生虫，加工一张6平方米的牛皮，能用的不到一半，肚皮太薄，颈皮太皱，腿皮太窄，一律除去。制作染色工艺也十分考究，最后座椅制成后，还要用红外线照射灯熨平。

奔驰公司有一个126亩的试车场，每年拿出100辆新车进行破坏性试验。以时速35英里的车速撞击坚固的混凝土厚墙，以检验前座的安全性。奔驰公司在全世界各大洲设有专门的质量检测中心，有大批质检人员和高性能的检测设备，每年抽检上万辆奔驰车。这些措施使奔驰车“坚固耐用”的品质文化已深入人心。

2. 技术审美原则

20世纪初，技术美学诞生。技术美学的英文写作design，其含义既有“设计”的意思，又有“不同寻常”、“机敏”的意思。因此，design常常被理解为“美的设计”、“不同寻常的、别出心裁的设计”。1994年12月，英国创立了世界上第一个技术美学学会。它标志着工业生产和产品制造的美学问题已引起国际范围的广泛重视。工业产品不仅成为人的使用对象，也成为人的审美对象，这就要求企业家在组织生产中兼顾产品的功能价值以及它的审美价值。

社会经济的发展加快了消费审美的步伐，而科学技术的进步又为提高产品的审美功能提供了可能。可以说，现代产品都是科技与美学相结合的成果。“任何一件技术产品，其存在的唯一根据就是具备效用性和审美性的统一。”从这个意义上说，品牌文化与产品美学是相互渗透、相互融合的。现代消费者购买一件商品，并非仅仅为了购买商品功能和效用，也并非只是为了取得商品的所有权，他更希望通过购买商品，从中获得一系列的满足和愉悦感。

[资料]

外观设计让高露洁占领市场

牙膏是我们日常生活中不可或缺的日用品，因此市场上牙膏种类众多，竞争十分激烈。国际牙膏巨头美国高露洁公司在进入我国牙膏市场以前，曾做过大量的市场调查。高露洁公司发现，我国牙膏市场竞争激烈，但同质化竞争严重，尤其是包装极其简单、平淡，对消费者毫无吸引力。针对这些特点，高露洁采用了创新的复合管塑料包装，并用中国消费者都非常喜欢的红色作为外包装的主体色彩，结果大获成功。在短短的几年时间内，迅速占领了我国1/3的牙膏市场份额。

3. 顾客愉悦原则

产品物质文化有助于增进消费者愉快的情绪体验，而这种情绪体验的强弱取决于品牌能否满足及在多大程度上满足消费者的各种心理需求，如追求时尚流行、便利高效、舒适享受、显示地位、威望、突出个性特征等。消费者买到了称心如意的商品，受到了热情周到的服务，这时的情绪体验即愉快。例如，消费者购物时，宽敞明亮的大厅，五光十色、琳琅满目、新款漂亮、高质量、高品位的商品，营业人员不俗的仪表、优雅的谈吐和热情周到的服务等，都能引起消费者良好的心境、愉快的情绪体验，使他们产生良好的第一印象，从而产生消费欲望、惠顾心理①。

产品不仅意味着一个物质实体，还意味着顾客购买他所期望的产品中所包含的使用价值、审美价值、心理需求等一系列利益的满足。具体地说，顾客愉悦原则主要包括：

1）品质满意，是指顾客对产品的造型、功能、包装、使用的质量的肯定。

2）价格满意，是指产品必须以质论价。什么样的产品品质就应是什么样的价格。

3）态度满意，主要是针对商业企业和服务性行业来说的。有些企业服务水平低，服务人员业务素质差，工作责任感不强；服务设施差；职责不明，哪些是工作职责范围应提供的基本的服务，哪些是额外服务，没有明确规定。

4）时间满意，指产品交货或应市时间要让顾客满意，同时也包括及时的售后服务。

4. 环境保护原则

企业的生产经营要有利于保护人类赖以生存的自然环境，维持生态平衡，减少和避免对自然资源的过度消耗与浪费，实现永续发展。随着世界环保运动的兴起，企业的环保意识日益增强。有的企业已把保护自然资源和生态环境视为己任，只生产无公害、无污染、不含添加剂、包装易处理的绿色商品，尽量减少和禁止污染物的排放。一个过度消费资源与破坏环境的企业，不会在消费者中树立起良好口碑，因为品牌物质文化必然包含着有利于人类自身健康与发展的文化。

[资料]

三洋公司的环境保护

三洋公司的决策层认为，向企业员工进行环境保护教育和可持续发展教育应当作为公司文化建设的重要组成部分，从某种意义上说是企业的生命。这个问题的研究和实施会越来越显示出其重要性，越来越显示出其深远的历史意义。

三洋公司前社长井植薰是清洁能源——太阳能利用的倡导者和实践者，他开创了

① [美]约翰·科特，詹姆斯·赫斯科特．1997．企业文化与经营业绩[M]．北京：华夏出版社．

“太阳能之家”的新构想并把它付诸实践。1981年春天，“太阳能之家”调试成功。虽然靠目前的技术，只能极为有限地利用太阳能，但在这个“太阳能之家”里，却确确实实地在用太阳能供应做饭，还能提供足够舒适的暖气和冷气。三洋电器在增强自身竞争能力方面，有一条重要的经验是不断地开发、生产支撑企业未来前途的新产品。公司在太阳能系统产品上同样倾注了大量心血，投下了巨额资金。其中，太阳能聚热器、太阳能吸收式热水器及太阳能冷气机等产品已经趋于成熟。而且，在非晶硅太阳能电池等智能源上，三洋电机的科研和生产都遥遥领先于其他企业。

三洋公司提出“热爱地球和人类”的企业口号，将人类生活的“舒适”、“温暖”、“美好”作为企业发展的远大理想。基于这种理想，公司启动了以“存在舒适空间”为主题的无污染能源事业和以“度过丰富多彩的人生”为主题的多媒体事业，并以此作为企业的基本理念，把“共存”作为21世纪企业发展的核心。“共存”包括“经济发展与地球环境的共存”、“与世界各国的共存”、“企业与劳动者的共存”。为了真正实现“经济发展与地球环境的共存”，三洋公司正在大力开发无氟空调机、太阳能电池、大型吸收式冷冻机等环保产品。他们还集中公司的科技力量，设立氟利昂对策委员会、节能委员会，切实保障环境、企业、技术的和谐发展。

三洋电机对于太阳能利用技术的执着追求，体现出公司一贯倡导的企业精神。井植薰说，如果能把他家里进行的太阳能利用的探索、实验变成太阳能普及运用的一个开端，那么“井植太阳光电站”就意味着日本太阳能利用史上的里程碑。它是公司不断开拓新技术、不断苦苦追求的企业精神的集中反映，也是对人类环境保护事业所做的贡献。

党的十八大报告提出，面对资源约束趋紧、环境污染严重、生态系统退化的严峻形势，必须树立尊重自然、顺应自然、保护自然的生态文明理念，把生态文明建设放在突出地位，融入经济建设、政治建设、文化建设、社会建设各方面和全过程，努力建设美丽中国，实现中华民族永续发展。

“我们只有一个地球，维护世界环境，人人有责！”社会是世界的社会，企业是社会的企业，环境保护已经成为企业不可推卸的责任，企业在承担这份责任的同时，同样能受益于环保文化的积极作用。环保文化建设，是功在当代、利在未来的双赢创举，是企业实现可持续发展的有力工具。希望越来越多的企业关注环保，引入环保概念，进行环保文化建设。

6.2.2 企业物质文化塑造的重点

1. 企业的产品与服务

企业生产的产品和提供的服务是企业生产经营的成果，它是企业物质文化的首要内容。

企业物质文化就是以物质形态为载体，以看得见、摸得着、体会得到的物质形态来反映出企业的精神面貌。生产型企业主要的物质文化塑造方式就是企业产品形象的设计、展示及顾客对其感知。而作为服务型企业来说，经营场所、服务用具等的设计及其管理，以及服务员工的服饰等，都是物质文化塑造的重要因素。

（1）生产型企业的物质文化塑造

前面提到生产型企业的物质文化塑造方式主要体现在企业产品形象的设计、展示及顾客对其感知。

首先，产品的整体形象直接影响着顾客对其的感知。产品的整体形象应该涵盖三个层面的内容，即功能性、独特性以及价值的附加性。

［资料］

亨利·福特在1908年成功地推出T型车，这种车外观看来有些笨，但轻巧又坚固。这种“廉价小汽车”很快就风靡全美，成了国家的吉祥物。T型车就成了他一生最大胆、最有创造力的具体形象的化身。但随着汽车工业的发展，T型车已日益落伍，到1925年，已没有人要买这种车了。福特始终坚持己见，不予更换和改进，从而把公司拖进了一个危险的境地。他始终不明白为什么顾客会抛弃T型车，而转向购买通用公司和雪佛兰公司的车子。他曾对一位部属说：“T型车什么都好，唯一的缺点是人们不再买它了。”老福特忘记了这样的一种人性规律：没有的时候，人们希望能拥有；一旦拥有了，就想要更好、更新的。在那个年代，汽车已从平凡的世界走进一种文化梦幻境界。谁能适应日益增长的中产阶层对汽车的进一步渴求状态，谁就是未来成功的汽车制造厂家。在当时，消费者的眼光改变了，不再需要像T型车这种简单适用的车子，而是要买漂亮、舒适、高性能的汽车。汽车已成为一种标明财富、身份、地位的象征。

其次，要提升产品的整体形象就要在产品设计中融入文化元素。

一件产品往往能够折射出生产厂家的科学技术水平、管理水平及它所反映的某种文化和精神。例如，德国的工业设计往往体现出一种稳重、坚固、实在的风格，显然与德意志民族严谨、认真，讲究准确、有序和逻辑性的文化精神有一定的关联；日本人善于在设计中融入本民族的民族文化与社会特点，他们设计了廉价、优质、节油、精巧的汽车，一举击败了美国汽车，逐渐形成了“轻、薄、小、巧、美”的设计风格。20世纪60年代，日本发展了“四大神器”（录音机、电视机、电冰箱、洗衣机）；70年代，日本又出现了所谓“3C革命”（小汽车、彩电、空调），这些新颖、精巧、美观的产品潮水般地涌入国际市场，为日本人赚进了难以数计的钞票。

由此可见，产品设计是企业生存的关键，如果没有卓越的产品设计，任何先进技术、精良装备与严格的管理都不能制造出精良的产品。而产品设计必须融入文化元素才能提升其品味，从而提升产品的整体形象。

（2）服务型企业的物质文化塑造

服务型企业的物质文化塑造方式主要体现在企业的经营场所、员工的服饰、服务用具的设计及管理等方面。

[资料]

麦当劳的就餐环境

1. 保持“清洁”的就餐环境

麦当劳的工作手册告诉工作人员，不清洁会成为工作的障碍，既妨碍了工作的进度，又难以维持高质量的服务。在麦当劳的观念中，凡是与餐厅环境有关的事情，都属于“清洁”的内容，都纳入严密的监事和管制范围内。

无论在柜台服务方面，还是在厨房制作食品方面，工作人员除了完成规定的工作之外，都养成了随手清理的良好习惯。麦当劳还非常重视餐厅周围和附属设施的整洁，连队厕所都规定了卫生标准。

麦当劳公司对清洁卫生的规定包括以下几个方面：

- 餐厅内外必须干净整齐，桌椅、橱窗和设备要一尘不染。
- 所有的餐具、机器在每天下班后必须彻底拆开清洗、消毒。
- 餐厅内不许出售香烟和报纸，器具全部都是不锈钢的。
- 每隔一天必须擦一遍全店所有的不锈钢器材。
- 玻璃每天要擦。
- 停车厂每天冲水。
- 垃圾桶每天刷洗。
- 每星期天花板必须打扫一次。
- 服务员上岗操作时，必须严格清洗消毒，先用洗手槽中的温水将手淋湿，然后使用专门的麦当劳杀菌洗手液清洗双手，尤其注意清洗手指缝和指甲缝。
- 手接触头发、制服等东西后，必须重新洗手消毒。

2. 桌椅摆放有诀窍

麦当劳的每一对桌椅的设置都很有特色：或倚窗，或绕墙，这里转弯，那里围成一圈，即使是堂内中间的座位，也尽可能形成一个独立的天地。

座位与座位在餐厅布局上的独立性，理所当然地派生出顾客在用餐时的雅兴，让顾客在有限的空间里享受到个人自由，既可以对窗而坐，边吃边看街景，也能与一群朋友同桌进食谈笑风生。

麦当劳认为，人们对“吃”的要求越来越高，“吃得好”自然也包括用餐环境的舒适，即吃出情调，充分享受吃的愉悦。

3. 店堂布置要巧妙

许多麦当劳快餐店都用麦当劳乐园中儿童故事人物来进一步烘托环境气氛。另外还有一些地方的麦当劳餐厅布置得很典雅。在纽约的格林威治，一家麦当劳快餐连锁店充满了艺术气息，该店以一位描绘艺术家带有天窗画家的复制品，作为餐厅的装饰主题，令顾客进食时感到仿佛正与艺术家为伍，调动了顾客的艺术细胞。

企业环境建设既是企业生产和员工生活的必需，也是企业整体形象的重要组成部分，是认识一家公司企业文化的开始。整洁、美观的厂容厂貌能给人一种赏心悦目的感觉，同时也能激发员工的工作情绪。

大量事实表明，建设好企业内部物质环境，对于塑造品牌文化、发展企业生产、提高经济效益有着重大的意义。如果员工经常处于不太安全、有害于健康的环境中，生活得不到关心、重视和改善，那么员工就不可能有积极性、创造性，这样的企业是不可能有向心力和凝聚力的。

2. 企业物质环境的优化

企业物质环境的优化主要包括两个方面：第一，生产环境的优化，如厂房、仓库、办公室等建筑物及其内容的布置、机器设备、道路的建设；第二，员工生活环境的优化，包括住宿区、食堂、购买场所、电影院、俱乐部、图书馆、健身房等。

（1）生产环境的优化

在企业环境中，企业的生产环境居于核心地位。因为企业生产环境的优劣，直接影响企业员工的工作效率和情绪。优化企业的生产环境，为企业员工提供良好的劳动氛围，是企业重视人的需要、激励人的工作积极性的重要手段。

1）要在深刻理解该企业的定位、企业家精神、核心价值观等内容的基础上设计特色企业建筑。例如，企业的定位是一家国际化程度很高的大型企业，那它的建筑风格就以简洁、明快、现代为主体风格；如果这家企业强调的是中国传统文化因素多些，那它的建筑风格可以融入一些中国传统文化因素在里面。

在中国，我们要考虑如何从传统文化与企业文化结合中寻找构思的源泉，因为企业文化总是建立在特定的民族文化的基础之上，并与该民族物质文明与精神文明的发展水平密切相关。例如，东方企业大多数受儒家思想潜移默化的影响，企业文化和儒家的价值观有很强的联系。而西方企业大多数是崇拜个人主义和英雄主义，所以大多数企业文化提法比较直接。因此，企业建筑物一定要将企业所处的民族文化和企业本身的特质理解透彻，才能够将企业文化的内涵渗透到企业建筑物中①。

① 崔世昌．2000．现代建筑与民族文化[M]．天津：天津大学出版社．

[资料]

百 度 大 厦

百度大厦（见图 6.11）由奥林匹克运动会主体育场——“鸟巢”的设计者设计的百度大厦，呈“目”字形结构，长方形的框架，被昵称为“搜索框”。

图 6.11　百度大厦

百度大厦的设计风格与理念是：

• 简单与复杂的调和之美。

• 科学呈现着简单与复杂的辩证法。

• 自然界的复杂与丰富来源于最简单的图案或者元素。

• 精于心，简于形。

• 简单的解决方案绝不简单。

• 百度搜索：它的入口是简单的，但是输入关键词之后，我们得到的内容是庞杂的、复杂的。

• 百度大厦：它的建筑逻辑是简单的，但是走进它以后，我们得到的体验是丰富多彩的。

2）应用企业形象战略设计企业建筑的造型、色彩及布局。企业的形象战略手册简称企业的 CI 手册，它是一个企业为规范企业的对外形象而制定的形象规范手册，包括企业理念、企业行为系统、企业视觉识别（visual identity）系统这三个部分的内容，特别是企业视觉识别系统部分和企业建筑物有着密不可分的联系。

要将企业的形象战略应用到企业的建筑物，可以是对企业的标志、标准色、形象符号等进行提取、拼贴、变异和进化，从而很好地将企业文化体现在企业的建筑物中。

[资料]

海尔集团的建筑与其企业文化

我国著名的企业海尔集团的企业文化建设享有盛名，它能很好地将企业文化的精髓体现在海尔集团的建筑物中。海尔工业园中有两个地方最吸引人，一个是海尔集团的办公大楼，另一处是海尔大学。海尔办公大楼从外观看是一幢四方形的建筑物，但从大楼里面看则是圆形的，这其实就很好地体现了海尔形象识别标志的内涵。海尔的形象识别标志称为方圆标志，即“思方行圆”。它是由纵横36个圆形组成的，第一行第一列是个“方块”，其余全是圆点。“方块”放在阵中的排头表示以它为基础向纵深发展，它在这里代表了海尔的思想、理念、文化，它是一个中心，它指导着周边圆点的组合，体现了思方行圆的思想，即在工作中要将原则和灵活性有机地结合起来，以达到预定的目标和效果，同时也有发展无止境的寓意。海尔办公大楼的外围四周有四根红色的柱子，这是和标志中的红色标准色及圆点相一致的。海尔大学的建筑风格则完全是按照中国古代传统建筑设计的，这不仅体现了海尔集团所在之地——山东青岛是孔孟之乡，而且还充分体现了海尔企业文化中体现的儒家思想。

3）通过企业建筑物的内部结构与装饰体现企业文化。如强调平等、无级别差异的企业文化，它们的建筑物会采取开放式的结构。例如，国际著名企业惠普公司，它们企业的高层没有自己的独立办公室，公司总裁与一般员工一样都在办公大厅工作，员工可以在这种敞开式的环境里面感受到文化所提倡的平等氛围。但中国企业通常会强调级别管理，所以公司领导会有自己的独立工作环境，但不同的材料体现的文化也不一样，如用玻璃作为墙体，就在体现现代化理念外同时也意味着公开、透明的管理风格。如果全部采取玻璃和钢结构的企业建筑风格，一般是在艺术氛围较浓的企业里面才有，如广告设计公司等。当然，企业选取不同的灯光、装饰品、办公家具的风格也体现了企业文化的特征，因此企业建筑物是从多方面、多层面反映一家企业的文化特征。

除此之外，还可以从这些方面着手优化企业生产环境：

第一，色彩调节。例如，厂房用色，可以选择相应的色彩以适应特定的工作，利用冷暖色来提高和降低人的心理感受度，减少疲劳。冷性环境，可将墙壁涂成暖色，以此增加温暖、明亮的心理感受。暖性环境，如炼钢车间、热加工车间、重体力劳动场所等，可采用冷色。中性环境，色彩不宜太艳，因为它会使人感到兴奋、容易疲劳；也不宜太平，它会使人感到单调，容易沉闷。一般以乳白、淡黄、浅蓝、果绿等色彩为宜，再适当点缀些深色，使人感到有变化、有层次感，感觉温暖、舒适。

第二，音乐调节。音乐调节是指在工作场所创造一种良好的音乐环境，以此来减轻疲劳和调节情绪。音乐调节是利用音乐节奏、旋律的起伏所产生的激发作用来调节劳动者的情绪，起到“功能音乐”的作用。心理学研究表明，柔和的音乐不但不会分散注意力，反而会提高工作效率，原因是它能够通过人耳对旋律的选择作用使音乐掩盖噪声。因此，在选配乐曲时，应挑选一些悦耳的轻音乐，它可对人的神经系统产生良好的刺激，促进人体内有益健康的激素、酶和乙酰胆碱等物质的合成，调节血液流量，促进细胞兴奋，增强对信息的感受能力和反应速度，提高工作效率。

第三，保持清新的空气。主要有以下几种方法：

植物消除法。吊兰、芦荟、虎尾兰能大量吸收室内甲醛等污染物质，消除并防止室内空气污染。茉莉、丁香、金银花、牵牛花等花卉分泌出来的杀菌素能够杀死空气中的某些细菌，抑制结核、痢疾病原体和伤寒病菌的生长，使室内空气清洁卫生。

空气净化器法。净化室内空气，彻底清洁与定期通风换气十分必要，但效果远远不够。空气净化器能让净化空气变得简单有效。它能迅速去除室内空气中小至0.009微米的80余种固态及气态污染物，如细菌病毒、甲醛、苯、香烟烟雾等，滤净率高达99.99%，短时间即可输出洁净空气。

竹炭吸附法。竹炭是一种以五年以上高山毛竹为原料，经千度高温煅烧，持久隔氧而成的一种新型的环保产品。它具有超强的吸附能力，能防霉、防真菌、防虫蚁，调节湿度，去除异味，释放负离子，净化空气，消除甲醛、苯等有害气体，屏蔽电磁波和抗辐射等功效。

加强通风法。一般在春、夏、秋季，都应留通风口或经常开“小窗户”；冬季每天至少早、午、晚开窗 10 分钟左右。平时如使用化学用剂后，不可马上关窗，至少通风换气半个小时。

第四，保持适当的照明度。一般来讲，工业厂房的照明度必须保持在150～200勒，才能保证人眼对光的灵敏度。如果从事精密细致一类工种的车间，照明度还需要作相应的调整和提高。为了避免眼睛因明暗适应带来的误差和注意力分散，工厂各区域的光照明度及设备和环境色彩的明度应尽可能保持协调一致。必须避免色彩明暗变化的强烈对比和光照明度的急剧变化。工业厂房应具有充足的照明度，并且要求光线分布均匀，避免产生阴影或因光反射过分刺激而产生眩光。

另外，在生产经营活动中建立必要的保健、卫生、安全设施，以及为提高员工文化知识、科学技术素质建立必要的技术培训、职业教育、文化教育设施与环境氛围也是非常重要的。

（2）员工生活环境的优化

通过科学规划，优化企业的物质环境，为员工提供良好的生活氛围，是企业重视人的需要，也是激励人的工作积极性的重要手段。在生活环境方面，要注意这些方面：改善居住条件；搞好环境卫生；提供配套的服务设施；搞好环境绿化等。格力公司充分重视员工生活环境的改善，可以称得上是员工生活环境的优化方面的典型代表，如图6.12所示。

图 6.12　格力公司员工生活区全景

[资料]

走进格力员工生活区的康乐园，映入眼帘的是优美的环境：绿树成荫，各种运动场、文化馆一应俱全。2005 年，格力出资 2 亿元建设员工生活区康乐园，建筑面积达 12 万平方米以上，可容纳 10 000 多人。园区内为员工提供了宿舍，并配有员工活动中心，足球场、篮球场、游泳池、网吧等文体娱乐设施及超市、医院、餐饮、银行、理发店等生活配套设施。2009 年 3 月，康乐园职工书屋面向员工开放，每到茶余饭后这里不乏读书者。此书屋获得了"全国优秀职工书屋"的称号。格力公司通过为员工提供优质的生活生产环境，解除了员工的后顾之忧，提高了员工的忠诚度。

3. 设计企业标识

（1）企业标识的重要性

标志应用与标志设计由来已久，在人类的历史长河中，标志体现着一种文化。在商业高度发达的现代信息社会，标志更是无处不在。标志直接明了的表达方式是沟通、交流最直接的手段和方式。标志虽然简单，却具有丰富的内涵，表达着不同的形象和理念。科学合理地设计好标志，是使用好标志的第一步，激发想象和创意，把握造型设计，丰富标志的内涵，才能提炼出具有感染力的标志。信息化时代的到来，计算机数码技术的快速发展，取代了传统的手工绘画方式，电脑软件解放了人类的双手和思想，也对设计师的智慧和创意提出了更高的要求，标志设计迎来了新的机遇和挑战。现代化的标志设计，注重个性和国际化潮流的结合，世界的大门已经向我们打开，全球化经济的激烈竞争，如何设计好企业品牌的标志，已受到越来越多的企业的重视，象征着企业是否具有市场观念和现代化的管理意识。长期以来，在标志的设计中，只偏重审美，不注意标志最重要的识别功能，仅视作图案、装饰，导致标志普及缺乏识别性、认识度和辨别力，对品牌的树立、形象的建设起了严重的阻碍作用。全球经济的一体化，知识版权保护的重视，企业要成功、要发展，就必须破除传统理念，重新认识标志设计的重要性，表达出企业的特色、产品的风格、服务的特点，得到客户和消费者的认同，引起视觉的关注，真正顺应信息时代的潮流。

（2）企业标识设计的注意事项

标识就其构成而言，可分为图形标识、文字标识和复合标识三种。

图形标识是以富于想象或相联系的事物来象征企业的经营理念、经营内容，借用比喻或暗示的方法创造出富于联想、包含寓意的艺术形象。

文字标识是以含有象征意义的文字造型作基点，对其变形或抽象地改造，使之图案化。拉丁字母标识可用企业名称的缩写。

文字、图案复合标识指综合运用文字和图案因素设计的标识，有图文并茂的效果。

在标识的设计中应注意以下方面的事宜。

1）标识设计应注重简洁鲜明，富有感染力。无论用什么方法设计的标识，都应力求形体简洁，形象明朗，引人注目，而且易于识别、理解和记忆。

2）讲究优美精致，符合美学原理。这也是一个成功标识所不可缺少的条件。

造型美是标识特有和追求的艺术特色，设计时应把握一个“美”字，使符号的形式符合人类对美的共同感知；要讲究点、线、面、体四大类标识设计的造型要素，在符合形式规律的运用中，能构成独立于各种具体事物的结构的美感。

3）标识要保持稳定性、一贯性。

4）标识设计要注意通用性。标识除适应商品包装、装潢外，还要适宜电视传播、霓虹灯装饰、建筑物、交通工具等，以及各种工艺制作及有关材料，包括各种压印、模印、丝网印和彩印等，在任何使用条件下确保其清晰、可辨。

学习与思考

可口可乐是一个风靡全球的饮料品牌，它诞生于1886年。据统计，目前全世界150多个国家和地区的人，每天要喝下2.5亿多瓶可口可乐。

可口可乐的成功首先得益于它有一个非常好的品牌命名。约翰·S.彭伯顿发明可口可乐之后，他的合伙人弗兰克·罗宾逊为这种产品取名为“Coca-Cola”。这个名字既包含了饮料中“可卡叶”和“可乐果”中的特殊成分，又做到了简洁明了、朗朗上口、富有特色、引人关注的基本要求，可口可乐能在中国市场上大显神威，它的中文译名功不可没。当年，可口可乐在进入中国市场之前，公司请在伦敦任教的一位姓蒋的先生设计中文译名。这位精通英文和汉语文字、谙熟消费者心理的蒋先生不负重托，苦思良久后写下了“可口可乐”四个字。该译名采取了双声叠韵方式，读来朗朗上口，同时又显示了饮料的功效和消费者的心理需求，“可口”是消费者在饮用时的感觉，“可乐”是消费者在饮用后的愉悦心理。可口可乐的品牌命名没有直白、露骨的消费诉求，没有矫揉造作的性能夸张，没有差强人意的主观表白，成为广告史上的经典之作。

可口可乐商标的设计采取红底白字，十分引人注目。书写流畅的白色字母，在红色衬底的映衬下，有一种悠然跳动之态。由字母的连贯性形成的白色长条波纹，给人一种流动感，充分体现了液体的特性，整个设计充满诱人的活力。可口可乐商标字母的书法是弗兰克•罗宾逊精心琢磨绘制而成。迄今为止，可口可乐虽经历百年风雨，商标却一直沿用至今，并被译为各种文字，遍布世界各地，成了可口可乐的传统象征，得到各国消费者的认同和喜爱。

可口可乐的外包装也非常独特，当初，阿萨 •G. 坎德勒在购买了可口可乐的专利权后，经过反复尝试，做出了重要的改革，即改变装潢，设计出美观大方的细腰身玻璃瓶。20 世纪初，以为移民到印第安纳州的吹玻璃工人亚历山大 •塞缪尔设计了著名的容量为 6 盎司半（相当于 195 毫升）的“仕女”身型的玻璃瓶。阿萨 • G. 坎德勒发觉该玻璃瓶造型美观，设计巧妙，如亭亭玉立的少女，容量又刚好盛放一杯水，于是不惜花费 6000 万美元将其专利买下，并投入生产，作为可口可乐饮料的包装专用瓶。后来事实证明，改包装成为别具一格的独特标志，不仅让人一看就知道是可口可乐，而且拿在手里感觉舒适，不易被别人仿造，对可口可乐的流行起到了重要作用。

可口可乐品牌推出之日起，公司不惜花费巨资做广告宣传，1983 年广告费用仅为 12 395 美元，1900 年超过了 10 万美元，到 1912 年，猛增到 100 多万美元，1920 年，广告费用又翻了一番，到 1941 年，广告费用达到 1000 万美元，1948 年达到 2000 万美元，1958 年再翻了一番，增加到 4000 万美元，2000 年达到 1.9 亿美元。

可口可乐的成功还在于它有一整套环环相扣的传播管理机制、企业形象策略和营销战略。1886 年，从约翰 • S. 彭伯顿的“请喝可口可乐”的招牌以及报纸上出现的“可口可乐，清凉可口，提神解渴，心旷神怡，使你身心愉快”的广告词开始，可口可乐以它独特的风味和引人入胜的广告词“心旷神怡的间隙”、“这才是真爱”、“好味道的标志”、“喝一杯可乐，献一个微笑”，使之吸引力大批顾客……

（资料来源：包晓闻，刘昆山. 2005. 企业核心竞争力经典案例. 北京：经济管理出版社：99）

思考题

1. 结合案例，谈谈企业物质文化建设的原则。
2. 请查找资料，比较可口可乐与百事可乐企业文化的不同之处。

第 7 章　企业文化的建设与发展

火锅是中国人独创的一种饮食方式，近年来在国内餐饮服务业内的发展可谓一枝独秀，竞争也日趋激烈，“海底捞”凭借独一无二的员工的工作方式和工作状态赢得了顾客的高度认同，也在火锅界站稳了脚跟。

1）理念明确——海底捞的员工基本上都由“农民工”组成的，他们希望自己能够在大城市里安家立业，只有借助“组织的力量”，才能实现自己的美好愿望。在“海底捞”，无论是老板、管理层或是普通员工，都在以自己的方式告诉你：“海底捞”是我们自己的组织，这个组织帮助我们“用自己的双手改变自己的命运”。

2）机制公平——“海底捞”在努力营造组织的归属氛围和公平发展机制。尽管不同能力、不同级别的员工获得的报酬不同，但是，每个人都会得到与其贡献相应的报酬，这里的每个人都坚信“一分耕耘一分收获”。

3）行为有效——“海底捞”建立了与“农民工们”特征相适应的行为文化，如师徒制、传帮带、群众监督、集体智慧……

4）服务优质——服务是餐饮行业取胜的关键，也是餐饮服务业为顾客提供的主要产品。海底捞通过上述精神、制度和行为文化建设，激发了员工的内在动力，形成了其他餐饮服务行业无法复制的产品竞争力。

总而言之，“海底捞”能够客观、清醒地看待资本、员工、文化之间的关系，能够静下心来，一心一意从企业文化建设的角度考虑企业的稳步发展，在调研、设计、实施各环节夯实基础，并紧紧把握企业文化发展的趋势，这就是它成功的秘诀。

7.1　企业文化建设概述

美国著名管理大师德鲁克说过：“20 世纪最重要的、也是最独特的对管理的贡献，是制造业中手工工作者的生产力提高了 50 倍。21 世纪对管理最重要的贡献，同样也将是提高知识工作与知识工作者的生产力。”21 世纪，世界进入了知识经济时代，知识型企业成为了市场主导，这就意味着从事知识生产和传播的人占劳动力的 80%以上，传统的通过科学的制度、严密的外部监控和技术创新来提高工作效率的管理方法已经不能像 20 世纪体力劳动作为主要劳动方式时期那样发挥巨大的作用，唯一有效的方法是通过影响知识工作者的思想观念，提供激励性的良好的文化氛围来提高工作效率，这种管理方法就是我们所说的文化管理，它是以企业文化建设为主导的。因此，企业文化建设无疑将成为今后企业管理和企业竞争的关键。

7.1.1 企业文化建设的含义

清华大学经济管理学院张德教授对“企业文化建设”的定义比较全面，即企业文化建设，就是根据企业发展需要和企业文化的内在规律，在对企业现实文化进行分析评价的基础上，设计制定目标企业文化，并有计划、有组织、有步骤地加以实施，进行企业文化要素的维护、强化、变革和更新，不断增强企业文化竞争力的过程。

企业文化建设这一概念，可以从以下四个方面进行理解。

1. 企业文化建设是企业有意识、有目的的主动行为

企业文化是客观存在的，是不以人的意志为转移的。自从企业诞生的那一天起，它就在企业生产、经营活动中开始孕育并逐渐形成自身的文化。但是，企业文化的发展变化是有规律的，企业文化建设就是企业作为主体，遵循并掌握企业文化发展变化的方向，使企业文化从一种自在状态转变为贯穿企业意志的自觉状态的过程。

2. 企业文化建设是企业发展战略的重要组成部分

企业文化建设并不是孤立的企业行为，它与企业的生产、经营、服务等影响企业生存和发展的活动有着密切的联系，它们共同围绕着企业发展目标发挥作用，相互影响、缺一不可。因此，企业文化建设是企业发展战略的一个重要组成部分，而不应该把它理解为单一孤立的活动。

3. 企业文化建设的目的是增强企业核心竞争力

核心竞争力是指一个企业具备的应对变革与激烈的外部竞争，并且取胜于竞争对手的能力。当今社会，企业竞争力已经由最初的机会导向逐渐向战略导向和能力导向转变，而其最高层次是文化导向，即通过文化创新推动企业持续发展，在各种竞争中实现卓越目标。因此，建设强大的优秀的企业文化，就是增加企业的竞争优势，企业文化建设要始终从企业的核心业务出发，着眼于增强企业的核心竞争力。

4. 企业文化建设是一个长期的动态过程

企业文化本身就是在企业的生产经营活动中逐步形成的，它的发展变化不可能一蹴而就，而是一个连续的过程。同时，企业文化建设还受到企业发展、市场变化、社会进步等各个方面因素的影响，需要不断地投入和努力，不可能毕其功于一役。因此，它还是一个动态的过程。

7.1.2 企业文化建设的环节

企业文化建设是一个长期的动态过程，需要长远的规划和持续的实施，这就要求我

们要根据企业的发展需求，有步骤地实现企业文化建设的需要。具体来说，企业文化建设一般包括三个环节，如图 7.1 所示。

图 7.1　企业文化建设环节

1. 企业文化调研诊断

建设企业文化不存在一成不变、放之四海皆准的模板。因此，任何一个企业进行企业文化建设首先需要做的就是针对自身具体情况进行企业文化调研诊断工作。所谓企业文化调研诊断，即对企业现有的文化进行测量、分析和总结。

（1）常用调研方法

1）资料分析法。广泛收集公司发展规划、工作总结、领导讲话、组织架构、部门职责、企业文化建设相关的文件资料、有关人力资源管理的制度与规定及员工奖惩、媒体报道等资料进行分析，以此来了解企业经营现状、发展历程和战略方向、人力资源及各方面的管理现状、运作流程和管理制度的状况、企业文化建设情况等。一般运用资料分析法可以列一张清单，将各种资料收集完整，日后查阅起来就更加清晰有序。

2）问卷法。比较常用的是匿名问卷形式，它可以更客观地反映企业文化的现状和员工对企业文化的认同度。设计问卷时要把握既定原则，即从需要出发，问卷题目目标明确，便于区分，便于统计。同时，对于一些调查内容，还要考虑如何最大限度地保证调查结果的客观性、直接性问题。例如，对员工价值取向的调查中，可以提问："如果再次选择职业，您主要考虑以下哪些方面？工资、住房、个人发展等。"规定最多选三项。这样的问法与直接提问："您更看重什么？工资、住房、个人发展等。"所得出的结果相比较，往往会避免因被调查者识破调查目的而揣摩调查者心理从而影响结果的情况发生。

3）访谈法。访谈是一种非常有效地收集信息的方式，针对不同人群往往可以采用不同的方式进行访谈。一般对于中高层管理人员、骨干员工等采用的是面对面的深入访谈的方式，访谈内容围绕公司的战略方向、行业特性、组织氛围、内部运作、文化特征等方面展开；对于普通员工更多采用座谈会的方式来全面熟悉企业，包括企业基本状况、存在问题、员工感受、建议意见等。

4）实地考察法。深入到企业各部门，对企业概况、存在的问题、企业文化建设情况、员工的意见建议等进行有针对性的考察，这种方法对调研人员的综合素质有着较高要求，运用得当往往会出现事半功倍的效果。

以上几种常用调研方法，可以选择一两种重点实施，也可以综合运用多种方法全面考察；可以是自上而下、分层进行，也可以进行一次大规模的活动，这取决于企业具体的文化建设的现状及企业现有的规模和生产运营情况。

（2）企业文化量表

通过运用以上几种常用调研方法，我们可以了解目前企业文化状况和员工对企业文化的感知情况，这种定性研究的方法，能够帮助我们总结提炼出可以用于企业文化测量的多个企业文化测量的维度，然后，从备选的文化维度中挑选出适合进行企业文化测量的问题形成企业文化量表，这种定量分析的方法，则能够具体分析企业现有文化的优劣性，并对企业文化的差距进行总结性概括，进而提出改进建议。

企业文化量表的内容主要包括两种形式的问题：一种是采用标准化量表形式，针对各个维度设计价值观及管理行为特点方面的条目，让测试对象按企业实际情况的符合程度进行打分评价；另一种是提一些简单的开放性的问题让员工进行回答。

[案例]

企业文化量表样本

××公司企业文化量表[①]

一、基本情况（请在您认为合适的选项前划“√”）

1. 性别：A. 男　　B. 女
2. 年龄：A. 20～25岁　　B. 25～30岁　　C. 30～35岁　　D. 35～45岁　　E. 45岁以上
3. 工作类别：A. 营销人员　　B. 研发人员　　C. 管理人员　　D. 财务人员　　E. 后勤服务人员　　F. 其他
4. 在公司的时间：A. 1年以下　　B. 1～2年　　C. 3～5年　　D. 6～10年　　E. 10年以上
5. 专业技术职称：A. 高级　　B. 中级　　C. 初级　　D. 其他

二、请回答下面各项问题（每个问题都反映出您所在公司某种状况的真实程度）

序号	问　　题	很不同意	不同意	有点同意	同意	非常同意
1	公司鼓励员工的创新与尝试	1	2	3	4	5
2	在公司里，我们都对自己的工作高度负责，主动完成工作	1	2	3	4	5

① 李大卫．2011．企业文化调查问卷．问卷星[2011-01-28]．

续表

序号	问　　题	很不同意	不同意	有点同意	同意	非常同意
3	我们经常以团队的形式一起完成工作任务	1	2	3	4	5
4	我们创新的想法和工作方法能够得到公司的支持及奖励	1	2	3	4	5
5	公司鼓励我们在工作中学习，我也认为在工作中能够不断提高自身的专业技能	1	2	3	4	5
6	在公司里，领导者有着很高声望，为我们所喜爱、崇敬	1	2	3	4	5
7	我对于完成工作积极性很高	1	2	3	4	5
8	在团队工作中，公司强调人际关系和谐，我和同事关系和谐融洽，能够互相理解支持	1	2	3	4	5
9	公司提供给我们很多进修机会	1	2	3	4	5
10	公司十分强调关注市场变化	1	2	3	4	5
11	公司有明确的长远发展目标战略，并且我熟知此目标战略	1	2	3	4	5
12	公司赋予我自由发挥才能的空间和权利	1	2	3	4	5
13	我们团队合作意识强，我认为团队工作常常能够事半功倍	1	2	3	4	5
14	公司能够创造一个学习的氛围，我在这种氛围中能够不断取得进步	1	2	3	4	5
15	公司里流传着领导者的成功故事、案例，我对此熟知，并且大家津津乐道	1	2	3	4	5
16	公司更关注于在长期取得稳固的发展	1	2	3	4	5
17	我与同事之间交流密切	1	2	3	4	5
18	公司更注重我所取得的绩效和结果	1	2	3	4	5
19	公司没有十分严格、规范、统一的工作方法或规章制度来统一我们的行为	1	2	3	4	5
20	我相信公司在领导的带领下，能够取得高绩效，逐年稳步发展	1	2	3	4	5
21	我认为团队合作比个人独立工作更能克服外部环境带来的冲击	1	2	3	4	5
22	我关注客户的需求，并且我认为客户的意见能够帮助改善工作	1	2	3	4	5
23	公司里不同团队、部门之间有较多交流	1	2	3	4	5
24	更多时候，公司认为绩效比我个人才能更重要	1	2	3	4	5
25	对于外界环境的变化，公司能够及时改变工作方式来应对动荡	1	2	3	4	5
26	公司鼓励及时响应、关注市场变化的行为，并且经常组织我们进行市场调查分析	1	2	3	4	5
27	公司上下级之间交流密切，领导能及时察觉下属的问题	1	2	3	4	5
28	团队工作中，工作方式比较灵活，我们能够自由选择工作方式	1	2	3	4	5

三、请简要回答下面三个问题

1. 请用一个词语来简单描述公司的企业文化:

____

2. 您觉得公司里哪些观念和行为存在问题，需要注意、改变？

____

3. 您认为公司文化可以更多关注哪些方面？

____

（3）分析总结

经过深入的调研及量表测量，我们还需要对获得的数据进行一定的分析，从而得出初步结论。分析主要围绕以下三个方面进行。

1）企业经营现状，包括企业在行业中所处的地位及企业总体的生产经营状况。

2）企业管理状况，主要研究企业内部运行机制是否健全，企业管理理念、思路是否合宜，存在哪些主要弊端等。

3）企业文化现象，包括企业文化的建设现状、领导员工的价值取向、企业行为规范、内部人际关系等。

分析结果的表现形式主要有图表、报告等，原则是尽可能对该企业的企业文化的优势和不足既有宏观、直观的把握，又有微观、具体的展示；对存在问题的分析既有量化的数据信息，又有问题背后成因的表述等。

这样有针对性的分析，能够帮助我们结合企业发展战略和实际情况，进行文化定位研究和诊断，发掘文化传统和文化优势，找出差距和不足，明确企业文化建设的总体目标和规划方案，从而为企业文化设计奠定基础。

2. 企业文化设计

企业文化设计是企业文化建设的一个关键环节，它决定了今后企业文化建设的方向和整体效果。在前期调研诊断的基础上，针对企业自身的不足，通过企业文化设计环节，可以初步有效地搭建起企业文化建设的目标框架，并随着市场经济的发展，不断发展完善，提升企业核心竞争力。

（1）企业文化精神理念体系设计

企业文化设计中最重要的是企业精神理念体系设计，它实质上就是按照一定的程序，提炼并确定企业精神文化各构成要素的表述，使之成为一个完整的精神理念体系的过程。由于企业文化精神层次对于制度行为层次及物质层次具有统率作用，企业文化精神理念体系设计也就自然而然地成了企业文化设计环节中的关键和重点。

企业文化精神理念体系的提炼和确定不是高层管理者“拍拍脑袋”的事情，它往往需要结合民族传统文化精华及当代社会文化精髓，结合企业家、企业优秀人物和群体及企业员工思维模式现状等，经过多次反复推敲整理而来，因此我们就从思想来源、技术技巧、主要内容三个方面展开讨论。

1）思想来源。中国传统文化博大精深、源远流长。所谓树有根，水有源，中国的企业文化建设本身就是一个企业文化中国化的过程。传承和发展中国传统文化中的精髓思想观念，对于企业文化建设，尤其是精神理念体系的设计具有重要意义。概括起来说，以下四个方面的观念对现代企业文化构建具有积极作用。

① 以人为本的民本思想。民本思想的萌芽出现在中国商周之际，今天我们对其进行扬弃，强调其以人作为一切考虑的根本，即以人为本的合理内核，引申出重视人才、尚贤任能的观点。

② 自强不息的奋斗精神。刚健有为、自强不息的精神一直作为中国传统文化的主导精神激励着中华民族，这种精神也极大地影响着我国的企业文化，从 20 世纪 50 年代的“孟泰精神”，60 年代的“铁人精神”，80 年代的“二汽精神”，到 90 年代的“海尔精神”等，无不贯穿这种奋斗精神，它也构成了我国企业文化拼搏向上的基调。

③ 贵和尚中的思想方法。“贵和尚中”的思想，主要包括人与自然宇宙的关系，人与人、人与社会的关系，具体到企业文化领域，则体现在：其一，在企业经济利益与自然环境的关系上强调 “天人合一”的可持续发展观，在对人的管理方面强调“情理合一”的管理理念，在企业竞争中坚持“和为贵”、“和气生财”的生意经；其二，在人际关系领域中坚持不走极端、重视和谐、反对过犹不及的准则等，以此构筑成功的企业文化。

④ 崇德重义的伦理思想。中国传统文化始终强调伦理道德的教化作用。体现在企业伦理上，就是“货真、价实、量足、守义”。在企业内部，对员工讲伦理，对股东讲伦理；在企业外部，对顾客讲伦理，对社会讲伦理，对国家讲伦理。

2）技术技巧。企业文化的魅力就在于其内部结构虽然相对固定，但内容却千差万别，作用的发挥也不尽相同，其主要是由设计技巧决定的。

① 个性特色化。文化的生命在于独特性、独创性，在企业文化建设的过程中，个性特色是首先要坚持的一个原则，而其个性特色化的表述，往往来源于企业家的个性、企业战略、地域特征、员工特点等方面。

例如，被喻为中国通信企业的“双子星”的中兴与华为，位于同一地域，在资源、市场、技术等很多方面相互合作、相互竞争，但他们却拥有截然相反的企业文化，这与两位企业家的经历背景有直接联系：侯为贵相对平坦的求学就业经历，使得他性格上更显稳健，很少有过激行为，被人称为“温和的机会主义者”；而任正非经历“文化大革命”、创业、养猪、当兵的人生阅历使得他的性格中多了些不循常规、敢于冒险、极富攻击性的因素。正是这两位性格迥异的企业家，铸就了“牛文化”与“狼文化”的竞争神话，两个企业也因为这殊途同归的文化影响，迄今仍被人们传为佳话。

② 简明准确化。企业文化精神理念层统领着其他各层次，其用词必须简明、准确，因此，对表述语言，尤其是关键词要仔细推敲。

[典故]

“推敲”的由来

贾岛上京（长安）赴考。一天，他骑着驴，一边走，一边吟诗，忽然得了两句道：“鸟宿池边树，僧推月下门。”贾岛自己觉得这两句还不错。可是，又觉得下句“推”字不够好：既是月下的夜里，门早该关上，恐怕推不开了，不如改为“僧敲月下门”。心里这么琢磨着，嘴里也就反复地念着：“僧推……僧敲……”他的右手也不知不觉地随着表演起来：一会儿伸手一推，一会儿举手作敲的姿势。这时，著名的大作家、京兆尹兼吏部侍郎的韩愈恰巧从这儿经过，随从仪仗，前呼后拥地过来了。按当时的规矩，大官经过，行人必须远远回避让路，否则就是犯罪。贾岛这时正沉迷在他的那句诗里，竟没有发觉，等到近身，回避也来不及了，当即被差役们扭住，带到韩愈马前。韩愈问明原委，不但没有责备贾岛，还很称赞他认真的创作态度。对于“推”、“敲”两字，韩愈沉吟了一下，说：“还是‘敲’字好。”两人于是并骑而行，谈了一些关于诗文写作的问题。从此成了朋友。

“推敲”的出典，就是出于这个故事。后来，形容反复地研究措辞、斟酌字句，就叫“推敲”。

例如，某国际物流公司在确定自身企业愿景时，对“世界级优秀企业”与“世界级卓越企业”进行了一番推敲。一般来说，“优秀”与“卓越”都有非常好、出色的含义，但“优秀”侧重于强调与落后的、普通的水平相比较，“卓越”则侧重于强调与本来就很好的水平相比较。从这个国际物流公司自身情况来看，已具备一定的基础，正处在加速发展阶段，因此，最终确定以创建“世界级卓越企业”为企业愿景的核心内容。

③ 整体系统化。企业精神理念体系是一个整体，在企业核心价值观的统率下，各组成部分之间互相协调，彼此照应，相辅相成，相得益彰。因此，在设计的时候要求保持内容上的系统性，语言风格上的一致性，凸显出各组成部分之间的逻辑关系。

企业核心价值观，是企业一切行为的基本准则，从某种意义上讲，它回答的是“我们的企业是什么”这个问题，它是企业最重要的集体的价值评价标准。坚持核心价值观，能够帮助企业家做出正确决策，能够帮助全体员工正确取舍。例如，诺基亚的核心价值观是“客户满意，相互尊重，追求成功，不断创新”。企业愿景，回答的是“我们的企业将是什么”这个问题，往往会用一些生动的词汇描绘出企业的奋斗目标。例如，万科的企业愿景是“成为中国房地产行业领跑者”等；企业精神，是指企业有意识倡导、培养员工群体的优良精神风貌，如 TCL 集团的“敬业、诚信、团队、创新”精神等；企业经营哲学，是指企业在具体的经营管理过程中提炼出来的世界观和方法论，用于指导具体的经营实践活动，如沃尔玛提出的“低价销售，保证满意”等；企业道德，是指人格化了的企业，在生产经营、社会交往中，所应遵循的旨在调节企业与国家、企业与其他企业及企业内部各方面关系的道德行为规范的总和。

在“是什么”、“将是什么”这两个问题后，企业精神、企业经营哲学、企业道德等均回答了一个问题——“怎样做”，因此，企业精神理念体系各部分之间的逻辑关系就完全明确了，它们是一个完整的系统。企业精神理念体系设计首先必须确定核心价值观、企业愿景，这两个要素确定之后，再围绕它们确定企业精神、企业经营哲学、企业道德等，以确保统一完整。

3）主要内容。企业精神文化主要包括五大内容：企业价值观、企业愿景、企业精神、企业经营哲学、企业道德。这五个部分的具体设计各有侧重。

（2）企业文化制度行为体系设计

企业文化精神理念体系设计的成果必然有个外化实现的过程，促成这一过程的一个重要环节就是企业文化制度行为体系的设计，它包含了制度层文化设计和行为层文化设计两个方面。从根本上讲，企业制度是为保证企业生产经营管理秩序，围绕企业核心价值观而形成的一套静态的制度和规则，同一过程的动态表现则为企业行为，企业制度的要求必然对企业行为的形成产生直接的影响，因此我们在进行企业文化设计的时候将制度层文化设计和行为层文化设计一并提及。

1）企业制度层设计。企业制度文化是企业在长期的生产、经营和管理实践中产生的一种文化特征和文化现象，它是企业文化中人与物质、人与精神的中介和结合，是一种约束企业和员工行为的规范性文化，它使企业在复杂多变、竞争激烈的经济环境中处于良好的状态，从而保证企业目标的实现。它既是企业为了保证实践目标而形成的一种管理形式和方法的载体，又是企业从本身价值观出发形成的一种制度和规则。企业文化的制度层设计相应地从企业制度、企业风俗、员工行为规范三个方面展开。

① 企业制度设计。企业制度是指企业为保证生产经营管理的秩序而制定的成文的规程，包括工作制度、责任制度及特殊制度等。这些制度紧紧围绕企业核心价值观展开，是企业价值观落地的重要保证。工作制度主要涵盖分配、激励、培训、生产等方面，导向并决定着员工围绕生产活动的基础性行为，设计时要从企业实际出发，既要考虑企业性质、企业发展阶段，也要关注时代社会对企业制度建立的要求；责任制度一般包括领导干部责任制、各职能机构和人员的责任制、员工的岗位责任制等，设计时要按照职责、权利相结合的原则，将企业的目标体系及保证企业目标得以实现的各项任务、措施、指标，层层分解，逐一落实到部门、岗位和个人。设计企业责任制度要从企业的组织结构出发，从某种意义上说，麦肯锡兵败实达的案例留给我们的启示之一就是设计企业责任制度、企业组织结构要慎重，从文化的高度着手，避免文化差异而产生的“水土不服”；特殊制度主要是指企业的非程序化制度，也是企业个性化独特的制度。例如，DHL 的“兼职培训师制度”，即各部门的业务好手自愿联合起来组成兼职培训师队伍，使员工的专业素质提高，专业知识得到更新。随着 DHL 全球各种服务的推出，作业标准不断升

级，兼职培训师制度保证了培训和受训双方员工都能够在工作中不断学习，专业知识在团队中的更新过程大大加快，从而实现了公司“更专业、更统一”的作业要求，保证了DHL始终处于行业领先地位等。

② 企业风俗设计。企业风俗是企业长期相沿、约定俗成的典礼、仪式、习惯行为、节日、活动等。各企业根据自身所在地域风俗、领导人习惯态度、企业性质等差异在企业风俗上也表现出差异性特征。但无论何种表现形式，良好的企业风俗都应该具有一些共同的特点，具备这些共同之处是企业风俗目标模式的基本要求：体现企业文化的精神层内涵；与企业文化制度层要素和谐一致；与企业文化物质层相适应。

③ 员工行为规范设计。员工行为规范的设计主要包括仪表仪容，是对员工个人和群体外在形象方面的要求，它可再具体分为服饰、发型、化妆、配件等；岗位纪律，包括作息制度、请假制度、保密制度、工作态度要求、特殊纪律等；工作程序，一般可分为接受上级命令、执行上级命令、独立工作、召集和参加会议、和同事配合工作、尊重与沟通、报告的要求；待人接物，内容主要包括礼貌用语、基本礼节、电话礼仪、接待客人、登门拜访等。

2）企业行为层设计。行为文化层更多的是反映企业文化的落实情况，即企业文化实施效果，其本身是员工接受思想后的行为反馈，是不能预先设计的，必须结合公司企业文化活动的实际情况才能总结。所以，对这部分的内容主要是提供一些促进企业行为形成的措施。

① 传统媒介和活动。对于传统形式的媒介和活动，要及时地进行梳理，使之系统化，并不断深化和加强，以期达到更好的效果。传统的宣传媒介和活动主要有以下几种。

- 培训。培训可以在短时间内集中对员工进行公司理念的宣传和学习，这种方法最为直接，效果也最为明显。企业文化的相关培训可分为新进员工培训、定期或不定期的全员培训和专家讲座三种形式。新进员工培训要在新员工正式开始工作之前，培训的主要内容是宣讲企业的理念、学习企业行为规范，并邀请典范人物现身说法；全员培训和专家讲座可根据公司的实际情况适时安排，每年集中3～5天对企业文化的有关重点和难点组织专题研讨，邀请知名的学者、著名企业家到公司就企业文化的前沿问题、经典案例举办专题讲座。
- 实物文化环境建设。旨在营造一种良好的企业文化氛围，拉近企业理念与员工实际生活的距离，实现对员工潜移默化的教育。具体包括把确定的理念、提倡的价值观中的精炼语言，配以鲜明的形象标志，制作成大型标语或招贴画粘贴上墙、制成条匾、做成桌牌等，放置在员工集中的工作现场和生活现场，让员工时时处处感受到企业文化的存在和冲击力；开辟员工“阅读角”，方便员工阅读企业文化理念的书籍、报纸、杂志、宣传画册等资料，观看与公司价值理念相关的纪录片等影像；开展丰富多彩的企业文化活动、娱乐活动和体育活动。还可以制作企业文化宣传栏，至少每月一次，由企业文化职能工作部门检查督促，重点宣传公司价值理念体系和职业道德行为准则。

- 网络文化环境建设。网络是现代化的交流工具，具有传播速度快、互动机会多、影响面广的特点，网络可实现理念的高效、形象化传播，充分利用网络可以大大提高企业文化宣传的力度和强度。公司可以建立自己的网站，制作和发布企业文化专刊网页，将公司的科学发展战略、文化管理实践、员工行为规范、企业文化故事等收录其中；鼓励员工将自己拍摄的、能够真实体现企业文化的照片上传；鼓励员工上传自己对企业文化感想的文章；增设企业文化现象的讨论区和企业文化 BBS；创设员工与领导及时交流的渠道等。网页上的内容要及时更新，形式要丰富多彩，切忌单调枯燥和陈旧乏味。
- 榜样示范。榜样的树立，可以起到激励后进、鼓舞士气的作用，恰当的榜样能够指明企业正确发展的方向，促进企业的长足发展。榜样的选择要谨慎，一定要素质过硬，受到大家认可，有具体的事迹。对榜样人物的宣传程度要与其实际的感人程度、公司员工对其的认可度相匹配，切忌盲目夸大或者没有宣传到位。榜样的选取可以是自上而下的，即工作评比、制度考核等；也可是自下而上的，即员工推举等。榜样人物确定后，可开展先进人物表彰会、榜样人物事迹会、榜样人物图片展等活动，加深员工对榜样精神的认知和学习。

② 创新媒介和活动。传播媒介和活动不是一成不变的，对其进行创新和发展是企业进步的一个重要助推力。对宣传媒介和活动的创新要求魅力化，对员工有吸引力和导向性。

- 企业文化手册。根据公司的实际情况，编写企业文化手册，并发放给员工，人手一本。组织员工认真学习和践行该文化手册，有利于贯彻和执行公司企业文化的相关要求，同时有助于公司内部对企业文化的理解、吸收和践行。
- 企业动漫。选取与公司基本价值理念相契合的案例，制作成动画和漫画集。这种形式可以很形象、很生动地对企业文化理念体系进行解说和诠释，且容易吸引员工的注意力，不会引起员工的反感。鼓励员工参与动漫的设计和创作，激发员工的创作热情，从员工的角度出发才能真正了解企业文化宣贯的实际情况，而且可以通过简单的图画表达深刻的含义，更有利于文化的推广和宣贯。
- 员工讲堂。员工讲堂可以为广大员工提供一个平台，借此员工能够真实表达对企业文化理念的见解，有疑虑的地方大家可以相互讨论和交流，这不仅可以优化企业文化宣传的效果，还可以增进员工之间的情感交流，另外有益于挖掘员工中的人才。员工讲堂宜采用圆桌会议的形式，使每个参加的人员都有的机会发表看法，每次讨论的内容要认真记录，以便整理后形成手册在员工中分发学习。
- 新媒体的运用。这里的新媒体指除网络之外的新媒体形式，如数字电视、移动电视、手机媒体、博客、播客等，尤其是手机媒体，以其方便、广泛的特点备受关注。如果将企业文化理念的宣传和贯彻与新媒体结合，能激发员工更大的参与热情，但由于新媒体的应用需要大量的技术和资金支持，在此只作为一个预想建议。

（3）企业文化物质符号体系设计

企业的物质文化是指由企业职工创造的产品和各种物质设施等一切可见的能够体现公司文化的物质符号构成的器物文化，是一种以物质形态为主要研究对象的表层企业文化。它是企业文化的最表层部分，是企业制度行为文化和企业精神理念文化的显现和外化结晶。因其直观、形象、生动的特点，企业文化物质符号体系的设计必然成为突出企业个性和特色的重要环节。

1）主要内容：

① 环境文化设计。整洁、整齐、美化的环境，既是企业生产和员工生活之必需，也是企业整体形象的重要组成部分，是我们认识一家公司企业文化的开始。以服务性行业为例，物质文化环境主要分为内部办公环境和景区服务环境。

【办公环境设计】

- 光线：办公室光线应使员工易看、速看及舒适地看，才会减少错误，减少疲劳，提高士气。
- 颜色：颜色会影响人的情绪、意识及思想进行，不同色调会引起人们不同的感受。
- 音乐：在员工工作时，如果播放适当的音乐，可改进工作条件，减轻心理与视觉疲劳，减少精神的紧张，使员工有愉快感，音乐需进行适当控制。
- 空气：办公室的温度以维持在 71～74 华氏度为佳，相对湿度以 40%～60%为最佳，正常的通风标准是每人每小时约需 2000 立方尺的空气。
- 声音：办公室应注意声音调节，防止噪声，力求安静，应减少或尽可能排除声音的来源，设办公室于安静之处，办公室的地板、天花板与墙壁采用吸音的材料等。

【景区服务环境设计】

这个方面，各公司根据自身发展状况、企业精神理念要求等都会有不同的规划和设计，这里只提供几个设计原则，如现实环境与之有冲突和不妥之处，可根据实际情况做出相应调整：顺应地理环境原则；宣传诉求原则；道路通畅原则；可变性、经济性和安全性原则；艺术性原则等。

② 产品文化设计。产品文化设计包括四大要素，即产品的文化情调、文化功能、文化心理和文化精神。

首先，文化情调作为最感性直观的要素，是产品文化设计的切入点。

其次，文化功能是产品文化设计的核心要素和首选课题。

再次，产品的文化功能要对应着文化心理，设计者对文化心理的把握往往决定着设计的成败。

最后，文化精神是产品文化设计的总纲。

③ 符号文化设计。企业符号文化设计主要包括企业标识、企业文化用品的设计等。企业标识是企业文化符号体系的核心，也是企业视觉形象的基础，集中体现了企业的精神理念，无论是企业名称、企业标志，还是企业标准字、企业标准色等各个方面都应该凸显出企业的理念。

企业文化用品的设计包括对企业名片、信封、画册、纪念册等公务活动中常使用的文化用品的设计，因为它们是企业向外界沟通的重要渠道，起到一定的宣传作用，在这些用品的设计中要尽量包含企业标识。

2）设计原则：

① 个性化。企业文化物质符号体系是企业留给外界的第一印象，与众不同、个性化的设计能达到使观众过目不忘的效果，不仅可以起到宣传企业的作用，同时还能够增强企业的市场竞争力，如麦当劳的金黄色拱门。自 1962 年起，麦当劳一直采用金黄色的“M”招牌，它像两扇打开的黄金拱门，象征着欢乐和美味。醒目的色彩组合突出了麦当劳的品牌标识，红色令人驻足，而醒目的金黄色则提醒人们注意。这样简洁、醒目、使人一目了然，容易留下深刻印象的设计，使麦当劳被铭记在了公众的心中。无论在哪个国家，几乎所有两岁以上的小孩看到金色的“M”都会发出笑声；无论什么时候，当工作太忙而饥肠辘辘的成年人看到大街上的金色拱门时，都会暗自松一口气——终于可以放心地填饱肚子了。这就是个性化的企业物质符号体系的价值。

② 艺术化。艺术化是时代和文明进步的需要，是人们越来越高的文化素养的体现和审美心理的需要。所以，在企业文化建设的过程中，企业文化物质符号体系的设计要尽量把文化艺术因素融入其中，使既符合实用要求，又符合美学原则，给人以美感。一般来说，艺术性越强越能吸引和感染人，给人以强烈和深刻的印象。例如 2008 年 8 月 1 日，中国夹克的领导品牌劲霸男装在上海向外界正式展示了它的全新标志——“王者归来”，也叫“王者图腾”，如图 7.2 所示。它是由四个互不连接的不对称的图形向轴心集中，代表世界四个方向的聚集汇拢，相互呼应，和谐共生，组成了一个自信王者的图腾形象。中间留白的纹饰印痕，形如官印，是一种诚信的象征。它在“拳王”奋斗、阳刚、霸气的男人图腾的基础上，融入了时尚、前卫、独特的现代艺术元素，形象动感十足。从视觉上看，“王者归来”既有青铜器时代钟鼎铭文的传统古韵，也有古埃及斯芬克斯文明的神秘传奇，与老标志相比较，赢在了艺术性上。

（a）老标志

（b）新标志

图 7.2　劲霸男装标志

③ 协调化。企业文化物质符号体系不单单是企业的外在形象，它还承担着传递企业精神理念、联系企业行为制度的使命，与企业的性质、行业背景等密切联系，因此它不是孤立存在的，设计时要依据协调化的原则，使企业文化的各个层次、各环节保持一致，如中国银行的标志（图 7.3）。中国银行是中国金融商界的代表，标志的设计要求体现中国特色。设计者采用了中国古钱与“中”字为基本形，古钱图形是圆形与方形的框线设计，中间方孔，上下加垂直线，成为“中”字形状，寓意天方地圆，经济为本，给人的感觉是简洁、稳重、易识别，寓意深刻，给人以视觉震撼和深刻印象。

图 7.3　中国银行标志

3. 企业文化实施

企业文化是知易行难，因此企业文化实施是企业文化建设成败的关键。其实质就是使企业的价值观念灌输到员工心中并强化成员工和组织的行为方式，使企业文化真正落实。这一过程需要建立专门的领导机构，设计管理流程，编制企业文化手册，内部宣传，外部推广。

（1）建立专门机构

企业文化建设通常是企业的最高领导者发起的，而结果却体现在全体员工及组织的行为上，因此作为领导者，在企业文化建设的实施阶段，首先需要树起旗帜，营造企业文化变革的氛围。建立专门的企业文化管理机构，一方面有利于系统地开展企业文化建设活动，另一方面则以实际行动赢得了员工对企业文化变革的信任和认同。

通常情况下，需要设立企业文化领导小组和企业文化部两级管理机构。企业文化领导小组成员由包括企业最高领导人在内的企业高层领导、员工代表、客户代表和外界专业的企业文化咨询公司等组成，主要负责企业文化战略指导；企业文化部由专业的企业文化工作者组成，主要负责企业文化战术实施。从某种意义上说，企业文化部是企业文化领导小组的常设执行机构。

（2）加强流程改造

仅设置管理机构远远不够，要让企业文化在企业的整个生产经营过程中及企业的方方面面里得到充分传播，并渗透到工作流程和行为方式中，让文化真正地落实，就必须对企业的战略流程、营销流程和人力资源流程等三大流程进行文化改造。

在对战略流程进行文化改造时，必须考虑到这样一些因素：一是企业的战略分析有没有考虑到企业文化要素；二是企业的战略制定有没有企业文化部人员参与；三是企业的愿景、使命、目标有没有体现企业文化；四是企业的战略举措有没有与企业文化产生冲突；五是企业的核心竞争力有没有与企业文化匹配；六是企业组织结构有没有对企业文化形成障碍。

在对营销流程进行文化改造时，必须考虑到以下因素：一是企业文化是否对目标客户有吸引力；二是营销流程的定位是否符合企业文化；三是营销部门对企业文化的认知和认同程度如何；四是营销部门和企业文化部门有没有良好的工作和沟通关系；五是营销信息系统是否能提供外部公众对企业文化的反映；六是新产品的推出是否符合企业文化；七是有没有对上下游客户和合作伙伴提供企业文化教育；八是外事宣传及广告等市场推广工具是否能承载企业文化；九是品牌识别是否能体现企业文化的基本价值；十是对客户的管理是否运用了企业文化的力量。

在对人力资源流程进行文化改造时，要考虑到的要素有以下几点：一是人力资源规划有没有重点考虑企业文化的影响；二是人员招聘录用工作有没有企业文化部人员的参与，有没有优先录用与本企业文化观念较为接近的人员；三是人员配置工作有没有企业文化部人员的参与，在配置人员时有没有考虑与本企业文化相近的程度；四是绩效与激励工作有没有企业文化部人员的参与，在开展绩效与激励工作时有没有考虑与本企业文化相近的程度。

（3）编制企业文化手册

企业文化手册实是企业文化建设纲领，是对企业文化原则的高度概括，也是企业文化实施细则。它明确地指出了企业提倡什么、鼓励什么、拒绝什么、杜绝什么、什么是好的、什么是坏的、企业支持什么、企业不支持什么和企业成员应该怎么做、不应该怎么做等细则和要素。在此，要特别指出的是，企业文化手册并非员工手册，二者不能混为一谈。在编制企业文化手册时，应该考虑到以下主要内容。

1）企业最高领导人对企业文化的论述，也就是我们通常所说的序言。

2）企业简介，包括企业现况、发展历程等。

3）文化建设概要，包括文化建设的背景、文化建设机构介绍、文化建设概要描述。

4）精神文化概要阐述，包括企业的愿景、企业核心价值观、企业精神、企业经营哲学、企业道德等。

5）行为文化概要阐述，包括管理者行为规范、员工行为规范、营销行为规范、业务行为规范、传统文化活动规范、合作行为规范、竞争行为规范、宣传广告和公共事务行为规范、公益活动规范及节假日庆典规范等。

6）制度文化概要阐述，包括与企业文化相关的企业通用类的管理制度、企业文化建设管理制度和企业文化建设规划的主要内容与程序等。

7）物质文化概要阐述，包括环境卫生标准、厂容厂貌、产品包装、员工生活设施与福利、员工文化活动场地及管理等。

8）企业大事记，包括企业重大事件、荣誉、媒体报道、社会活动、追记或补记内容等。

（4）内部传播

企业文化内部传播是非常重要的企业文化实施活动，这是企业全体成员对企业文化的认知、了解、认同、传播、交流、领悟和实践的重要途径和方式，一般情况下，可采取以下四种方式进行。

1）开展企业文化培训活动。培训活动对象主要包括企业管理层、企业文化工作者和员工三个层面。对管理层的培训内容，以“管理者在企业文化建设中的领导和示范作用，如何把企业文化建设与企业的经营管理活动相结合”为主旨；对企业文化工作者的培训，以“企业文化建设技能、宣导方法、组织实施、运用管理等方面”为主旨；对员工的培训，以“企业文化教育、训练、参与、传播和采用各种方式反复诵读牢记企业理念、以企业文化为主题进行演讲报告及在各类企业内的组织协会活动中开展自我教育”为主旨。

2）建立并有效运行企业文化传播网络。一是建立正式提案传送渠道，让广大员工以书面形式对公司的经营管理等方面提出合理化建议，全面参与企业管理活动；二是建立非正式沟通渠道，如采取保密性的双向沟通渠道，让广大员工可以对真实问题进行评论、建议或投诉；三是建立员工合理化建议及投诉督办机制，定期或不定期地以座谈会或现场办公会的形式限期、公开处理员工建议或投诉，并对处理结果进行公示；四是建立“零距离”沟通机制，定期召开由高层领导与员工面对面“零距离”交流的沟通对话会，向员工代表介绍公司经营情况和重大政策等事项，并由高层领导回答或当场解决员工代表所提出的问题及事项；五是创办内刊和墙报（公告）等内部传播工具。让广大员工及时了解、传播企业的重大事态和重大政策制度，同时丰富员工业余文化生活。

3）建立仪式与庆典机制。仪式主要指开工仪式、新产品下线仪式、新工作奠基仪式、新生产线启动仪式、集体活动仪式、新员工入职仪式、厂歌颂唱仪式、厂旗升旗仪式等；庆典主要指厂庆、重大法定假日庆典、联欢晚会、表彰大会等。

4）宣扬企业故事与典型人物。以挖掘、表彰、宣扬创业元老无私奉献和企业员工敬业爱岗、以厂为家、开拓创新、积极进取等先进事迹为主，让其成为广大员工学习效仿的典范。同时，以树立相应的典型人物为辅，让其成为广大员工的学习榜样，培育员工的荣誉感和责任心。

（5）外部推广

这里，我们必须先明确两个概念，即企业文化和企业形象。

前已述及，企业文化是在一定的社会历史条件下，企业生产经营和管理活动中所创造的具有本企业特色的精神财富和物质形态的总和，包括企业精神文化、企业制度文化、企业行为文化和企业物质文化。而企业形象是指人们通过企业的各种标志（如产品特点、行销策略、人员风格等）而建立起来的对企业的总体印象，它是企业文化的一种外在表现形式，它是社会公众与企业接触交往过程中所感受到的总体印象。这种印象是通过人体的感官传递获得的。企业形象能否真实反映企业的精神文化，以及能否被社会各界和公众舆论所理解和接受，在很大程度上取决于企业自身的主观努力。

企业形象与企业文化是两个不同的概念，存在着一定得差别：两者的对象不同，工作重点不同，实施者不同。但两者又存在着必然的内在联系：企业形象是企业文化的外化，是企业文化在传播媒介上的映射；企业文化是企业形象的核心和灵魂。正因为如此，企业文化建设和企业形象塑造也是两个既相互区别也相互联系的概念。我们讲企业文化建设的实施环节，要实现企业文化的外部推广，也就是依赖于企业形象的塑造，即 CI 战略。

企业 CI 战略，是在调研和分析基础上，通过策划和设计 CIS，来体现本企业区别于其他企业的标志和特征，塑造企业在社会公众心目中的特定位置和良好形象，从而获得社会大众认同的个别战略，是企业总体战略中的一个重要部分。通常认为，CIS 是由理念识别（mind identity，MI），行为识别（behavior identity，BI）和视觉识别（visual identity，VI）三个部分组成的。其中，MI 是企业经营管理过程中形成的，并为员工所认同和接受的企业经营理念、发展战略、企业哲学、行为道德准则、企业精神、企业文化、经营方针、策略等。BI 是在理念指导下的企业一切经营管理行为，一般分为对内和对外两个方面。对内包括保证正常生产运作的内部管理规范（岗位职责、行为规范等），先进技术的研究开发，提高干部员工素质和工作能力的教育、培训（技术水平、职业道德、服务态度、技巧、礼貌等），以及改善工作环境和条件等。对外包括市场调研、市场营销、公共关系活动、广告宣传，还有公益性社会活动等。VI 是企业理念的具体化、视觉化，由基本要素和应用要素两个部分组成，基本要素是视觉系统基本构成要素，又可分为主要的和辅助的，包括（主要的）企业标志、企业标准字、企业标准色；（辅助的）象征物、专业图案和版面编排统一设计。应用要素是基本要素的应用媒体，包括办公和事务性用品，招牌、标识牌和旗帜，员工制服，交通工具，建筑和环境，商品和包装，广告用品和展示陈列等。

企业文化的外部推广活动除 CI 之外，还可通过公司上市、厂庆、合作伙伴联谊会、表彰大会、年度总结大会、企业内刊、网站、重大节假日庆典、书法（画）比赛、征文、歌咏比赛、演讲比赛、各类球类赛事等体育赛事、摄影比赛、拓展活动、培训活动及各类文娱文体活动和外事活动及义务劳动、济贫慰问、环境保护类公益活动等进行大力宣传与推广。同时还可通过广播电视、报纸杂志、户外交通广告、海报等方式进行。

例如，当前，中央企业开展“经营”文化的工作，具体可从四个方面进行：

第一，制定经营“文化”的长远战略，遵循文化发展的内在规律，确定中长期目标，从战略层面对本企业长期积累的文化资产进行经营。

第二，可通过打造文化品牌，提升企业文化资产的价值。如：在相关企业中把长期形成的“大庆精神”、“铁人精神”、“两弹一星精神”、“青藏铁路建设精神”等各具特色的企业精神打造成文化品牌，实现文化资产的保值增值。

第三，开发具有企业特色的文化商品，通过具体的文化营销，实现企业文化资产的升值，包括：开发体现企业文化个性的纪念章、纪念币、纪念邮票、企业歌曲、电视剧、网络游戏等。

第四，培育宣传文化英雄，以此来提升企业文化资产的价值。从经营“文化”的视角看，王进喜、王启民、李黄玺、许振超等不仅是单个企业的劳动模范，更是这个企业的文化英雄，代表着我国国有企业广大员工的精神追求，也体现着一个个企业的个性文化。如：王进喜是“创业文化”的代表，是大庆精神的人格化；王启民是新时代知识分子的代表；李黄玺是新时期知识工人的代表；许振超是“效率文化”的代表。从经营“文化”的角度，对他们所代表的文化不断进行解读和释义，不断进行培育和传播，就可以使他们所代表的文化不断增值。

7.2 企业文化融合

经济全球化已经成为一种不可逆转的趋势深刻影响着世界，全球范围内的行业竞争日趋激烈，它要求企业迅速扩大规模，降低成本，增加利润，从而提高企业的国际竞争力。其中最有效的途径就是企业的合资并购重组。据美国著名的企业管理机构科尼尔公司多年统计的数据显示，只有20%的合资并购重组在事后证实是成功的，至少他们实现了之前的活动目标，而其余80%都以失败而告终。究其原因，恐怕首当其冲的是文化冲突。与设备更新、产品转换相比，文化的整合具有挑战性。企业文化作为一种意识形态，具有较强的历史延续性和变化迟滞性。在企业合资并购重组过程当中，企业文化往往会在一个相当长的时期内在原来的群体内继续发挥作用，在不同文化背景的企业合资并购重组过程当中，还不可避免地伴随着文化冲突与碰撞。实践证明，企业文化的融合是企业合资并购重组能否取得成功的关键因素之一，是一项长期而又艰巨的任务。在合资并购重组过程中，要避免“集而不团”的现象，使企业的合资并购重组真正产生“1＋1＞2”的效应，必须高度重视企业文化融合问题。

7.2.1 企业文化融合的内涵

企业在合资并购重组过程中，一般都会出现因文化差异、思维方式和工作方式等不同而导致的冲突，尤其是对一个双方各占50%的合资企业来说，因为势均力敌，冲突在所难免。这种冲突比较典型的案例就是所谓的“花都魔咒”①。

[案例]

花 都 魔 咒

作为中国迄今为止最大的合资合作企业——东风汽车有限公司，2003年刚成立并开始运营一年就陷入了“花都魔咒”。2003年，东风汽车公司与日本日产汽车株式会社合资成立了东风汽车有限公司，东风日产乘用车公司就是其乘用车事业部。现在风光无限的东风日产，并非一路都高歌猛进，它也经历过痛苦的磨合期。2004年，合资后的东风日产第一次陷入困境，产销量同比下降了10%，甚至跌出了乘用车市场份额“十强”的

① 陈雪根．2010．东风日产：跨越文化冲突的雷区［DB/OL］．企业文化一中人网[2010-05-20].

行列。

这只是问题的表面，根源在更深层次。例如，中日双方价值取向不同，站在各自母公司立场考虑问题，经常造成利益冲突。最擅长营销的中方高管任勇去负责车间生产管理，擅长日产生产模式的日方高管却负责市场营销。由于中日双方沟通不畅，高管团队不时出现摩擦。可以想象中方管理团队当时巨大的挫折感：合资之前的风神汽车一路狂飙突进，在合资后，拿来世界上最好的技术、管理和车型，销量不增反降、库存积压。

对于这个“花都魔咒”，有人总结了八条：缺乏共同的目标追求和价值立场；对彼此的文化及成功模式不够尊重、不能充分认同，难以形成互补性竞争优势；员工沟通不畅，信息与知识难以共享，跨职能的团队难以形成；组织庞杂、流程不畅，合资双方力量内耗，使合资企业整体面向市场的速度趋慢；高层领导的核心力量难以形成，高层决策速度慢；研产销脱节，难以提升内部价值链的管理能力；全球化技术与本土化营销模式尚未形成；员工的满意度、忠诚度和员工士气下降，统一的价值评价和价值分配体系难以形成。

2004 年 10 月，面对不断增加的库存，东风日产终于决定停产学习。2005 年 1 月，东风日产召开“东莞松山湖会议”，将调查反映的问题归结为六个分组议题，进行了两天的分组讨论，每个小组针对议题提出方案，改善中日间的融合状况。

东莞松山湖会议使整个团队认识到，合资只是一个开始，成功只能靠共同的价值观。会议确定制定“基本法”来构建沟通的价值观和企业基本规则。这个想法最终形成了东风日产员工至今津津乐道的《东风日产共同行动纲领》（以下简称《行动纲领》）。

首先，东风有限公司正式确定其核心价值观为客户导向、诚心尽责、公正透明、崇尚业绩、追求卓越。其次，为了确保中外双方沟通和交流的顺畅有效，一些重要的沟通活动变成了制度，成为公司日常运营的重要部分，如总裁与工会主席定期交流会、总裁与员工代表定期座谈会、每年一次的员工代表大会等。在机构层面，除最高经营委员会外，还成立了八个跨部门的专业委员会，涉及财务、投资、采购、商品规划、质量安全、人事、监察、传播等方面，分别由总裁和副总裁担任会议议长。通过这些专业委员会参与经营管理，通过建立经销商办公自动化系统，将经营信息和决策从公司总部渗透到各个子公司。同时，还定期将内部大量的采访和沟通实录刊登在取名《双赢》的内部刊物上，让全体员工及时、透明、准确地了解公司动态和各级管理者的所思所想。再次，严格执行落实《行动纲领》。翻开《行动纲领》，似乎看到一份“小学生行为规范”。从营销、制造、研发、管理，甚至到人力资源各个环节，都制定了详细的规定和行为规范。这正如任勇所设想的，无论什么部门，只要翻开“基本法”就能找到对应的解决办法。最后，发挥东风和日产各自的优势，形成一批优质产品。目前公司旗下拥有新一代天籁、奇骏、逍客、轩逸、骐达、颐达、俊逸、骊威等多款畅销车型，覆盖轿车、MPV、SUV、CROSS-OVER 等领域，是行业内车型极多、产品线极完整的企业之一。

文化融合的结果使得东风有限公司从 2004 年市场销售收入下滑 10%到 2005 年同比

增长160%，就连2009年在最困难的情况下，也完成全年销量92.5万台，同比增长30.5%，实现了历史性的超越。而东风日产也一跃成为中国乘用车行业生产经营、质量极好的企业之一，也是中国汽车领域充分利用合资资源开展自主研发实践的先行企业之一。

东风日产通过共同纲领来促进文化融合，在中外合资企业中尚属首创，它对企业的并购重组与合资合作中的文化融合问题提供了一个可供借鉴的典型范例，也为我们学习企业文化融合的概念、内容做出了现实的印证。

1. 企业文化融合的概念

企业文化融合是指不同背景、不同特质的企业文化，在相互接触、碰撞的过程中相互磨合、整合，形成全新文化的整个过程。它不是原有文化的简单相加，而是通过解决文化冲突，将原有文化中的优秀部分不断升华，形成全新共有的新的企业文化。它是解决企业文化冲突的唯一途径，也是决定企业合资并购重组成功与否最关键的环节。

2. 企业文化融合的内容

企业的合资并购重组就好像婚姻，两个生活背景、脾性特质均不同的人要组建一个新的家庭并长期生活在一起，这种文化上的差异是不可避免的，也势必会带来相应的文化冲突。合资并购重组企业的文化冲突内容包括价值观念冲突、制度文化冲突、行为文化冲突及物质文化冲突等。因此，企业文化融合的内容也相应体现在以下四个方面。

1）企业价值观念的融合。企业文化是存在于企业群体内，具有导向、激励、内聚、自控和协调能力的文化资源。它的核心价值观念是行为的先导，是企业员工潜能发挥的催化剂，制约和影响着企业管理和目标的效率和效果。由于企业价值观具有差异性，因而不同的公司文化冲突融合，更主要在于企业价值观念的转变与统一，员工价值观和企业价值观的统一。

2）企业制度文化的融合。制度作为公司文化的媒介层，起着联系公司价值观和管理行为、物质文化外层的作用。它是公司文化的一个重要方面，涉及企业领导机制、领导作风、工作方式、管理制度、管理模式等方面，这些都是极为敏感的问题，影响力极大，也是公司并购中最先变革的地方。它涉及业务流程的变化、部门职责的重新制定、对员工工作内容的重新界定、对员工工作质量的要求等。在这当中，管理制度的建立最为重要，特别是员工考核制度和公司薪酬标准的建立最具有标志性。因为它直接涉及整个企业经营机制的转换和员工价值标准的重新建立。

3）企业行为文化的融合。企业行为文化的融合，重点可以放在举办各种文体活动上，尤其是多多举办可以加深员工对新的企业文化理解有关的各项活动上。对于这种实体行为表现的企业文化可操作性强，见效较快，员工愿意接受，但是也应该予以重视，谨慎融合。

4）企业物质文化的融合。它主要涉及企业形象等有关公司最外层、最易使人感觉到的文化特质的整合。为此，要做好合资并购重组后新企业的舆论、形象造势工作，提高企业产品知名度；统一地把好产品包装、标识、注册等环节。企业统一的服装可以使员工产生纪律感和归属感，逐步在员工思想行为上发挥影响，有益于形成统一的新的公司文化。

[案例]

联想并购IBM的PC事业部

联想在并购IBM的PC事业部之前后，双方的高层组成一个文化整合团队，讨论各自的成功中体现了哪些优秀的文化基因，如何将它们组合成更为强大的文化基础，并且分析这样的文化调整对双方的员工将来何种挑战，以及如何帮助员工完成行为的转化。考虑到中西文化的差异和可能的外国人对中国公司存在的固有偏见，沟通小组成员不断思考在第一次向对方的员工、客户、合作所伙伴介绍自己的时候，怎样能让对方喜欢即将加入的新公司。联想将工夫下在了沟通产品的制造方面给，秘密准备了一些适合外国人口味的关于联想的英文介绍、录像短片、电脑动画、网络广告、英文小说等等，同时聘请在IBM内部的德高望重的原IBM高管斯蒂芬担任联想的CEO，斯蒂芬为稳定人心、消除疑虑，亲自到 IBM 各个部门与员工进行沟通，探讨并购后的薪酬体系和未来公司发展方向。这些策略产生了意想不到的效果，成功的拉近了中美员工的心灵距离，达到了初步形成了价值观念的整合。

在制度文化整合方面，联想收购IBM PC后，薪酬制度一直是个令人关注的话题，毕竟，双方的收入落差太大。据了解，联想的策略是原IBM员工薪酬在3年内（至2008年）不变。据原IBM员工透露：以基本工资计（不加奖金、员工福利与员工期权），IBM员工7倍于联想员工。

显然，要想实现公平，三年之内，联想必须完成两件事：一是制定一套完整的薪酬方案，这套方案既需要满足联想员工，也需要满足原 IBM 员工；二是让联想集团现在的两极分化的工资体系向新的薪酬方案平稳过渡。一位在联想工作多年的人力资源经理表示，薪酬国际化需要一个缓慢过程，联想采取的是"软着陆"方式，目前，联想集团内部员工薪酬两极分化相当严重，逐步过渡达成中国员工和海外员工薪酬政策和结构的一致性。联想薪酬调整的大方向是，在原联想薪酬体系上（或对原联想员工），增加固定工资比例，降低可变薪酬比例；在原 IBM 工资的体系上（或对原 IBM 员工），降低固定工资比例，增加可变工资比例。同时，逐步上调联想员工整体收入。最终，所有联想员工实现薪酬一体化。

新联想的绩效考核基本上继承了原联想的考核制度，称为3P（priority，performance，

pay）。而薪酬激励则借鉴了一些 IBM 的薪酬激励机制，形成了新的薪酬激励模型，此外，新联想还推行了员工持股计划和企业年金计划。企业年金计划是一大亮点。2006 年 7 月 5 日联想宣布和实施企业年金计划，成为第一个在劳动和社会保障部进行备案的企业。

文化兼容像一剂灵丹妙药，使联想并没有像许多企业那样，患上“消化不良、人才外流”症，而是从谨慎的形式合并逐步走到了机构和深层次的文化整合。如果说第一阶段的整合联想是在咀嚼，那么第二阶段开始就到了消化吸收的阶段了。

7.2.2 企业文化融合方式

根据合资并购重组双方企业文化变化程度及其企业控制权的深度，企业文化融合模式有三种。

1）吸纳式文化融合。它主要指被并购方完全放弃原有价值观念和行为假设，全盘接受并购方企业文化。它适合并购方文化非常强大且极其优秀，能赢得被并购企业员工一致认可，且被并购方企业原有文化又很弱。这是较常见的文化融合模式。

2）渗透式文化融合。它是指合资并购重组双方在文化上互相渗透，都进行不同程度的调整。这种模式适合双方企业文化强度相似，且彼此相互欣赏。这种模式操作性强，但在并购企业当中，并购方将放弃部分控制权，风险增加，如德国贝尔并购上海无线通信厂时允许保留双方文化优秀成分。

[案例]

荣事达集团并购重组过程中的文化融合

荣事达集团是中国知名的家电企业集团，总资产达 37 亿元。集团年产洗衣机 250 万台、电冰箱 140 万台，名列 2007 中国制造业 500 强第 398 位；集团拥有“中国名牌”和“中国驰名商标”——“荣事达-Royalstar”。在荣事达的发展过程总，三次大的合资重组对企业的发展产生了重大的影响。首先是 1994 年荣事达和日本三洋合资成立荣事达三洋合资公司，1995 年开始，荣事达洗衣机产销量连续 4 年取得了市场第一的佳绩，这是荣事达历史上的一个发展高峰。其次是 1996 年荣事达集团成立了中美合资公司，1997 年开始，由于外部环境恶化、管理和文化的冲突等问题影响，荣事达中美合资公司开始步入低谷。1998 年销量收入达 10.65 亿元，但从 1999 年开始出现亏损，其中 2001 年只实现销售收入 8.61 亿元。从 1999 年开始出现亏损，其中 2001 年亏损高达 1.91 亿元。2002 年美方宣布出售荣事达中美合资股份。2003～2007 年三年间，美的集团分三步并购荣事达中美合资公司全部股权。这是荣事达历史上第三次大并购重组，通过重组荣事达，实现了告诉增长，平均增速达 30%，2007 年荣事达集团整体销售收入达到历史最高水平 75 亿元，洗衣机和电冰箱的产量达到 500 万台。

其中，荣事达与三洋合资公司的文化融合可谓硕果累累。

1994 年是荣事达创牌成功的爆发增长时期，荣事达集团与世界 500 强企业日本三洋电机株式会社合资成立了合肥荣事达三洋公司。2007 年合肥三洋公司实现销售收入 7 亿元，利润总额超过 8000 万元，公司连续 15 年保持 30%以上的增长率。

这是一个成功的跨民族、跨文化和体质的合资案例，成功有多方面的原因，面对企业文化的差异，合肥三洋公司成功运用渗透式的文化策略，实现文化融合是其成功经营的最关键因素之一。

日本式一个内敛的民族，其文化可以概括为“和、忠、同”。即团队合作、忠诚敬业，目标一致。民族文化造就了日本企业的等级制度森严，生产管理流程细致，整体风格趋于保守等特点。三洋公司同样具有这些文化因子。而且三洋公司非常重视环境和可持续发展，公司提出“热爱地球和人类”的口号，把人才看作企业的生命，认为人才的培养是企业管理者和全体职工都应关心的一件大事。

荣事达三洋合资公司的管理者采取了互相补充、互相渗透的文化融合策略，创建更优秀的新型企业文化，从而取得了合资的成功，其经验可概括为：

（1）追求核心文化的共性

荣事达的“和商”和三洋的“共存”都体现了合作共赢的思想，文化上的共同因子，奠定了文化相融的基础。合肥三洋企业的绝大多数员工来自荣事达，但荣事达方面并没有强势将自己的文化注入这个公司。而是借鉴了日本企业的年功工资制度，结合荣事达的考核制度，培养了合肥三洋强大的企业凝聚力。合肥三洋的管理者认同三洋半军事化的严谨制度文化，采取了兼容双方文化的长处，相互融合渗透的策略。

（2）良好的文化沟通

日方的管理人员是常年驻在合肥，现任日本总裁森幸一，能用汉语和中方交流，这位双方沟通创造了条件。此外，每年合肥三洋都要排除大批人员到日本三洋学习交流。日本三洋通过推进项目管理直接对合肥三洋进行管理上的指导，频繁的交流沟通，促进了文化的融合。

（3）健全的培训指导

合肥三洋开业后的第一件事就是培训员工。三洋的培训特点是，所有员工上刚强必须经过军训等一系列培训，员工很快就接受了三洋严谨、规范的日式行为风格，强化了员工对企业文化的理解。

（4）塑造自己的特色文化

在合肥三洋人看来，他们既不是荣事达也不是日本三洋，他们就是合肥三洋。通过良好的沟通、培训和团队活动的开展，合肥三洋建立了自己完善的制度，这个制度兼具了日方的严谨和荣事达文化的开放性；“求真务实”，“不求最大，但求最好”这已经成为合肥三洋企业的特有文化，也是合肥三洋能够摆脱加点企业一味地牺牲效益，去拼规模的文化原因。

惠普与康柏合并案——文化融合

惠普和康柏的企业文化截然不同。

惠普的文化。惠普是世界上最大的电脑公司之一，于 1939 年建立，在长期的发展过程中，惠普积累及建立了深厚的文化底蕴——“惠普之道”：尊重个人、追求卓越成就、坚持诚实与正直、重视团队精神、鼓励灵活性及创造性。

康柏的企业文化。康柏是一个年轻的计算机制造商。康柏的企业文化更注重于以业务为导向，以快速地强占市场为第一目标，它的操作是灵活的，决策是迅速的。康柏员工更倾向于着眼未来，不太看重程序，看准了就行动。

惠普创办家族为坚持 65 年来所自豪的“品质”与“创新”文化，提倡“专注与执行”策略，希望惠普全心经营本业，反对并购康柏。但以执行长菲奥莉纳为首的公司派，为回应市场的需求与竞争，不仅将惠普的工程师文化转变为行销导向，更希望通过“并购康柏以扩大规模”策略以增加竞争优势。

在整合两个企业文化时，惠普吸收了康柏文化的精华，二者互相补充、充分融合，从而建立起一种更加雄厚、强劲的企业新文化。这种新文化秉承了“惠普之道”的核心价值观，发扬了康柏机动灵活、决策迅速的优点，具有更多的灵活性、更大的向心力和凝聚力、更强的创新力以及更快的行动力。

3）分离式文化融合。这种模式中双方原有文化基本不变。它的前提是双方均有较强优质企业文化，企业员工不愿文化有所改变。同时，合资并购重组后双方接触机会不多，不会因文化不一致而产生大的矛盾冲突，如通用并购五十铃[①]。

7.3 企业文化发展概述

企业文化是一种价值观念，属于社会意识范畴，它必然随社会存在的变化而发展变化。随着新世纪的到来，国内外企业文化也呈现出新的时代特征，表现出一定的发展趋势。正确把握企业文化发展的趋势，对于企业应对日趋激烈的国内外市场竞争，增强核心竞争力具有重要意义，尤其是我国企业。我国企业自改革开放以来，先后经过几次创业，取得了很大成就，为我国经济发展做出了巨大贡献。但是随着形势的发展，一些企业暴露出许多不适应时代发展要求的问题。其中，主要问题之一是我国大多数企业缺乏

① 崔茂中，温艳萍．2010．浅谈企业并购的文化整合及其模式选择［DB/OL］．论文天下[2010-06-03].

企业文化建设，从而严重影响了企业的发展和壮大。中国加入世界贸易组织以后，我国的企业迎来了前所未有的挑战，既要面临同行业企业间的激烈竞争，同时又面临着全球化经济及与国际化接轨的挑战。在这样的形势下，明确企业文化发展的趋势，正视我国企业文化建设中的不足，把握企业文化建设的重点对今天我国企业的发展壮大显得尤为重要。

7.3.1 企业文化的发展趋势

今天的优势会被明天的趋势代替，谁把握趋势，谁就把握未来。在市场竞争异常激烈的今天，对企业文化的发展趋势要进行一个全面的把握。

1. 企业文化的发展水平成为制约企业发展的核心要素

借鉴国外优秀企业发展成功的经验，企业竞争力的提升，不仅要依靠企业的生产力的提高，更重要的方面是要加强企业文化建设。从企业文化发展历史来看，它是企业生产经营者在实践中用自己的行为方式和领导风格影响企业员工，逐渐形成的一种共同认可的价值观和行为准则，用企业文化来管理企业就是用过去的成功经验指导今天的行动。在信息量不大、知识更新速度较缓慢的情况下，这种方式是适用的，曾产生过强大的生产力。随着知识经济时代的来临，信息量急剧增大，知识更新速度加快，人们的生产、生活方式发生重大变化，企业文化的生产力性质大大加强。市场经济下的企业与企业之间竞争激烈，拥有增强内聚力、提高竞争力的企业文化成为企业生存和发展的制胜点，企业文化的发展水平已经成为制约企业发展的核心要素。

哈佛商学院的著名教授约翰·科特推出了著名的《企业文化与经营业绩》著作，提出重要论断：企业文化对企业长期经营业绩有着重大的影响，在下一个十年内企业文化很可能成为决定企业兴衰成败的关键因素。我们常说企业文化是一种力，它首先是凝聚力，其次是激励力，第三是约束力，第四是导向力，第五是辐射力。企业文化这五种力量，在未来企业发展中将越来越明显、越来越强烈地表现出来。人们将更加深刻地认识到，企业中最具竞争力而且使企业长盛不衰的法宝，不是有形资源而是企业文化，企业用心创造的这种资源会使企业文化越来越具有个性化，这必将成为一种趋势。

2. 企业间竞争合作的趋势要求加强企业文化沟通

当今社会，企业变革的一个重要方面，就是组织之间通过团结合作，合力创造价值，这也就是所谓的“双赢模式”。在这种模式下，企业在开拓市场方面可以实现利益共享，这也是当今企业竞争由低级向高级转化的必然趋势。这也意味着，在现代经济条件下的企业，只有倡导“竞争合作”的精神，企业才能求得最佳的生存和发展机会。

对于这一点，企业界有清醒的认识，著名企业咨询公司麦肯锡专门推出《协作性竞争》一书，阐明 21 世纪企业新战略——协作竞争、结盟取胜、双赢模式。国内外企业界也采取了一系列行动。例如，美国在线与时代华纳、德国戴姆勒奔驰公司与美国克莱斯勒公司等的联盟；国内如家电行业的两巨头科龙和小天鹅在电子商务方面的合作等。

这种竞争合作的模式，在带给我们利益共享的优势的同时，也带来了一个明显的问题，即文化差异，特别是不同文化背景企业之间，必须进行有效的文化沟通才能发挥合作的特长。以我国企业为例，在文化沟通的过程中就要注重从任意型文化转向信誉型文化、从封闭型文化转向开放型文化、由管理意志文化转向法制文化、从行政贸易型文化转向市场贸易型文化等问题。

3. 知识经济时代企业文化建设注重不断学习

当今时代，信息知识更新换代的速度前所未有，对于处于市场竞争风口浪尖的企业来说，比你的竞争者学得快的能力也许是唯一能保持的企业竞争优势。学习越来越成为企业生命的源泉，未来最成功的企业将是一个“学习的团体”。

学习型企业文化的关键是提高员工的文化素养，重视员工的学习能力和学习价值，尊重员工的独立人格。成功的学习型企业文化创造宽松的工作氛围，让员工畅所欲言，允许他们从各个角度提出问题与解决方案。一个信任和开放的企业文化鼓励员工对于现有管理模式提出质疑和挑战，并倡导他们去积极寻求改善的途径。学习型企业文化鼓励员工学习和创新，使员工增加尝试的勇气而不是变得过分谨慎，从而增强企业的凝聚力，促进企业学习。成功的学习型企业文化强调人的自主管理，自我创新。企业只有相信员工，激励员工，给他们指明方向，并为他们提供必要的保证，才能激发员工的工作热情。因此，一个企业想要长久和持续地发展生存，建立学习型组织文化氛围必将成为一种趋势。

同时要有效创新过时的企业文化。在实际操作过程中，对于企业文化的创新更多的是对制度文化、行为文化和物质文化的创新，而对精神文化的创新会相对比较少。精神文化是文化的本质和核心，制度文化、行为文化和物质文化是文化的表现形式和表象。随着环境的发展和变化，制度文化、行为文化和物质文化更容易过时，而理念文化则比较不容易过时。创新制度文化、行为文化和物质文化更多的是创新了理念文化的表现形式，而不一定是改变理念的本质内涵。在企业文化创新的过程中一定要谨慎分析，区别对待，不要将“洗澡水和小孩一块倒掉”。比如，郭仕纳担任 IBM 公司董事长期间，对 IBM 文化进行创新时就有这么一个例子。他继承了 IBM 创始人汤姆·沃森形成的核心价值观“尊重客户”，但是却废除了员工上班“穿深色西装、白衬衣，系素色领带”的要求。因为在创始人汤姆·沃森年代，“穿深色西装、白衬衣，系素色领带”是对客户尊重的有效表现形式，但是在郭仕纳担任 IBM 公司董事长的 20 世纪 90 年代，这种形式已经过时了，不符合外部环境了。

4. 竞争中企业家不断加强自身素质建设

企业家是企业发展的主导，他的思想境界、知识水平、思维方式和人格魅力无不对企业文化建设起到举足轻重的作用。从某种意义上讲，企业家就是企业文化的第一设计者、第一践行者、第一宣传者，说到底，企业的竞争也是企业家的竞争。因此，企业家在倡导企业文化建设的过程中必须加强自身素质建设。

《企业家的雄才大略》一书曾介绍了这样的案例，美国企业管理协会花了五年时间，对 4000 名经理进行了分析，并对其中 1812 名最成功的经理做了具体研究，结果归纳出了优秀企业家的 19 种素质或能力，包括善于捕捉发展机遇、准确进行决策等。企业家在加强自身素质建设的过程中要始终把握住这些重点，同时以身作则，只有这样才能带动员工不断进取。

5. 企业差别化战略凸显企业的独特性

科技的快速发展和市场竞争的日益加剧正强烈地影响着企业的活动，并时刻提醒着企业管理者不能只关注企业眼前而应考虑其长远。企业要生存与发展，就要制定正确的竞争战略，以确定企业的基本目标及其实现的途径与方法。可供企业选择的竞争战略有很多种，其中基本的战略之一就是差别化战略，其精髓是独特性。

企业文化建设、企业形象塑造都属于企业差别化战略的内涵，目的是凸显独特性，达到不可模仿的效果。海尔集团以创新和品牌为核心，采用国际先进的管理和营销理念，结合本土实际，融会中国传统文化，创造出了独树一帜的海尔企业文化，可以说是一个成功的典范。各个企业纷纷效仿，却总不得要领，引起了普遍的关注和思考，也使得凸显特色的差别化战略成为企业文化建设的又一趋势。

7.3.2 我国企业文化发展现状

纵观世界，占主导地位的企业文化，一种是欧美型企业文化，一种是日本型企业文化，再一种是借鉴型企业文化。欧美型企业文化，所表现的是以人为本的价值观；日本型的企业文化，追求“人和”、“至善”、“上下同欲者胜”的群体共同意识；以韩国、新加坡等东南亚国家企业为代表的借鉴型企业文化，融会吸收了东西方经济发展和企业管理的特点，具有较强的“亲和性”。

欧美型企业文化的代表企业摩托罗拉的企业文化战略。摩托罗拉把“精诚为本与公正”作为自己的企业理念，把人本主义作为全球文化战略的基点，把本土化和当地化作为核心战略。作为跨国公司，他们善于妥善处理文化的多样性，熟悉外域文化，尊重外域文化，吸收每一种文化之中的精华。他们宣传爱心文化，倡导向社会奉献爱心。从这个理念出发，用和平、人道、人本主义的理念进行跨国经营，并且取得了很大成功。

日本型企业文化的代表企业松下公司的企业文化战略。日本的企业文化突出表现在其企业哲学，企业目标，健全的企业民主、企业集团意识，以及企业形象上。松下公司在长期的生产经营中形成了“讲求生产效益，重视生存的意义，事事谋求生存和发展”的企业哲学，它的基本纲领是“公司应遵守产业人的本分，鼓励进步，促进社会生活的改善，以及致力于世界文化的发展”。公司的信条是“全员的通力合作才能实现公司的发展与提高，每个职工都应牢记为企业不断发展而献身”。企业的目标是“以质量为生命，共存共荣”。松下公司多年来一直致力于企业形象的树立、巩固和提高，把他们从事的行业作为一种生活文化产业来经营，使得松下公司独特的企业文化融入于广大消费者之中。

借鉴型企业文化的代表“亚洲四小龙”的企业文化战略。在 20 世纪 80 年代，韩国、中国台湾、中国香港、新加坡成为国际市场上强有力的竞争者，它们的经济指标和社会综合发展水平高居世界的前列。中外学者们普遍认为，儒家文化是“亚洲四小龙”崛起的精神支柱，西方管理文化是“亚洲四小龙”崛起的技术支持。强烈的民族自尊心和致富经国的价值观，是韩国经济崛起的原动力。新加坡把儒家基本价值观升华为国家意识。台湾作为中国的一部分，在继承和维护中华传统文化方面是比较注意的，儒家文化传统同样是台湾企业振兴的精神动力。中国香港的发展在于许多香港企业在吸收发达国家技术与管理经验的同时，仍然保留了很浓厚的中国传统文化特色，如义利两全、诚实经营、勤俭持家等，这种以儒家为主的中华文化成为促进香港腾飞的重要因素。

再看看我国大陆的企业文化建设发展状况。经过几轮艰苦创业，我国大陆的企业文化建设已经走出了单纯借鉴的发展阶段，开始迈入结合本土资源优势进行中国特色的企业文化建设的阶段。网络上有人总结出了目前我国企业文化建设的五种基本模式。

1）以青岛海尔集团为代表的“三层次说”的企业文化构建模式。海尔首席执行官张瑞敏指出：“我们将企业文化分为三个层次，最表层的是物质文化，即表象的发展速度、海尔的产品、服务质量等；中间层是制度行为文化；最核心层是价值观，即精神文化。”海尔人以创新为价值观，构建了先进的精神文化，包括海尔理念、海尔精神、海尔作风和海尔目标等；以此为核心构建了制度行为文化，如“OEC 管理法”、“SST 市场链机制”和“6S 大脚印”等管理法则等；在此基础上则构建了现代文明的物质文化。

2）以北京市企业文化建设协会为代表提出来的“一本三涵”模式。“以人为本”，它体现了现代企业文化管理的主旨；“讲求经营之道”，强调了企业理念与经营战略相结合；“培育企业精神”，涵盖了企业规章制度、企业作风和企业道德的建设内容；“塑造企业形象”，综合了产品形象、服务形象和员工形象等的建设发展要求。

3）以广东太阳神集团为先行代表的 CIS 构建模式。它从企业的理念识别系统、行为识别系统和视觉识别系统三个层面，系统地将企业形象塑造与企业文化建设融为一体。根据我国市场经济和企业发展的需要，许多企业还出现了将 CIS 的营销战略提升为企业文化战略的趋势。

4）以上海宝钢集团为先行代表的“用户满意工程”的构建模式。它以企业理念满意为先导，以产品和服务满意为重点，将企业管理文化与经营文化融为一体，开拓了企业文化建设的新型模式。新版 ISO9000 系列提出了顾客满意度的指标，也将会从质量保证体系上推进这种模式的实施。

5）以山东黄台火力发电厂为代表的“三维立体”的构建模式，即以企业文化为主体，将厂区文化、社区文化和家庭文化三者结合为一体进行系统的文化建设。这种模式具有其特殊性，适用于厂区和社区连为一体的企业，对于加强社会主义精神文明建设具有重要的意义。浙江横店集团、江苏华西集团等的经验也都证明了这一点。

以上五种企业文化建设模式都是根据企业及其环境的特点而创立和发展起来的。它们各有所长，都是成功有效或比较成熟的企业文化建设经验，并且在我国企业界中也得到了广泛的认同或效法。

7.3.3 把握我国企业文化的发展方向

当前，建设具有中国特色的企业文化是我国企业的共同目的，我国的企业文化建设新高潮也正在兴起之中，我们认为把握我国企业文化发展方向，应注意以下几个重点。

1. 强化以生态伦理责任为重点的时代意识

在市场进一步开放的今天，企业发展的每一步都要紧扣时代的脉搏，作为意识形态的企业文化，其建设发展也要强化时代意识，坚持与时俱进。尤其像我国企业这样后发型的主体，要想在竞争中领先，首先需要强化时代意识，包括市场意识、竞争意识、效率意识、忧患意识及拼搏进取意识等。其中，责任意识应当是当前及一段时期内企业培育意识的重点。

企业不仅仅是一个经济组织，同时还是重要的社会组织，因此，每个企业不仅要承担经济责任，更要承担起社会责任。全面贯彻落实我党提出的科学发展观，牢固树立可持续发展的观念，更要求我们的企业主动承担起保护环境、节约资源、践行诚信、扶贫济困等一系列社会责任，树立起有担当的企业形象，从而实现企业的可持续发展，这应该是未来企业核心竞争力的重点。

2. 建立以人为本的学习型、创新型企业文化

世界五百强之一的钢铁企业家卡拉奇曾说过：“如果放火烧毁我的工厂，但只要把我的员工留下，20 年后我还会是钢铁大王。”这句话告诉我们：一个企业，最根本的和关键性的因素是人。企业是人的集合体，它的存在与发展是人创造的。只有“依靠人，为了人，尊重人，塑造人”，企业才能更好地向前发展。

当今企业之间的竞争实质上是人才的竞争，因此在企业文化建设中应强化以人为本的意识，使企业成为全体员工都具有使命感和责任感的共同体。这就需要我们高度重视人的因素，注重员工素质的全面提高，注重对职工学习力的培养、心灵的塑造、精神的训练，建立个人对企业整体的认同感，进而形成整个企业的向心力和凝聚力，从而建立学习型的企业文化。然而，在社会经济飞速发展、科学技术日新月异的环境中，企业的发展、人的发展都要依靠创新。把创新作为企业的核心价值观加以倡导，使创新思想渗

透到全体员工意识深处，锐意创新成为了企业人的行为习惯，从而建立创新型的企业文化。只要建立以人为本的学习型、创新型企业文化，我们就找到了企业不断发展、持续进步的不竭之源。

3. 充分发挥企业领导在企业文化建设中的作用

任何优秀企业文化虽是企业员工集体智慧的结晶，但更凝聚了企业领导的智慧与心血。企业文化建设需要企业各部门之间多层次、全方位的协调与配合，需要全体员工的共同参与。只有企业领导在人力、物力、财力上给予大力支持，才能推动企业文化的发展。同时，企业领导是企业文化的龙头，领导的言行举止是一种无声的号召，对员工起着重要的示范作用。企业领导只有自觉地融入到企业文化建设中，企业文化才会逐步完善、定型和深入。因此，作为企业领导，必须从战略高度认识企业文化建设的重要性和必要性，不仅应当成为企业文化建设的积极倡导者，更应成为企业文化的维护者和管理者，用自己的实际行动为员工做出表率，也成为企业精神和企业形象的代言人。必须要认识到企业文化建设不仅与企业经济效益紧密联系，而且还对企业的社会形象、长远发展等都有至关重要的影响。所以，企业领导要把企业文化建设提到战略高度，通过企业文化建设培养核心竞争力。

4. 在借鉴、发掘、整合中建设有中国特色的企业文化

随着经济全球化进程的推进，世界上所有的企业都处在经济结构、社会制度、文化价值观的激烈冲撞与重组之中。由于东西方文化的差异，如何创建有中国特色的企业文化是摆在我们面前的一个不容回避的难题。我们企业首先要理智、辩证地对西方企业文化加以分析，发现其中的优劣，从而能够取其精华，去其糟粕，避免不假思索全盘西化的错误倾向。但更为重要的，是要发掘祖国传统文化中的精髓，建设有中国特色的企业文化。众所周知，企业文化是民族文化的具体体现。中华民族有着五千年的文明历史和优秀的民族文化，其中最具代表性的就是儒家文化。儒家文化不仅在中华民族的发展史中发挥了重要的作用，而且对世界许多国家和地区的政治、经济、文化、社会也产生了巨大的影响。日本、韩国、新加坡、中国台湾等国家和地区经济和社会的发展，无不得益于儒家文化。儒家文化的精髓是“仁、义、礼、智、信”，从现代经营管理的角度去诠释，我们就会发现理想的企业文化应该是“仁义礼智信”的统一体。通过吸取儒家伦理思想之精华而建立的企业文化，能帮助企业提高其自身的凝聚力和竞争力，在市场上赢得公众的信赖和赞誉。此外，我们要建立高度整合的现代企业文化，摒弃传统经济中的粗放型文化，结合自身特点，吸收西方企业文化和我国传统文化中的精华，整合出具有自身特色的企业文化，以应对新形势下的挑战。

日本松下电器公司就十分注重荟萃世界优秀企业文化。它规定在国外的子公司有研究各国企业文化的使命，子公司领导人回国述职或参加培训，首先要报告所在国家和地区企业文化的特点。对于外来的企业文化，也不能简单地采取“拿来主义”，而应持认

真鉴别、分析研究、有选择地吸收的态度。要搞清楚哪些是优秀的，哪些是适用于自己的。同时，借鉴别人的长处、精华，还必须进行一番改造，才能适用于自己的企业。20世纪 50 年代初，美国人给日本企业家传授产品质量管理的考评和测量技术，很快被改造成世界著名的 QC 小组活动。

学习与思考

1．选择一家与自己专业相关或与自己居住地相近的企业进行企业文化调研，并形成调研报告。

2．采访一位身边的企业家，总结出他（她）所具备的企业家的基本素质。

第 8 章　中国传统文化与企业文化

近现代世界，社会发展无论实践还是理论基本上都可以被认为是以西方基督教文明作为话语解释体系的主脉。自从 1840 年之后，原本日趋僵化、封闭的古典中国渐渐地以一种被动的方式开始融入新的世界体系当中。不可否认，中国传统文化是一个模糊的概念，它的所指是一个开放的概念群，但其最鲜明地区别于西方基督教文明的中华特质却是相当独立的，即中国传统文化传承有序，坚韧绵远，生生不息。随着“欧风美雨”逐渐浸染，中国近现代社会历史的发展发生着极大改变。越来越多发展领域的指导理论追根溯源皆可指向西方文明成果。即使经过社会各界对其做出的中国化的适应性调整，仍旧改变不了整个话语解释逻辑起点的“洋气”。企业或者说公司本身就是西洋产物，对于它诸多研究的理论基石摆脱不了西方企业管理理论的释读框架。本章试图在此认识基础上对中国传统文化与企业文化的联系做出若干归纳性表述与解读。

8.1　宏观认识中国传统文化

中国传统文化是中华文明演化而汇集成的一种反映民族特质和风貌的民族文化，是民族历史上各种思想文化、观念形态的总体表现，是指居住在中国地域内的中华民族及其祖先所创造的、为中华民族世世代代所继承发展的、具有鲜明民族特色的、历史悠久、内涵博大精深、传统优良的文化。它是中华民族几千年文明的结晶，除了儒家文化这个核心内容外，还包含有其他文化形态，如道家文化、佛教文化等。在渐进而漫长的文明交融过程中，越来越多的外来文化特质被吸纳到中华文明之中，成为其辉煌灿烂的众多组成部分之一。

8.1.1　传承悠久、含英咀华

提起中国传统文化，成长于文化断层期的现代人多数没有什么清晰的概念。对中国漫长而延绵数千年的历史有所涉猎的人可能会感叹：中国传统文化博大精深、源远流长；兼容并蓄，和而不同。自古典中国的国门被坚船利炮打开以来，从洪秀全的金田起义、曾李的洋务运动、康梁的维新变法、何子渊的教育革新，再到孙中山的民主革命，从动刀动枪、师夷制夷、公车上书、废除科举，再到武装起义，直至满清王朝的覆灭，其间既有暴风骤雨式的革命，亦有和风细雨般的变革，但最后都殊途同归——维系中华民族这个大家庭并推动我们社会不断向前发展，这不能不归功于中国传统文化的影响，这也是中华五千年文明的魅力所在。

那么，什么是文化呢？又如何理解何谓传统文化呢？

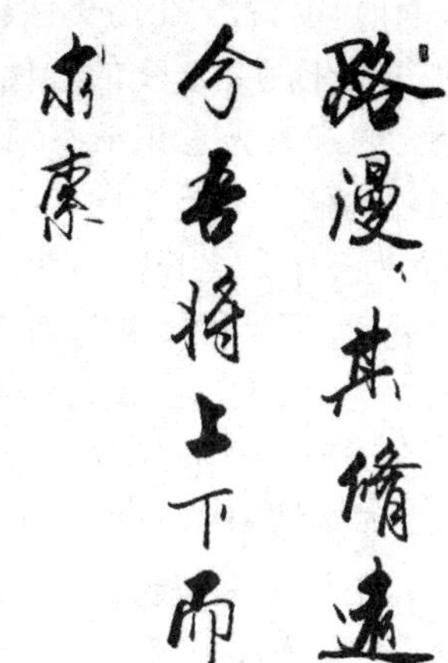

1. 中国传统文化

中华民族历史源远流长，传统文化博大精深，它足以使中国人、海外华人引以为傲，它是中华民族的重要凝聚力；另一方面，近代落伍了的中国正在现代化，虽然中国人的思想观念，思维、行为和生活方式都在发生着重大的变化，中国文化也在全方位地转换和发展，但是这种转换和发展本身就是从传统开始的。中国传统文化作为一种文化形态，本身具备文化科学价值。

在中国，“文化”一词，古已有之。“文”的本义，系指各色交错的纹理，有文饰、文章之义。《说文解字》称：“文，错画也，象交文。”其引申为包括语言文字在内的各种象征符号，以及文物典章、礼仪制度等。“化”本义为变易、生成、造化，所谓“万物化生”，其引申义则为“改造、教化、培育等”。中国古代的这些“文化”概念，基本上属于精神文明范畴，往往与“武力”、“武功”、“野蛮”相对应，它本身包含着一种正面的理想主义色彩，体现了治国方略中“阴”和“柔”的一面，既有政治内容，又有伦理意义。其次，古代很大程度上是将此词作为一个动词在使用，是一种治理社会的方法和主张，它既与武力征服相对立，但又与之相联系，相辅相成，所谓“先礼后兵”，文治武功。

中国文化具有悠久的历史与鲜明的民族特点。探究传统文化，首先应该全面考察中国文化生成与演进的环境。中国位于亚洲东部、太平洋西岸，西北深入亚洲内陆，是一个海陆兼备的国家。中国传统观念上的“天下”是由四海之内的华夏和“四夷”共同构成。中国古代社会东部为农业区，西北部主要是游牧区，也由此使中国传统文化中农耕文化与游牧文化并存又相互补充。东部的农耕经济又占优势，这是中国传统文化赖以生存和发展的主要经济基础。中国古代传统农业经济占主导地位，在宏观上主要强调“以农为本”、“重农抑商”，从而也形成了辉煌的农业文明。

文化本身是一个动态的概念，是一个历史的发展过程。因此，文化既具有地域特征和民族特征，又具有时代特征。在历史性意义上，中国文化既包括源远流长的传统文化，也包括中国文化传统发生剧烈演变的近代文化与现代文化。在长达两千多年的中国封建社会里，儒家思想一直在官方意识形态领域占据着正统地位，对中国文化发生着广泛而深刻的影响。可以说，儒学乃是中国传统文化的思想主流。

1）儒家创始人为孔子，名丘，字仲尼，鲁国人（今山东曲阜）。孔子思想里，重要的内容之一就是“礼”。所谓的“礼”，指的是政治、社会秩序。

2）什么是道家？“道家”一词，最初见于汉代司马谈《论六家要旨》，曰：“道家使人精神专一，动合无形，瞻足万物，其为术也，因阴阳之大顺，采儒、墨之善，撮名、法之要，与时迁移，应物变化，立俗施事，无所不宜，指约而易操，事少而功多。”“知变，因变，应变”可谓道家之特长。

3）佛教于两汉之际传入中国，在中国的历史条件下，开始生根、发展，成为中国封建社会上层建筑的一部分。佛教是一种伦理道德色彩相当浓厚的宗教。佛教以人生为苦，把追求人生的解脱作为自己的最高理想，为了实现理想便提出了一套去恶从善的理论学说和伦理道德准则，形成了有关宗教伦理道德的思想体系。

2. 中国传统文化特征

我们可以从以下几点来认识中国传统文化的显著特点。

1）世代相传。中国的传统文化在某些短暂的历史时期内有所闪断，在不同的历史时期或多或少有所改变，但是大体上没有中断过，总的来说变化不大。

2）民族特色。中国传统文化是中华民族特有的，与世界上其他民族文化不同。

3）历史悠久。有着数千年的历史传承。

4）博大精深。“博大”是说中国传统文化的广度——丰富多彩；“精深”是说中国传统文化的深度——高深莫测。

[资料]

部分传统文化精华纵览

1. 简介

仁、义、礼、智、信、忠、孝、悌、节、恕、勇、让；琴棋书画、三教九流、三百六十行、四大发明、民间禁忌、精忠报国、竹、民谣、黄土、长江、黄河、红、月亮；十二生肖——鼠、牛、虎、兔、龙、蛇、马、羊、猴、鸡、狗、猪。农家、农民起义、锄头；皇宫官府、宫廷文化、帝王学。

2. 诸子百家

儒家（孔子《论语》、孟子《孟子》、荀子。思想：仁、义、礼、智、信。四书：《中庸》《大学》《孟子》《论语》）；

道家（老子、庄子。思想：道德，无为、逍遥）；

墨家（墨子《墨子》。思想：兼爱、非攻、举贤、节俭）；

法家（韩非《韩非子》、李斯。思想：君主集权，以法治国）；

名家（邓析、惠施《公孙龙子》）；

阴阳家（邹衍、五行、金木水火土）；

纵横家（鬼谷子、苏秦、张仪。《战国策》）；

杂家（吕不韦《吕氏春秋》）；

小说家（吴承恩《西游记》、罗贯中《三国演义》、蒲松龄《聊斋志异》、曹雪芹《红楼梦》、施耐庵《水浒传》；

兵家（孙膑《孙膑兵法》、孙武《孙子兵法》）；

医家（扁鹊、淳于意、张仲景、华佗、孙思邈、王冰、张从正、朱震亨、李时珍、张景岳）。

3. 琴棋书画

笛子、二胡、古筝、萧、鼓、古琴、琵琶；

《茉莉花》、十大名曲（《高山流水》、《广陵散》、《平沙落雁》、《梅花三弄》、《十面埋伏》、《夕阳箫鼓》、《胡笳十八拍》、《汉宫秋月》、《阳春白雪》、《渔樵问答》）；

中国象棋、中国围棋，对弈、棋子、棋盘；

中国书法、篆刻印章、文房四宝（毛笔、墨、砚台、宣纸）、木版水印、甲骨文、钟鼎文、汉代竹简、竖排线装书；

国画、山水画、写意画，敦煌壁画，八骏图、太极图（太极）。

4. 传统文学

主要是指词曲歌赋。古诗、律诗、绝句、近体诗、无题诗、自度曲（词）、传统诗词。《诗经》、《汉乐府》、《孙子兵法》、《三十六计》、《先秦诗歌》、《汉赋》、《唐诗》、《宋词》、《元曲》、《明小说》、 四大名著（《西游记》《红楼梦》《三国演义》《水浒传》）、《聊斋志异》等。

5. 传统节日

中国有各种各样的传统节日，很多事情有各种礼仪和习俗。汉民族传统节日近 50 个。如下是 15 个主要节日：春节、上元节（元宵节）、花朝节（花神节）、上巳节（女儿节）、寒食节、清明节、端午节、七夕节、中元节（鬼节）、中秋节、重阳节、冬至节、腊八节、祭灶日（小年）、除夕。每个地方还有地方和民族的特色。

6. 中国戏剧

潮剧、昆曲、湘剧、京剧、豫剧、皮影戏、川剧、黄梅戏、粤剧、花鼓戏、巴陵戏、木偶戏，脸谱。

7. 中国建筑

长城、牌坊、园林、寺院、钟、塔、庙宇、亭台楼阁、井、石狮、民宅、秦砖汉瓦、兵马俑、故宫、帝陵……

8. 汉字汉语

汉字、汉语、对联、谜语（灯谜）、歇后语、熟语、成语、射覆、酒令……

9. 传统中医

中医、中药、《黄帝内经》、《针灸甲乙经》、《脉经》、《本草纲目》、《千金方》、《神农本草经》、《伤寒杂病论》……

10. 宗教哲学

佛、道、儒、阴阳、五行、罗盘、八卦、司南、法宝、算命、禅宗；烧香、拜佛、蜡烛、纸品、符篆……

11. 民间工艺

潮绣、剪纸、风筝、中国织绣（刺绣等）、中国结、泥人面塑、龙凤纹样（饕餮纹、如意纹、雷纹、回纹、巴纹）、祥云图案、凤眼、千层底、檐、鹫。

12. 中华武术

太极拳、咏春拳、南拳、北腿、少林、武当、峨嵋、崆峒、昆仑、点苍、华山、青城、嵩山。

13. 地域文化

潮汕文化、中土文化、江南文化、江南水乡、塞北岭南、大漠风情、蒙古草原、天涯海角、中原、巴陵文化……

14. 民风民俗

礼节、婚嫁（红娘、月老）、丧葬（孝服、纸钱）、祭祀（祖）；门神、年画、鞭炮、汤圆、饺子。

15. 衣冠服饰

始于黄帝，备于尧舜，各朝代形制不同的古装到现代的汉服，受其他民族影响的中山装、唐装、旗袍，各少数民族服饰，各类传统及现代的佩饰、鞋、帽等。

16. 动物植物

牡丹、梅花、桂花、莲花、鸟笼、盆景、鲤鱼；

龙、凤、狼、麒麟、虎、豹、鹤、龟、大熊猫；

梅花，兰花，竹子，菊花，松，柏。

17. 古玩器物

玉（玉佩、玉雕……）、瓷器、景泰蓝、中国漆器、彩陶、紫砂壶、蜡染、古代兵器（盔甲、大刀、宝剑等）、青铜器、古玩（铜钱等）、鼎、金元宝、如意、烛台、红灯笼（宫灯、纱灯）、黄包车、鸟笼、长命锁、糖葫芦、铜镜、大花轿、水烟袋、鼻烟壶、芭蕉扇、桃花扇。

18. 饮食厨艺

出门七件事——柴，米，油，盐，酱，醋，茶。酒、茶道。吃文化：中国菜、八大菜系（鲁、川、粤、闽、苏、浙、湘、徽）、饺子、汤圆、团圆饭、年夜饭、年糕、中秋月饼、筷子；鱼翅、熊掌。

19. 神话志怪

女娲补天、盘古开天辟地、后羿射日、嫦娥奔月、夸父逐日、精卫填海、青龙白虎、朱雀玄武、神仙、妖怪、鬼怪、幽灵、玉帝、阎罗王、黑白无常、孟婆、奈何桥、彼岸花。

20. 传统音乐

传统音乐是指中国人运用本民族固有方法、采取本民族固有形式创造的、具有本民族固有形态特征的音乐，不仅包括在历史上产生、流传至今的古代作品，还包括当代作品。传统音乐是中国民族音乐中一个极为重要的组成部分，传统音乐与新音乐的区别并不在于创作时音的先后，而是在于其表现形式及风格特征。例如，二胡独奏曲《二泉映月》、《渔舟唱晚》虽是近代音乐作品，但其表演形式属中华民族所固有，所以也是传统音乐。相反，学堂乐歌、钢琴独奏曲《牧童短笛》等因其音乐形态特征借鉴了西方音乐，故不是传统音乐。

21. 中国对联

对联，又称楹联或对子，是写在纸、布上或刻在竹子、木头、柱子上的对偶语句，言简意深，对仗工整，平仄协调，是一字一音的中文语言独特的艺术形式。它是中华民族的文化瑰宝。

对联起源于秦朝，古时称为桃符。关于中国最早的楹联，有学者撰文指出，出现在唐代。在中国古诗文中，很早就出现了一些比较整齐的对偶句。流传至今的几篇上古歌谣已见其滥觞，如“凿井而饮，耕田而食”、“日出而作，日入而息”之类。至先秦两汉，对偶句更是屡见不鲜。《易经》卦爻辞中已有一些对偶工整的文句，如“眇能视，跛能履”（《履》卦“六三”）、“初登于天，后入于地”（《明夷》卦“上六”）。《易传》中对偶工整的句子更常见，如“仰以观于天文，俯以察于地理”（《系辞下传》）、“同声相应，同气相求，水流湿，火就燥，云从龙，风随虎……则各从其类也”。

中华传统文化还应包括传统历法在内的中国古代自然科学及生活在中华民族大家庭中的各地区、各少数民族的传统文化。

8.1.2 大象无形、润物无声

面对日益激变的社会发展大势，有识之士无不在努力寻求救世的良方。英国著名哲学家汤恩比博士在20世纪70年代就提出了令举世深思的论点：“挽救21世纪的社会问题，唯有中国的孔孟学说和大乘佛法。”世界需要中国古老文化理念的推广和实践，已被废黜达近百年之久的中华传统文化在中国大地上急需拯救、重生。传统文化的普及和复兴必会带来人际关系和谐、社会长治久安，可持续地发展也就得以平稳实现。中国传统文化的核心究竟是什么？她能有如此强大的生命力和挽救社会的作用么？传统文化是中国古圣先贤几千年经验、智慧的结晶，其核心就是道德教育。在当前文化缺失、物欲横流的大环境下，有不少人误认为道德是限制人们行为的条条框框。其实，有道德的生活才是真正正常、幸福的生活。

1. 中国传统文化的优势

与一般的宗教相比较，中国传统文化的优势在于它从哲学、科学的角度上揭示宇宙、社会、人生的本质和意义的，既是充分说理的，又可以让人进行实证，这些内容不是一般宗教能随便解释得了的。所以，它与一般的宗教是不同的，它的魅力在于比一般的宗教更具有说服力。一般的宗教都是建立在信仰的基础上的，只有通过虔诚地相信，才能感到神的存在，不能问、不要问为什么，是什么道理。可是在物欲横流的社会中，在各种色相的诱惑下，很多人是经不起引诱的，他们都会对自己的信仰发生动摇。特别是一些宗教不能正确科学地解释自身，而且往往与科学思想是相抵触的，而科学的道理又是显而易见的，因为它认识的是物质，是事物直观的可见的表象。在科学日益发达的今天，宇宙飞船上天，原子弹爆炸，互联网技术，生物技术上的成就，科学观念是很易被人们接受的。由于以上原因，人们对信仰发生动摇也是很正常的，甚至一些宗教神职人员都背叛了自己的信仰。

中国传统文化是一种理性的文化，随着科学越来越发达，人们的文化水准提高，认识能力增强的情况下，越有利于中国传统文化的传播。在人们没有文化、普遍愚昧的情况下，中国传统文化是不易推广与传播的，因为它不具备传播这种文化的软件与硬件。在中国历史上，无论什么时候，哪一个封建王朝都没有真正彻底地贯彻中国传统文化。所以，中国的传统文化从来都没有左右一个国家的政治经济的命运。现在最有利于中国传统文化的彻底贯彻，而这种贯彻是民主的、自由的，人们自觉自愿地接受的，不愿接受就可以反对，不是被强迫接受的。

用现代语言把中国传统文化的内涵表达出来，使人们真正理解中国传统文化，这是中国传统文化的本质；再者，这也是人类历史发展到今天的必然产物，因为大家都有文化了，语言也表述能力也加强了；第三，科学已经很发达，人们可以借助科学上的发现和科学语言，对其理论体系进行系统细致的表述，这样就更有说服力与感染力。以上各点，都是中国传统文化的优势所在。

2. 中国传统文化的作用

中国传统文化是中华民族在中国古代社会形成和发展起来的比较稳定的文化形态，是中华民族智慧的结晶，是中华民族的历史遗产在现实生活中的展现。这个思想体系蕴涵着丰富的文化科学精神，主要体现在三个方面：一是凝聚之学，中国传统文化是内部凝聚力的文化，这种文化的基本精神是注重和谐，把个人与他人、个人与群体、人与自然有机地联系起来，形成一种文化关系；二是兼容之学，中国传统文化并不是一个封闭的系统，尽管在中国古代对外交往受到限制，还是以开放的姿态实现了对外来佛学的兼容；三是经世致用之学，文化的本质特征是促进自然、社会的人文之化，中国传统文化突出儒家经世致用的学风，它以究天人之际为出发点，落脚点是修身、治国、平天下，力求在现实社会中实现其价值，经世致用是文化科学的基本精神。

也有人可能会说，在现今时代，传统文化已经过时。人类历史上的四大文明古国，只有中国文化作为文化主体保留至今。以传统文化为立国之基的中国在世界上存在了长达五千年，而历史上强盛一千多年的罗马帝国早已不复存在。然而，近百年来，中国传统文化遭到了史无前例的压制和废弃。在传统文化深入人心的时代，人民身心安稳，过着夜不闭户、路不拾遗的生活；而当今的人们却将自己锁在一道道铁栏内，社会活动中还会受到频发恶性事件的威胁。社会转型期，人们的道德底线一次又一次被击穿。越是这样，越突显中国传统文化的道德教化作用，越是要重视和重新发掘中国传统文化的新价值。

黄山迎客松

8.2 中国传统文化中的“商道”文化

8.2.1 中华商道文化之缘起

在中国传统文化泱泱大典中，先哲们揭示“道”既然是天地万物的本原，它便体现了客观事物运动变化的规律和法则。人在处理一系列社会问题和人生问题时，应该遵循于“道”。而这个“道”并非是抽象的概念，在社会发展的进程里，它触及并被引申到社会的各个阶层及各行各业之中，成为中国人处世、立业、做人的终生追求和最高境界。我们日常耳濡目染的就有：任教要讲“师道”，习武要讲“武道”，饮茶须讲“茶道”，为官应讲“政道”，行医讲“医道”，从文讲“文道”，即便从事非法律允许的地下行当，也要讲究相关的“行道”。如此类推，经商也不例外，做买卖也有自己的“道”，这在宋、元、明、清时期被称为“贾道”，也就是如今我们冠名的“商道”。

商道顾名思义即是从商之道，也是商务活动的技巧和方法的集成，深化一步便是商界的谋略与学问，再进一步的境界便上升到了商务活动的内在规律和规范法则。而商道文化则是在商道活动过程里，形成的对于商业活动、从商人士及其影响到的各种社会关系的理念、规则和价值体系。

从我国历史的足迹去探寻，可发现经商的传统源远流长。在长期的商业实践中，从与长久浓厚的官本位相博弈里，在面对种种压抑与轻视的环境下，中国商业历史显示出了特别的坚忍性和顽强的生命力，从而形成了博大精深的商业文化，从中我们能够提炼出光彩夺目的中国商道。

1. 中国商道文化

我们可以从以下几个方面线索对中国“商道”文化进行初步认识。

（1）商道

宇宙运行有其律，社会通变有其态，商贾存亡有其道。

得失相随，盈亏互变，兴衰迭替，顺逆通达，福祸相倚，商道诡也。得有其失，失有其得，得失相随矣。将欲取之，必姑予之，知予之为取，商之宝也。失之甚，得之甚，失而复得之更甚。大得者若失，大失者若得也。盈则有亏，亏则有盈，盈亏互变矣。小商得千银以为盈，大商舍万金不为亏。盈有其别，亏有其异。小盈或潜大亏，小亏或隐大盈。大盈者若亏，大亏者若盈也。久兴亦衰，久衰亦兴，兴衰迭替矣。大兴之商，众目睽之，为则束之；大衰之商，众目轻之，为则松之。业衰求变，变则求兴，衰而复兴者甚。大兴者若衰，大衰者若兴也。顺极则逆，逆极则顺，顺逆通达矣。顺则易骄，骄则易浮，浮则易狂，狂则易退。逆则易沉，沉则易思，思则易省，省则易进。大顺者若逆，大逆者若顺也。福为祸伏，祸为福蕴，福祸相倚矣。福至则弱，祸伏于中；祸至则坚，福隐于内。否极泰来，剥极而复。安大福者甚于祸，平大祸者甚于福。大福者若祸，大祸者若福也。商道隐于无名，得道在于自悟。商道之要，在明得失，懂盈亏，晓兴衰，理顺逆，察福祸也。

（2）商论

商者，乃商之大要，民之大计，国之大事也。

当以十律而图之。一律志。志向抱负矣。成事当立鸿鹄之志，去燕雀之心，有志者事成也。二律道。大义大同矣。存大义众志成城，认大同行从于心，得道者多助也。三律智。智慧谋略矣。为商当思睿行谋，弃短利，图长计，流远长也。四律实。勤勉务实矣。千里之行，始于足下。万金之富，积于毫厘。求实者业盛也。五律韧。经恒久，历折挠矣。大商，当言千言万语，行千山万水，历千难万险，竭千方百计而勇也。六律强。自强善强矣。自强则居行业之尊，立质品之极；善强则审时度势，扬长避短也。七律精。精通练达矣。业精于勤，荒于嬉。庖丁解牛，游刃有余，毫厘之隙，精则为大也。八律苦。心劳肌疲矣。成大事者，必苦其心志，劳其筋骨，乱其所为，而增益其所不能也。九律新。意新业新矣。新意新理之思胜于金银，新业新品优于常业常品也。十律诚。以诚取信矣。诚则有信，信则生利。诚于民者与民同富，诚于商者与商同兴也。此乃为商之纲，适律者赢，悖律者殆也。

（3）商律

律者，谓之纲纪，乃道也，法也，度也。

道者，大义大同也；法者，章规制体也；度者，道法适衡也。务商必行诸道，守诸法，衡诸度也。物以类聚，人以群分。友朋之交，各有其道，或始于情，或缘于故，终交于志。商贾之交，亦有其道，多逐于银，鲜逐于义，终衡于利。友朋者，有隙有争情为上，情理相悖择其理；商贾者，有隙有争理为先，理法若惑依其法。民则求公，士则求义。业成于法，士从于令。无律之人，心邪性恶，同室乃操戈，手足亦相残；有律之士，操行有道，恭谦为先，堪为人之楷模。无律之商，同鲍鱼之肆，君子亦为小人；有律之商，同芝兰之室，小人亦为君子。情理之争，古今有之；理法之辩，无处不存。法去则利短，法存则利长。法立，则亲疏同道，远近同理。人不别性，职不论阶，违法逾矩，当量度以惩之。商事之律，乃立法执法之律，务求其度也。故商不可无道、无法、无度。循道者强，依法者盛，适度者昌，此乃商律之恒理也。

（4）商略

商事之争，其略为大，短利得失不为重也。

略之精要，在明得失，知长短，晓轻重也。吾以三论而穷其略，以明商略矣。一论“市势”。市势者，顺、归、导也。朝代更迭，终顺民意；江河万条，尽归大海。商无常态，业有多变，欲究其略，当导其势也。大利难，大略甚之。论市势，当先观其市，再择其市，后顺其势也。二论“众需”。众需者，商需、民需、材需也。万商营作当有其源，万民消费当有其需，万材耗费当有其备。商客之多，百姓之众，材储之丰，谓之众也。得众需，当先舍其利，再立其足，再畅其货，再善其行，再雄其市也。三论“长利”。长利者，丰利，厚利，久利也。广利多银谓之“丰”，多利重银谓之“厚”，长利不息谓之“久”。欲长利者，当大利小取，厚利薄取，近利远取也。重市势，乃握市场之趋，同行走有标，明则为正。重众需，乃握市场之旺，同行走之速，快则市旺。重长利，乃握市场之丰，同行走之步，大则利丰。“市势”、“众需”、“长利”乃商略之要也。

（5）商谋

商之高下，仁智不一。

为政者喜之大全，为民者喜之惠泽，为业者喜之兴旺。故论商谋，当明商矣。吾以三道四法而论商谋也。商谋之道，各有其轨。然以大银谋小利，蠢也；以小银谋大利，才也；以无银谋大利，神也。此乃商谋之三道矣。商谋之法，各有其术。然上营伐谋，其次用银，再次量贩，苦利者营造也。此乃商谋之四法。一谋之策，始之于思，利以万金，故以为上；用银之法，束之于银，丰银者皆可为之，故以为次；量贩之法，受制于市，多有其变，故以为再次；营造之法，同五谷耕植，丰歉受制于天，故以为苦也。商谋之要，重在其新。新者，欲、从、达也。欲万贤不欲之欲，从万商不从之从，达万策不达之达，谓之新也。谋者万千，业者百十，兴者二三矣。进退相宜，得失互鉴，彼此相通，谋之本也。晓进退，明得失，知己彼，则百盈不亏也。故经之以四法，纬之以三道，通本利之变，执进退之宜，乃谋之真谛也。

（6）商德

德者，本也。

商贾立业，当以德为先。大德之商立大业，小德之商成小业，无德之商焉有业乎。德之社稷，业可报国，税可惠民。国盛、民富、兵强，商兴业旺银丰，商之一德也。德之百姓，佳品可购，长业可从。物美价廉民喜，安居乐业民悦，商之二德也。德之同仁，同惠互利，待之以诚。同心同德同义，势大利厚同兴，商之三德也。德之股东，存公去私，股权为上，升值增益。同股同酬同利，业兴利厚权重，商之四德也。德之属下，宽以待人，厚法重情，同达同兴。仁慈关爱体贴，有法有义有情，商之五德也。德之自然，以美为德，以爱为善。鸟语花香谐和，天道人道合一，商之六德也。德之质品，合标适用，表里如一。真材实料上品，客爱官喜民颂，商之七德也。德之商价，童叟无欺，新老如一。码明价实货真，百年老业有望，商之八德也。德之服务，虑客所虑，忧客所忧，足客所求。诚实诚挚诚信，同喜同忧同享，商之九德也。德乃人之本，商之基。善终有报，恶终有惩。无德之人无以立身，无德之商无以成业。

中国商道不仅对于现今伟大民族复兴和经济转型有着宝贵的借鉴意义，而且对于人类文明的进步也做出了重要贡献。纵观中国历史发展的轨迹，就可比较清晰地呈现出商道文化的印痕，这是一条随着华夏商业文明发展进步而形成的一幅脉络，它也能反映出不同历史时期的社会经济生活的形态。我国五千年的文明史，其漫长发展过程，积淀了丰富的商业文化，涌现出了很多名商巨贾，不胜枚举，他们以其众多的实践活动和言论，形成了中国商道文化的基础。

2. 中国商道文化渊源

从汉字字形、字义到民间流传的故事，还有文字的记录，都能感受到商道文化的起源。

翻开汉语字典，我们会有更多的直觉上的感悟。除了“贾”与“商”，还有类似的，如“货殖”、“经商”、“商业”、“买卖”、“生意”、“交易”、“贸易”等称谓。除了含义本身的细微差别外，也代表着不同时期对“商”的定义。

基于汉语和我国传统文化的特点，往往在这样的细微差别中蕴涵着深刻的哲理。从《词源》里可以得知，“商业活动”的最早通用称谓是“交易”，一直沿用至今。接下来就有了“货殖”的叫法。这里的“货”字，既有货物的意思，也有货币的意思，“货殖”就是通过货物与货币间的交易，从而达到使之“繁殖”的目的。从繁体字的“货”字写为“貨”，文字学上它从属于“貝”部。“貝”是“贝”的繁体，字义就是贝壳。远古时期，贝壳曾经作为天然货币而进入流通，因此像这些字——买（買）、卖（賣）、购（購）、赎（贖）等，凡是与货币有关的字，几乎都从属于“貝”部；或者说凡是从属“貝”部的字，几乎都与货币有关。从“交易”到“货殖”，虽然都是交换，但含义有了变化、有了递进。“交易”似乎只是为了生活需要而进行交换的，“货殖”则是为了“繁殖增多”——其实就是商业利益——而进行交换的。这种演变的过程，就导出了我们今天给予的定义：商业、商人、商道了。从司马迁写《史记》时篇目采用“货殖列传”，列传中所记载的人物都是一些职业或者半职业商人，《史记·平准书》述道：“商贾以币之变多积货逐利”就更明确无误了。

我国著名国学学者翟鸿燊教授在他的题为“中国文化里的商道、人道和天道：明天道，了人道，启商道”的演讲中描述道：“儒释道文化里有没有商道？有。看儒、佛、道这几个字就很有意思。儒是‘人＋需’；佛是‘人＋一个倒过来的美元’；道的上面是阴爻，底下是阳爻，一阴一阳之为道。”

虽然这只是以现代人的思维对汉字字形的释义而已，但也能让人从中受到某种启示，能起到加深对儒、佛、道三教与商道关联的认知和感悟之功效。

我国先期的部落社会，其实商业贸易是十分活跃的，它促进人们的广泛交往，并促进了特色的社会群体聚合，甚至于影响到部落种族社会的聚成，还最终萌芽了具有社会经济结构与分工的国家模型。秦之前，商业发达，因而培育了社会浓厚的平等自由气氛，这才有了中国思想史、文化史上灿烂的“百家争鸣”。这其中商业文化的贡献可以说是功不可没的。在河南安阳小屯村首次出土了一批甲骨文，这是迄今为止所发现的最早的汉字，经考证为商代的遗物，这使商代成为我国有籍可考的最早的朝代。

后来商朝为周所灭，商的遗民便流散到各地。而让人惊异的是，商朝遗民中无论原先的贵族还是平民，他们都对祖传的贩运业保持有浓厚的兴趣，并且传承光大。为此，周朝他族便将这一“商部族所世传的行业”叫做“商业”，将本来是指“商部族人”的“商人”演变为“货殖经商的人”。传统货殖业有“行商坐贾”的说法，从中你仍可以感受到商部族南贩北运、舟车不息的身影。追根求源，我们可以探寻到商业的源头了，同时也能从中体味商道文化的生命力。

先秦时期的政治与商业有着密切的关联。辅佐周武王建立周王朝的姜太公、辅佐齐桓公成就一代霸业的管仲、辅佐秦始皇一统天下的吕不韦，他们都出身于商人或有经商经历，执政后也都大力推行重商政策，大走通商富国之路。据此可以判断，商业在我国先秦时期的社会生活中据有十分重要的地位，商人也不像后来那样备遭抑制和轻视。从《周易》中的记载来看，炎帝也很重视商业，并设置了专门管理机构。而我们中华民族的另一位老祖宗黄帝，也是很重视商业的：“刳木为舟，剡木为楫，舟楫之利，以济不通，致远以利天下。”“服牛乘马，引重致远，以利天下。”意思是说黄帝通过制造水陆运输工具，发展长途贩运，促进物品流通，惠及天下百姓。

据《史记》、《淮南子》、《尚书大传》等典籍记载，黄帝的嫡传后人尧、舜、禹，他们也都很重视商业，并且以促进商品交流作为治理社会的手段，甚至舜帝本人就出身于商贩，做了部落首领之后也是常行不辍。舜帝的身体力行，使他被后人尊奉为“华夏第一贾”。

众多史料证实，我们的祖先开创了中华商业史初始最绚丽的篇章，他们的在商道活动里，自觉或不自觉的作为和倡导，使之成为了当之无愧的中华商业的奠基人。

炎、黄二帝到春秋、战国，这一时期我国的商业呈现出蓬勃发展的局面，商人也在整个社会生活中承担着重要的角色。这一时期，不但出现了像子贡、范蠡、弦高、白圭、吕不韦这样名垂千史的大商人；而且由计然、范蠡、白圭等人通过自己的商业实践的总结及对同时代商务活动的系统研究，形成了我国最早的商业理论，这也就是我们今天所称道的商道文化的源头。

8.2.2 当代中国商道文化诸象

综观全球文化现状，中国传统文化已渐呈蓬勃复兴之势。当代社会对中国传统文化的研究与推广，其源也远，其积也厚。社会各界以推动国学的普及、研究、传播、交流为手段，以文化产业化、经济发展为突破口，以提升中华传统文化的影响力、促进经济发展为主要目标，重振中华商道文化精神，积极探索中国传统文化为现今社会做基石的有效途径。

1. 企业家与商道文化

在我国工商业界，人们愈发重视从中国古老智慧中发掘新的价值应用。业界的企业家们纷纷组织起来开展各种国学商道研修活动，以中国传统文化原著为读本，精读原著，感受中国古文化之博大精深，领悟管理哲学的思辨方式，学以致用。以思辨方式，融入商业实践，实现从知识到智慧的升华。融经、史、子、集之精华，使企业家对中华文化精神全面认知与了解，将国学精髓灵活运用于生活领域，实现和谐管理与自我提升，成就商道精彩人生。

以传统国学思想（儒、道、释、法、易、帝王之术等）经典原著为蓝本，当代企业家品读《大学》、《中庸》、《论语》、《孟子》、《道德经》、《庄子》、《孙子兵法》、《易经》、《心经》、《金刚经》等国学精粹。同时，通过对中国古代及近现代的政治、经济、文化、商业、人物等诸多方面的认知和学习，以全面了解中国文化之根本。再者，《论语》中有“仁者乐山，知者乐水”，最好的学习方式就是游山玩水式的学习。乐山乐水，亲临感受中国千年文化的浓郁气息，品味“读万卷书、行万里路”的意境；以实现人生智慧、企业文化再升华，铸就企业腾飞的新起点。

中国传统文化流传至今，其精粹包含着形形色色的华夏智慧。我们运用老祖宗的智慧与经验，拓展我们现今的经济文化领域是有重大的人生意义和社会价值的。感受中国传统文化的璀璨，领悟先人的境界，古为今用，融会贯通，引领企业发展，助推经济增长。作为一个悠久文明的传承者，致力于将中华民族文化发扬光大，让广大的企业家、领导者全面了解中国文化之根本，品味人生真谛，万物运行之玄妙，事物发展之必然；领悟至中和之妙道，道法自然之始然，潮起潮落之轮回。同时与当代社会和企业发展相融合，达到修己达人、执古御今之贤能。让当今企业家、领导者品悟中国传统文化与商道融合之妙处，淬炼修身之本，把治国之大智慧融合至企业发展之中，强大企业的同时，推动中国经济成长发展，为中华民族崛起而自强不息。

2. 经营管理与商道精神

在这里，让我们共同分享一个关于海航的故事，借此来见证中国企业家在中国改革开放大潮中搏击长空的飒爽英姿。

[资料]

海航的故事

人常言：海航是中国企业的一个奇迹，一个资本市场的奇迹。而这个奇迹的创造者陈峰，却一再谦称自己只有小学水平，没看过一本经商书籍，却“不务正业”于佛法、儒道。那么，海航的底蕴到底何在？对我们企业的启发何在？对商道精神即中国化的企业文化在工商企业运作管理中又有哪些启示？在 2003 年的一次工商业界的聚会中，海航集团董事长陈峰以诙谐、幽默、通俗、直白的话语做了如下释读。

我今天来参加会议，能跟同属企业的朋友们一块儿切磋管理问题，非常高兴。

管理，这个题目太大。我们公司已经运行 10 年，但是这些年来，在海南那个小岛上，同时干公司的几乎全军覆没，也有不再在那儿干的。几经大浪冲击，无论为官的、为商的，寥寥无几，在那儿真是孤独。我是山西人，从小在北京长大，现在回到北京这么个大码头上，严格来讲，没有更多的资格来讨论管理问题。而且管理这个东西，就是讲完了，别人也学不会。所以我想在这儿，就给大家讲讲海航的故事。

1．商道，在于懂本土文化

我成长的那个时代，大家都知道毛泽东同志。现在的年轻人也知道，但是可能没有那种刻骨铭心的感觉。毛泽东同志，他是 20 世纪全世界伟大的领袖人物之一。我给大家说一个现象：“文化大革命”时期，毛主席发一个最高指示，全国十亿人口就全都上街游行。毛泽东只是发出一个号召：“知识青年到农村去！”就能让几千万知青到农村去。谁有这么大能力？纵观世界，没有谁能做到这一点，他的心力太大了！领导中国革命的时候，他老人家并不是大学生，也不懂德文，不懂法文，他不大可能去看马列原著？到哪儿去学？那时候又不像现在有互联网，那时候用蜡版刻印，很费劲儿才出来几张纸。但是，他老人家懂中国文化，懂中国农民起义的故事。马背上扛一本《三国演义》，王明就说：“毛泽东，你怎么天天看《三国演义》？”毛泽东的故事告诉我们，我们应好好学习中国文化！

2．商道，在于学两样东西

新中国成立之初，我们不懂马列，大部分是农民出身，《三国演义》里也没写怎么办，那就按照苏联的逻辑来搞中国的建设吧！结果搞了一个计划经济，问题很多。小平同志不讲那么多逻辑，白猫、黑猫，抓住老鼠就是好猫！他用一个农民包产到户的故事，就使中国改变成了今天这样一个局面，多伟大呀！所以我得出一个规律：不要相信别人的“逻辑”，要相信自己的故事，走自己的路！

在管理问题上，理论与实践的问题上，我的体会是，别人的经验我们绝对学不会，千万别相信别人的经验，你照着办，十有八九得失败！因为每个人的经验、条件、环境都不一样。那是不是就不要学习别人的东西呢？绝对不是，有两样东西可以学习：一是别人增长智慧、运用智慧和培养智慧的能力；

二是成功的企业家、成功的学者，一定有他公德与功底的积攒过程，所以要学习别人如何积攒公德、功底的方法。能学的仅此两样。

3．商道，必是资本之道

北京大学、清华大学让我去演讲，我说我小学六年级毕业，怎么给你们硕士、博士开讲座？我就给你们讲几个故事吧！你们评价我是中国企业家里面资本运作的第一高手，我告诉他们我的秘密：我没看过一本金融、股票的书；一张股票也没买过，也没去过证监会。但是我也知道很多，A 股、B 股、H 股，中国的股票我全玩儿完了，而且在国际资本市场上我也玩儿了一把。所以我发现这根本不用学的，哪儿学？没法学，我是做出来的，悟出来的。教师编本书卖给学生，可他从来没玩儿过，他到华尔街照样找不着门。我全部玩儿过，全部做过的。

海南航空到今年整整 10 年。10 年以前我们就开始提包创业。大家知道，海南如果没有发达的航空运输业，投资者和旅游者很难进来。怎么办呢？省长跟我说："陈峰，你在民航干了很久，16 岁就在这个行业里面混，你搞个航空公司吧，给你 1000 万元人民币。"我说："你不是害我吧？"搞航空公司这是个什么概念？波音 737 飞机，那零件都非常值钱，他给 1000 万，在航空业这根本不算钱呐！一没钱，二没人，怎么搞？省长说："你这么有智慧，又改革开放了，你可以拿改革开放的思路来搞呀！"没办法，关系到海南了。我说："好！"就走上了这条"不归路"。十多年前，中国的老百姓根本不懂投资，也不懂股票，凭着政府批示的文件，批的法人股，我就上街卖股票，三天就卖了 2.5 亿。我这个企业一开始就有了试点的机会。今天 10 亿人炒股，还冒出很多股评专家，10 年前根本没有多少人知道股票，这就是资本市场演变的过程。2.5 亿只够买一架飞机，我又找银行借钱，一下子借了几千万美元，买回来两架飞机。飞机买回来之后，我觉得两架不够，要再买两架，就找美国人，当时就提着包到华尔街去了。我一点儿不夸张，那时一点儿知识都没有。美国人问："谁给你担保呀？"我说我有两架飞机。结果，两架又变成了四架。就这样，我开始运营，当年就赢利了。当时海南宏观调控，做房地产的、做股票的，都亏得一塌糊涂，赚不到钱，唯独海南航空能按时还贷。所以我觉得成功者、优秀企业家和失败者，其实只是一步之遥。任何企业、任何人在发展过程中，都有一段混沌的过渡时期，跨过这个风险关，跨过这个台阶，就是阳光大道。

十几年前真的不知道美国资本市场怎么样。我的英语也完全是自学的，每天读课本，听收音机，天天练，工夫到了自然就可以了。这里有一个要点，就是海航一开始就建立了同西方对接的财务制度、法律文件，这不仅在中国是一流的，在世界也是一流的。在美国，你必须要有能让人看懂的一套规则。中国航空第一个吃螃蟹的人，第一个中外合资的，就是海南航空。而且我们还傍上了美国的大基金，美国索罗斯给了我们一个非常重要的在美国华尔街进出的证儿。你说谁知道我们这个小岛上有多少飞机？我最后三次融资，拿了 6 亿美元，10 年期，1.8 利息，谁担保也不要，获得了全世界最佳融资奖。这让我产生一个联想，中国企业要有 100 家企业有 600 亿美元，中国的问题不就全都能解决了？

我觉得中国的企业要真正进入世界贸易组织，真正进入全球化，不进入国际资本市场，就很难说进入了一个国际性竞争市场的行列。海航就是这么一个故事。

4．商道，就是赚取人心

海南航空经过 10 年的发展，今天整个集团总资产已经超过 300 亿，员工 15 000 人，跨 4 个大行业，主要是航空主业。而中国航空四分天下有其一。我们现有飞机近百架，创造了中国航空安全、正点、服务三项指标全部第一。三项指标同时获得第一名的，只有我们。这三项指标是当年周恩来给我们的工作指标，实际上它反映了航空的运行品质。海南航空获得了中国民航最优秀的管理品质，而且连续10年赢利。今年虽然发生了“非典”，但我们还是赢利了。我们明年会做得更好，天下没有永远的高潮，高潮起伏才是世间的一种真正规律。我们现在航空运输已经达500条航线，辐射90多个城市，每周的航班运输量超过了2500个，在航班班次上成为中国第二，仅次于南方航空。海南航空开创了拥有中国机场的先河，现在我们拥有两个机场，可以说创造了中国机场在香港发行H股最成功的案例，为中国的机场改革创造了一个成功的模式。今年海南航空要构建一个很强的市场，我们构造并充实了中国的最大酒店，搞连锁店也是第一，海航酒店旗下十几个酒店，都是中国最好的酒店，我们要创造中华民族优秀的酒店品牌。

我们虽然还不敢跟国际老品牌比，但是我们会创造中华民族自己的品牌，这是时代赋予我们的任务，因为航空运输，跟机场，跟酒店，甚至百货，是上下游关系。海南航空发展的10年，可以说是创造了中国企业的一个非常有趣的现象——高速发展，而且健康持续发展。

很多人问我：海航的高速、健康发展，与海航的成功管理之间有什么秘密关系？我们在这几年当中，成功地兼并了一些典型的国有企业，有些濒临破产，甚至寒酸到都称不上航空公司，但是在兼并以后，仅一年，企业就脱胎换骨，当年就赢利，而且没有一个工人下岗。所以我又得到一个启发，国企改革不是能不能做好的问题，是可以做的，也可以做好。关键是靠什么？所以很多人问，到底海南航空成功的秘密是什么？很多人总结原因，什么中国改革开放大环境、现代企业制度、企业文化等，对不对？都对。但是决定你学会、学不会的是什么？我说出来，你们肯定又不相信，我干脆就不说了。说不说？（掌声）好，说！——我跟大家早就声明是讲故事，你们千万别当真。你们看，人类的很多东西都是故事，你们就当故事听。

除了上面那些原因以外，我告诉你们三句话。

首要就是发善念。看看，大家说我没讲真话。发善念，这玩意儿与企业有什么关系？关系太大了！每个人做任何事情都有一念之想，这一念之想，是不得了的。天下最大的善念，莫过慈悲，这是很复杂的概念。大家有时候去庙里进香，祈求心想事成。这个“心”，绝不是心脏的心，这太复杂了。

其次就是用心力。人真正能够用心力，用一念之想的力，把它变成为社会、为他人的公德，善念，这是什么呢？我经常讲为商之道，什么是真正的商道？商道，其实就是赚取人心。那么何为天下之大力呢？社会众生所需要的，就是天下之大力。你如果能够用你的企业品牌去为社会创造财富，把这个善念加进去，就会取得意想不到的效果。你企业有100人，如果你真正以慈悲心对他们，剩下的99个人都会对你产生尊敬。做思想工作的，如果所讲的连自己都不相信，你怎么让别人相信呢？别人肯定不相信，肯定没效果。

因此影响人们的是心力，所以要做到第三点：尽人力而顺天命。有善因必有善果，天下事，你只要做到拿得起，放得下，就可以做好。

5．商道，就是众生共享财富

所以，这里我要回答一个重要的问题：真正的管理是什么？管理是管人。把人能管好，发挥大家的作用，当然事情也就做得好。人，什么是人？你说他是肉体人？真正的人要有人心，没有人心，不算真正的人。真正的管理，是管他的思想，管他的心，所以管理就是管人，而管人就是管心。管好心，这是中西方管理的最高境界。给钱，给名誉，给好的文化氛围等，一句话，都是管人心。人的物质追求和利益追求，永无止境。而今天企业出的很多问题，就是人心的问题。物欲给人类社会一个导向，可以说，到最后人类被物质所左右时，一定就是毁灭自己。真正能够解决问题的，是人心，人的文化。

我们中国企业发展到现在，特别是民营企业（我想说明一下，海南航空公司是按照三中全会的精神建立的公共股份制企业，是全世界都有的股份公司，不是国有公司，但却是一个公共公司。国有股份只占百分之一点儿，很低），如果要管好人心，中华民族的优秀文化中就有非常宝贵的思想。“三个代表”里面有一个“先进文化”。我理解，我们的先进文化内涵应该是中国文化的精髓和西方及人类共有的文化精髓。我们在中国生活，无疑中国文化的精髓应该占的比重更大一点儿。这个大家没有异议。那什么是中国文化？中国文化的三大传统是儒、佛、道三家。其实，它们都是为解决人心问题。俗话讲：为将之道，当先治心。运用之妙，存乎一心。所以今天我们中国的企业家，面临的管理挑战，面临企业发展，我看最大的挑战是自身。如果能够把自身的心把握住，并运用之妙，就能够产生无穷的力量，凝聚大家，创造一个大家共有的文化。

所以海航创造了有特色的企业文化。例如，为社会做点儿事，为他人做点儿事，此生不会留下遗憾。这是我们的企业理念。

再比如“四大”：第一，大众认同。人们认同这个企业，到这儿来，十年如一日。1 万多名员工，每个人进来，我先讲第一课，叫“人道学”。人生就是两件事：做人和做事。实际上，人生最重要的，是做人。我们造了十条通路，如果你不认同不要紧，你到我们这儿来就要这样做。再好的人相聚也要散，天下一定要散的。既然知道要散，就不要留恋什么，要给年轻人创造一个做事的平台。认同这个文化，大家就去做，不认同也没关系，你就到别的地方去。

第二，大众参与。就是人人都把自己的智慧、精力投入到我们这个事业当中。

第三，大众成就。公司发展有了面子，别人一问，海南航空的，人们有一种羡慕感，你企业要有这种荣誉。

第四，大众分享。到年底，公司就能出来经营结果，按照不同的岗位，给大家，给弟兄们分银子，全部分掉！大家把海航当一个事业，我们的管理干部、员工，感觉是在为他自己做的时候，一定产生连绵不断的生机。所以，要舍得把所有的利益分给天下众生，而且让大家都体会到发展带来的利益，这个企业就会产生巨大的凝聚力。我们的企业领导者，千万不可被一家之私利所迷惑：什么千万富翁、亿万富翁，你吃的仍然是馒头，而不会吃金子。

在企业管理当中，我们面临的挑战很多，我觉得最重要的挑战，是公司的文化。当企业兼并中，遇到了问题，其实不外是管理模式是否成功复制和文化交流，全世界如此。因此你要真正成功重组一个企业，兼并就是消化文化。所以我认为在企业管理中，最重要的是管人，管人主要是管心。如何管心，中国文化给我们提供了无穷的智慧和能量。利用智慧去管理我们企业，才是真正的正统之道。

8.3 企业文化在中国

8.3.1 欧风美雨里孕育的企业文化

企业文化理论脱胎于企业管理理论研究。这一理论是建立在西方资本主义经济大发展实践基础上的。企业文化是一种观念形态的价值观，是企业长期形成的稳定的文化观念和历史传统及特有的经营精神和风格，包括一个企业独特的指导思想、发展战略、经营哲学、价值观念、道德规范、风俗习惯等。

企业文化的提出源于日本经济发展奇迹而引起的美日企业管理比较研究热潮。20世纪80年代初，美国哈佛大学教育研究院的教授泰伦斯·迪尔和麦肯锡咨询公司顾问艾伦·肯尼迪在长期的企业管理研究中积累了丰富的资料。他们在6个月的时间里，集中对80家企业进行了详尽的调查，写成了《企业文化——企业生存的习俗和礼仪》一书。该书在1981年7月出版后，就成为最畅销的管理学著作。后又被评为20世纪80年代影响极大的10本管理学专著之一，成为论述企业文化的经典之作。它用丰富的例证指出：杰出而成功的企业都有强有力的企业文化，即为全体员工共同遵守，但往往是约定俗成的而非书面的行为规范；并有各种各样用来宣传、强化这些价值观念的仪式和习俗。正是企业文化——这一非技术、非经济的因素，形成了这些决策的产生、企业中的人事任免，小至员工们的行为举止、衣着爱好、生活习惯。在两个其他条件都相差无几的企业中，由于其文化的强弱，对企业发展所产生的后果就完全不同。自此，企业文化研究作为企业管理理论的重要新兴内容引起了各界极大兴趣。各种研究成果和理论著述层出不穷。

1. 西方理论界对企业文化特征的总结

在西方企业文化研究领域，对于企业文化的特征有如下若干认识。

（1）独特性

企业文化具有鲜明的个性和特色，具有相对独立性，每个企业都有其独特的文化积淀，这是由企业的生产经营管理特色、企业传统、企业目标、企业员工素质及内外环境不同所决定的。

（2）继承性

企业在一定的时空条件下产生、生存和发展，企业文化是历史的产物。企业文化的继承性体现在三个方面：一是继承优秀的民族文化精华；二是继承企业的文化传统；三是继承外来的企业文化实践和研究成果。

（3）相融性

企业文化的相融性体现在它与企业环境的协调和适应性方面。企业文化反映了时代精神，它必然要与企业的经济环境、政治环境、文化环境及社区环境相融合。

（4）人本性

企业文化是一种以人为本的文化，最本质的内容，就是强调人的理想、道德、价值观、行为规范在企业管理中的核心作用，强调在企业管理中要理解人、尊重人、关心人；注重全面发展，用愿景鼓舞人，用精神凝聚人，用机制激励人，用环境培育人。

（5）整体性

企业文化是一个有机的统一整体，人的发展和企业的发展密不可分，引导企业职工把个人奋斗目标融于企业整体目标之中，追求企业的整体优势和整体意志的实现。

（6）创新性

创新既是时代的呼唤，又是企业文化自身的内在要求。优秀的企业文化往往在继承中创新，随着企业环境和国内外市场的变化而改革发展，引导大家追求卓越，追求成效，追求创新。

2. 西方理论界代表性企业文化理论

对于企业文化的分析亦有以下若干主要理论模型。

1）克拉克洪—斯托特柏克构架。

2）霍夫斯泰德的组织文化模型。

3）弗恩斯·特朗皮纳斯的组织文化模型。

4）丹尼森组织文化模型。

5）查特曼的组织文化剖面图。

6）沙因的评测模式。

7）郑伯埙的 VOCS 量表。

3. 西方企业文化对比

文化是与民族分不开的，一定的文化总是一定民族的文化。企业文化是一个国家的微观组织文化，它是这个国家民族文化的组成部分。所以，一个国家企业文化的特点实际就代表这个国家民族文化的特点。下面我们仅对能代表西方民族文化特点的几个国家和地区的企业文化和管理特点作一些简要介绍。

（1）美国

美国是一个多民族的移民国家，这决定了美国民族文化的个人主义特点。

美国的企业文化以个人主义为核心，但这种个人主义不是一般概念上的自私，而是强调个人的独立性、能动性、个性和个人成就。在这种个人主义思想的支配下，美国的企业管理以个人的能动主义为基础，鼓励职工个人奋斗，实行个人负责、个人决策。因此，在美国企业中个人英雄主义比较突出，许多企业常常把企业的创业者或对企业做出巨大贡献的个人推崇为英雄。企业对职工的评价也是基于能力主义原则，加薪和提职也只看能力和工作业绩，不考虑年龄、资历和学历等因素。以个人主义为特点的企业文化缺乏共同的价值观念，企业的价值目标和个人的价值目标是不一致的，企业以严密的组织结构、严格的规章制度来管理员工，以追求企业目标的实现。职工仅把企业看成是实现个人目标和自我价值的场所和手段。美国的企业注重创新和发展。他们的观念是“新的、以前没有的东西就是有价值的”。但美国的企业不是没有缺点，有时他们会忽视一些不重要的细节，导致很大的损失。美国人办事时自信心很强，同时也高傲自大。在美国的企业工作，员工的自信心会得到培养。

（2）日本

尽管日本在地域上属于东方国家，但自从明治维新以来，举国上下极力脱亚入欧，整个社会体系无论从思想上和生活中都成为典型的“混血儿”，还是西方特征偏重的那种。迄今为止，在财富500强排行榜中，日本企业很多；在现代市场经济体系下几乎所有重要的行业中，都能看到著名日本企业的影子。与创新叛逆、雷厉风行的美国企业文化相比，日本企业文化有其自身的特色，这既是日本企业称雄世界的动因，也是约束日本企业进一步发展的桎梏。

1）评价员工的首要标准是对企业的忠诚度。个人能力和合作意识并非不重要，但是在评价体系中的权重低于前者。在日本企业家眼中，一个对以前公司弃如敝屣的人，绝对不值得信赖。

2）要在一家企业中长期发展，稳居中游是最优策略。这条规则尤其适合于初进职场的大学毕业生。要在日本公司里长期发展，必须具有耐心。在很多日本人的潜意识中，不落后于他人是最佳状态。

3）用人不疑，疑人不用。新人刚进公司，往往会做些琐碎细致的工作。很多人都觉得无聊没劲，事实上这是管理层考验员工的第一步。一旦员工通过了这项考验，就可能被重用，否则就会被贴上不堪大用的标签。这种从每件事情成功与否，来决定下一件事情是否分配给特定员工来干的做法，看似不给犯错误的员工第二次机会，显得不合情理，实则是要求员工集中精力完成每一项任务，从而有助于提高公司效率。

4）不率先创新，但是把细节做到极致。按照经济学术语来说，日本企业家多是风险规避者，他们不愿意付出创新的高风险成本，但是日本企业令人尊敬之处，就在于实现了模仿时滞最小化。往往是欧美企业研制出新技术不久，日本企业就用巨资将其购买过来，并且在极短的时间内消化吸收，然后用全球领先的工艺迅速地生产成品，而且其产品无论在品质还是价格上往往都优于欧美的竞争对手。

（3）欧洲国家

欧洲文化是受基督教影响的，基督教给欧洲提供了理想价值的道德楷模。基督教信仰上帝，认为上帝是仁慈的，上帝要求人与人之间应该互爱。受这一观念的影响，欧洲文化崇尚个人的价值观，强调个人高层次的需求。欧洲人还注重理性和科学，强调逻辑推理和理性的分析。

虽然欧洲企业文化的精神基础是相同的，但由于各个国家民族文化的不同，欧洲各个国家的企业文化也存在着差别。

英国人由于文化背景的原因，世袭观念强，一直把地主贵族视为社会的上层，企业经营者处于较低的社会等级。因此，英国企业家的价值观念比较讲究社会地位和等级差异，不是用优异的管理业绩来证明自己的社会价值，而是千方百计地使自己加入上层社会，因此在企业经营中墨守成规，冒险精神差。

法国最突出的特点是民族主义，傲慢、势利和优越感。因此，法国人的企业管理表现出封闭守旧的观念。

意大利崇尚自由，以自我为中心。所以，在企业管理上显得组织纪律差，企业组织的结构化程度低。但由于意大利的绝大多数企业属于中小企业，组织松散对企业生机影响并不突出。

德国人的官僚意识比较浓，组织纪律性强，而且勤奋刻苦。因此，德国的企业管理中，决策机构庞大、决策集体化，保证工人参加管理，往往要花较多的时间论证，但决策质量高。企业执行层划分严格，各部门负责只有一个主管，不设副职。职工参与企业管理广泛而正规，许多法律都保障了职工参与企业管理的权利。职工参与企业管理主要是通过参加企业监事会和董事会来实现。

8.3.2　中华文明对企业文化的探索

1. 中国企业文化发展的社会思想背景

企业文化又源于社会思潮，要探究中国企业文化的特点，首先就得弄明白中国社会思潮的变迁。近现代中国的社会思潮历经三次变迁：一是新民主主义革命胜利前的儒家思想，二是新民主主义革命胜利后的马克思主义思想，三是改革开放后流入的西方思想。

虽然马克思主义思想引入中国已近百年，但受其理论深度和国民认知能力影响，马克思主义的科学思想并没有在大多数普通民众头脑中扎根。所以，改革开放前的国民思想实质上还是以儒家思想为主流。随着改革开放后西方思想的涌入，国民一度出现推崇西方思想文化的狂潮，以吃西方饮食为时尚，以穿戴西方品牌衣帽为骄傲，连大学讲授企业文化时都在极力推崇西方思想而找不到中国思想的影子。但由于儒家思想根深蒂固，国民在西方思想的冲撞下出现双重标准的行事方式。例如，有的在人之下积极倡导自由平等的思想，在人之上又遵循上尊下卑的儒家思想；自己人脉缺乏时要求别人公平竞争，自己人脉丰富时又信奉关系哲学；有的员工要求企业管理者治理企业要“法治”，等到自己管理企业时又极力推行儒家的“人治”等。这些都是儒家思想和西方思想并存所造成的思想混乱。受此影响，中国的企业文化时至今日依然处于一种混沌朦胧的状态而没有沉淀成自身特色，有的甚至连什么是企业文化都没有搞清楚就移花接木地迅速嫁接没有中国人性基因的西方企业文化。

2. 企业文化理论在中国的传播和发展

企业文化理论在中国的传播、引进和本土化，发端于1983～1984年。

第一个阶段从1983年到1988年。这一阶段定位为知识的传播和认知阶段。在这一阶段争论的焦点主要是适合性问题，就是企业文化理论适不适合于中国企业，它是不是有这种文化底蕴上的沟通，能不能适合中国企业管理和改革的实践，这个关键问题在于我们的接受性，即我们接受不接受它。所以，这几年的时间，理论的传播，知识的传播，大家探讨、争论等，都是围绕着这几个方面来的。

第二个阶段是 1989～1991 年，这三年左右的时间，定位在低潮徘徊阶段。企业文化理论，这种外来的理论是一种舶来品，这种外来的理论在当时受到了质疑，甚至被认为是自由化的产物，是被划在西化理论范畴中的。和平年代社会的主导力量就是企业，它聚集了大批的精英和人才，大批先进的技术，很多先进的设备，所以和平年代，企业如果发展不好，社会经济力量必定受损失，它是社会经济和社会发展最活跃的细胞。因此，企业文化如果搞好了，大文化就能够有效地落实到企业基层。所以，这段时间，争论的主要焦点在于内容的正确性，就是企业文化是不是正确的东西，是不是自由化的东西，还是新型的管理理论、管理思想。

第三个阶段就是 1992～2000 年，这个阶段概括为知识普及和实践启动阶段。标志性事件，第一个就是邓小平视察南方谈话，他把中国市场经济从本质上推到了一个新的阶段，而企业文化这个理论和实践应该说越是市场经济深入，企业文化的必要性就显得越来越显著。邓小平视察南方谈话以后，市场经济推动起来，所以企业文化应用的方式和理论被重视起来。再有一个标志性事件就是十四大报告写进了企业文化这个概念，起到了一定的推动作用。再一个标志性事件就是建设中国特色的文化理论，在我们党的报告当中专有一大块，来阐述这个问题，建设中国特色的文化，企业文化作为一种亚文化，作为一种支流文化，作为大文化的一种分支，它必定要起到这种作用。还有一个更重要的就是大的背景，咱们企业改革在不断深入，对企业文化的需求也就越来越显得客观性比较强一些。这个时期部分企业启动了企业文化建设。

第四个阶段，从 2001 年到现在。第四个阶段可以概括为普遍实践，深入发展的阶段。这个企业文化实践逐渐由自发大面积的走向自觉，这个里面很重要的几个事件是什么呢？从组织工作来讲，国资委发了好几个文件，要有系统地建设中国国资委系统的中国大型企业的企业文化，这样就使得整个工作力度推动力相当大。今后企业文化发展的趋势，第一点就是企业文化在现代发展中的角色，就会起决定性的作用。无论从世界性的博弈规则的使用，还是从企业核心竞争力，还是从队伍的凝聚力，还是从企业基业常青的文化积淀，还是人力资源的开发利用，都将证明企业文化对企业发展，乃至对一个国家民族素质的形成，都会起到一种关键性的、决定性的作用。第二个趋势就是企业文化理论和实践成果将对社会发展起到本质推动作用，如以人为本、社会价值体系等。再一个，就是自觉地培育建设企业文化，将会成为更多企业重视的工作。

3. 中国传统文化中对企业文化发展的积极贡献

近年来，针对西方管理学、企业文化等思想理论缺乏中国人性基因而在实践中出现的失败结局，中国的管理学界开始反思，逐渐在璀璨的中华文化中积极寻觅符合中国实际的企业文化建设思想，并出现了以论权者谋为代表的一大批管理学理论和企业文化建设理论，逐渐迎来了中国企业管理和企业文化建设的正常回归，中国部分企业开始培育出了能彰显仁爱包容、贵和尚中、求真务实等具有中华文明特色的企业文化。

（1）以人为本的民本思想

民本思想的萌芽出现在中国商周之际。《尚书·盘庚》里就有“重我民”之说。而《尚书·五子之歌》中“民为邦本，本固邦宁”这一脍炙人口的语句更是表现了这一时代对原始民主制政治生活的憧憬和赞美。老子认为，统治者须顺乎民意，“圣人无常心，以百姓心为心”。孔子则提出“节用而爱人，使民以时”，并有“修己以安人”，“修己以安百姓”的主张。他倡导德政，希望统治者“因民之利而利之”。孟子将民本思想发挥到了相当的高度，其在《孟子·尽心下》中阐述说：“民为贵，社稷次之，君为轻。”荀子对民本又进行了推而广之，曰：“君者，舟也；庶人者，水也。水则载舟，水则覆舟。”此后，它不断被充实、完善，并逐渐演变成一种重要官方意识。佛教也讲求“众生皆苦”，主张“普度众生”。儒、道、佛学派对民本的阐述具有相似性。这样，隋唐以后，民本思想已完全融入到由儒、道、佛等构筑的中国传统文化体系中。

当然，民本思想是建立在专制主义基础之上并围绕君主和臣民之间的关系展开的理论体系，我们对其进行扬弃，强调其以人作为一切考虑的根本，即以人为本的合理内核，引申出重视人才、尚贤任能的观点，对今天企业文化精神理念的建立就带来了三点启示：第一，企业即人，企业是由人组成的集合体，因此应该以人为中心，把人的因素放在中心地位，时刻把调动人的积极性放在主导地位；第二，企业为人，办企业是为了满足人、满足社会的需求，并提高员工的物质文化生活的需要，企业为人与企业追求物质利益最大化是对立统一的关系，当两者发生冲突的时候应该舍弃后者追求前者；第三，企业靠人，企业建设的主体是人，必须依靠全体员工的智慧和力量，调动每位员工的积极性，促进最终目标的实现。

（2）自强不息的奋斗精神

张岱年在《中国文化与中国哲学》一文中指出：主静阴柔一直在中国传统文化中处于从属地位，中国文化的主流精神是刚健有为、自强不息。 刚健有为、自强不息的文化精神可以追溯到中国文化最早的代表《尚书》和《诗经》中，这两部儒家典籍里充满着勤勉稳健，勇猛深沉的前进气息。例如，《尧典》里对先王“克明峻德以亲九族”“历象日月星辰敬授人时”功业的颂扬，《无逸》中对成王尽忠尽职的谆谆告诫，《公刘》、《生民》中描写的周部落诞生之初的创业艰难等。孔子是极力提倡有为并身体力行的思想家。他一生奔波，幻想以周礼匡扶乱世，“明知其不可为而为之”，结果是“发奋忘食，乐以忘忧，不知老之将至”。对“饱食终日，无所用心”的人生态度投以极度的蔑视。以为君子应当是“食无求饱，居无求安，敏于事而慎于言，就有道而正焉”。儒家学派的后继者们，对“有为”和“自强”的学说进一步发挥，孟子从人格修养，扩充人性中善的成分这一角度提出“吾善养吾浩然之气”；荀子则从天人关系角度提出“制天命而胜之”的著名论断。对于刚健有为、自强不息做出明确表述的是《易经》。《象传》中说“天行健，君子以自强不息”，以天体运行无休无止，永远向上的规律，要求人们积极有为、勇于进取。此后，刚健有为、自强不息的精神便一直作为中国传统文化的主导精神激励着中华民族。

（3）贵和尚中的思想方法

这里的“和”即和谐，早在西周末年《国语·郑语》中就出现过这一概念，它明确阐明了“和”与“同”的区别——“和实生物，同则不继”。史伯这样举例说明“和”与“同”：金木水火土相配合，就能生成万事万物；五种滋味相调和，就能满足人的口味；六种音律相协和，就能使人赏心悦目，这就是“和实生物”。如果只有一种声音，就谈不上有动听的音乐；如果只有一种颜色，就构不成五彩缤纷的世界；如果只有一种味道，就谈不上鲜美可口的佳肴；这就是“同则不继”。春秋末年，孔子把和、同思想作为一种道德要求，作为评判君子和小人的标准，他说过一句非常有名的话——“君子和而不同，小人同而不和”。他还说：“君子矜而不争，群而不党。”由“和”“同”之辨，我们发现，“和”有四个最基本的特征：一是整体中的平衡，二是差异中的协调，三是纷繁中的有序，四是多样性的统一。可见，“和”作为中国文化基本精神之一，对于维护稳定、健康、有序具有重要意义。那么，怎样才能实现“和”呢？最根本的途径就是“中”。

这里的“中”即中庸，孔子说：“中庸之为德也，其至矣乎！民鲜久矣。”（《论语·雍也》）可见，中庸被孔子看作道德的最高表现。孔子提倡的中庸之道，就是求“和”之道，中庸之道大致有以下几个特点：第一，做事主张不偏不倚，不走极端。这就是孔子说的“过犹不及”。孔子做事非常讲原则，那些做事不讲原则、乖巧伶俐的人，孔子称之为“乡愿”，在孔子看来，就是德之贼，是孔子极力批判的对象。第二，处理问题执两用中，不偏激过激。孔子说“允执其中”、“叩其两端”。《中庸》曰：“执其两端，用其中于民。”就是说，在处理复杂问题时，要注意听取各种不同的意见，通过对正反意见的全面考察，采取比较客观和稳妥的方式加以实行，而不要走偏激过激的路线。第三，对待任何事物，持海纳百川、兼容并包的态度。孔子提出的“和而不同”的原则最能体现中庸之道的精神，它是正确处理人际关系的黄金规则，具有最普遍的意义。

“贵和尚中”的思想，表现在中国政治文化的各个方面、各个领域。宏观上看，主要有人与自然宇宙的关系，人与人、人与社会的关系，认识与实践的关系等。具体到企业文化领域，则体现在两个方面。其一，在企业经济利益与自然环境的关系上强调“天人合一”的可持续发展观，在对人的管理方面强调“情理合一”的管理理念，在企业竞争中坚持“和为贵”、“和气生财”的生意经，从而在管理的不同阶段和层次上达到相互交融合一。其二，在人际关系领域中坚持不走极端、重视和谐、反对过与不及的准则，培养“追求合理利润”、“内求团结、外求发展”、“协作博弈”等企业经营风格、风险观念乃至竞争观念及策略等，以此构筑成功的企业文化。

（4）崇德重义的伦理思想

中国传统文化始终强调伦理道德的教化作用，这种以儒家学说为代表的伦理思想影响中国社会至深。孔子的伦理道德思想的核心是“仁”。这个“仁”的基本含义有四个方面：一是“仁者爱人”；二是“克己复礼为仁”；三是孝悌为仁之本；四是忠恕为仁之道。可见“仁”是众德之总。在“仁”的统摄下，孔孟还提出一系列伦理道德范畴，如恭、宽、信、敏、惠、刚毅、木、讷、勇、敬、俭等。孔子把血缘关系、宗法关系结合起来，形成了从修身到齐家、从治国到平天下的伦理政治化、政治伦理化的伦理道德特色。孟子以“人性善”论为理论基础，继承发展了孔子的思想，提出“四德”“五伦”的伦理道德思想。“四德”，即仁、义、礼、智（恻隐之心、羞恶之心、辞让之心、是非之心）；“五伦”，即父子有亲、君臣有义、夫妇有别、长幼有序、朋友有信五类人伦。他教育人们“明人伦”、“知仁义”，极大地丰富了孔子的伦理道德思想。荀子则以“人性恶”论为理论基础，发挥了孔子“礼”的思想，提出“化性起伪”、“礼义教化”、“修身自强”的伦理道德思想。

高度推崇道德和道义在人类生活中的作用和地位，体现在企业伦理上，就是“货真、价实、量足、守义”。这既是企业伦理道德观念，又是企业的行为准则。在企业内部，对员工讲伦理，以诚待人，以情感人，对员工重视感情投资，这样可以形成强大的凝聚力和向心力；对股东讲伦理，企业的经营者应秉公办事，不虚报业绩，不隐藏盈余，使股东获得应有的红利，这样投资者才有信心，公司才能筹得资金以实现进一步发展；在企业外部，对顾客讲伦理，努力为顾客着想，采取各种行动维护企业良好形象，赢得顾客的信任；对社会讲伦理，企业从社会赚取利润，也要回馈社会，不仅要支持公益事业，还要带头提升社会风气，促进文化升级；对国家讲伦理，企业的成败与国家经济发展息息相关，政府为企业的发展创造良好的经营环境，企业也要诚实纳税，诚信经营，维护企业与国家的形象。

现代企业必须真有文化底蕴，必须要有一定文化素质的管理者来实现企业文化层面的现代管理，中国企业是中国人的企业，中国的企业文化当然要以中国思想、中国理念为其拓展之根本，在此基础上充分吸收和学习外来的先进文化，并使之与本国的先进文化有机相融，铸造出符合世界潮流变化趋势，能体现时代风貌的企业文化。中国思想、中国精神是中国企业之魂，没有灵魂的企业只是徒有其表的一具僵尸，失去了民族特征、民族精神的文化，永远不成其为独立的文化，而只能沦为一种蹩脚的“文化小丑”。在全球化大潮不断涌动的今天，坚守我们自己的精神，弘扬优秀的民族文化，再造和开发我们自己民族的思想闪光点，也就是要在“传统文化”和“现代化”之间找到接榫之处。要懂得“现代化”一方面突破了“传统”，另一方面也同时继续并更新了“传统”。而这才正是我们中国的企业文化赖以生存、发展的基本战略思想，而这也正是之所以要将中国传统文化与企业文化联系起来作统筹思考的出发点、原动力和文化归属感。

将中华文明的优秀元素通过与西方企业管理理论精华结合在一起，将中国特有的商道文化与西方企业文化理论结合在一起，是中国企业在激烈的全球市场竞争中保持可持续竞争与发展潜力的重要保证之一。这种文化精华的碰撞与融合正是企业文化理论在中国社会主义市场经济环境下得以生根发展并展现出越来越强盛生命力的根本。

学习与思考

中国传统文化中曾指出：“积善之家，必有余庆；积不善之家，必有余殃。”在当代中国，越来越多的企业将中国传统文化优秀元素与现代企业文化理论相结合，形成了独具特色的本土化的企业文化现象。在海航集团，共同理想是“造福于人类的幸福与世界的和平”；共同信仰是“天佑善人、天自我立、自我主宰”，“真、善、美”，“无疆大爱”；共同追求是“大众认同、大众参与、大众成就、大众分享”；共同理念是“诚信、业绩、创新”。

请谈一谈你对中国传统文化和企业发展之间关系的看法。

第 9 章　海航企业文化

海航集团成立于 1993 年，从单一的地方性航空公司，发展到了目前以航空运输业为主体，向上下游产业延伸，覆盖航空、实业、金融、旅游、物流和其他相关产业的大型企业集团。海航集团立足于成为现代服务业综合运营商，通过产业内与产业间的资源优化配置构筑起以航空旅游、现代物流和金融服务为三大支柱的新型产业格局。海航集团连续十余年入选“中国企业 500 强”且排名逐年上升，并向着世界五百强努力迈进，显示出强劲的发展势头，极大提升了海航品牌的知名度与影响力，有力地推动着海航集团早日实现其建立全球卓越企业的伟大目标。

海航集团的成长和发展就像我国改革开放后产生的其他成功企业一样，走过了两个典型的发展阶段：第一个阶段就是苦练内功，打造企业的核心竞争力。其主要内容就是建立一套适合自己和我国国情的以其独有的企业文化引领的企业管理体系，并经过反复实践，证明这套管理体系是行之有效的。第二个阶段就是以输出其被证明是行之有效的管理和企业文化为核心，以兼并重组为主要方式的快速扩张阶段。其特点就是海航在这两个阶段都非常强调企业文化的引领。

9.1　海航企业文化的发展历程

作为推动海航集团迅速崛起的文化力量，海航企业文化也经历着产生、发展、充实、完善的不断升华的过程，海航始终倡导全体员工“内修中国优秀传统文化之精粹，外融西方先进科学技术之精华”，“中学为体、西学为用”，既宗师于博大精深的中国优秀传统文化，又积极引进科学、合理的西方现代企业制度，通过融合提炼出适合中国人需求的管理文化。经过多年持之以恒地致力于文化建设，作为海航决策层领导和全体员工努力学习、勤于实践的智慧结晶，目前已基本建立了底蕴深厚、内涵丰富、中西合璧、独具特色的企业文化体系，为海航集团持续、健康、高速发展奠定了坚实基础。

9.1.1　海航企业文化的萌芽期

1. 海航企业文化萌芽的时代背景

孤悬海外的海南岛，四面为滔滔碧海所围，自古就有“一去三千里，千之千不还”的悲凉感叹。直到 20 世纪 80 年代初期，出入海南仍被视为畏途，冲破海南与外界沟通的障碍，让“天涯海角”不再令人望而兴叹成为海南领导者们思虑的焦点。以 1986 年 6 月 10 日海南行政区人民政府给广东省政府上报《关于成立海南航空公司的请示》并请求省政府转报中国民航局为起点，开始了海南航空公司漫长、艰辛、曲折的孕育过程。

20世纪80年代末，中国的改革开放进入了一个新的历史时期，伴随着海南建省、经济特区开发，中国的政治、经济、人文环境发生了可喜的变化，历史赋予了海南岛千载难逢的发展机遇，海南美好的发展前景也为每一个立志建设海南的企业和个人提供了巨大的创业空间。当改革开放的大潮赋予海南岛大特区新的历史使命后，海南省的领导和当时600多万海南人民深感拥有自己的航空事业对海南的发展和经济的腾飞是多么重要。海航正是在这一时代背景下开始了它艰苦卓绝、百折不挠的创业过程，这一创业过程无形中也提供了一个萌生全新的企业文化的机遇和土壤。

2. 海航企业文化萌芽的思想源泉

1990年5月7日，陈峰受命协助海南省鲍克明常务副省长直接抓航空公司的组建工作。以此为开端，陆续又有更多创业者聚集到了共同描绘海南海空美好明天的行列之中，作为长期工作在中国民航界的优秀中青年干部——陈峰、王健、李清、陈文理等，怀着报效祖国、建设特区的强烈愿望积极投身于海航的创业之中，并立志在改革的大潮中有所作为，为海南人民做点事、为中国航空事业做出一份努力。

这些民航业的骄子们，抱着一种崇高的信念，离开北京优厚的物质生活条件和令人羡慕的工作岗位奔赴海南，他们告别了自己的亲人，在这片南国热土上辛勤耕耘，不懈地进取，无私地奉献，忘我地工作，终于用自己的心血浇铸成了海南航空公司腾飞的坚强翅膀。对他们来讲，创业的艰难和创业的乐趣从来都形影相随。良好的教育给了他们一种世界性的眼光和一种契合时代的全新视角，他们要用一种打破常规的思维，去谋划海航超常规的发展，去闯出一条中国航空业发展的新路。作为海南航空公司的脊梁，海航早期创业者们的个人修为、综合素养、知识阅历，以及他们在面对种种困难时所表现出的朴素的理想、执著的追求、积极的进取精神、克服苦难的勇气和信心成为未来成就海航事业、创造海航文化的又一重要支撑和思想源泉。

3. 海航企业文化萌芽的具体体现

经过一年多的努力，1991年年底海航全体职工不仅经受了艰难环境的磨砺与考验，而且在逆境中奋力进取，确立了“以改革的思维和非常规的路子发展海南航空业”的指导思想，完成了公司的组建工作，取得了海航历史性的突破，开创了海南省航空事业发展的新纪元。

这种献身事业的精神动力和成就事业的理性思考，无疑为海航形成“凝聚、奉献、腾飞”的创业精神、为致力于制度文化和安全文化建设、为提出“四个一流”和“四大”等企业文化理念奠定了坚实基础。

9.1.2 海航企业文化的初创期

1. 海航企业文化初创的历史要求

1992年，邓小平同志南方视察谈话的发表，为中国及海南的政治、经济、文化发展揭开了新的篇章，为海南特区提供了现代企业迅速成长的良好环境和空间，这一时代背景也为海航的发展提出了更快、更新、更高的要求。海航必须克服基础条件薄弱的“先天不足”，冲破层层阻碍，以读秒的速度向着既定的目标迅猛前进，为中国的改革事业、为海南省人民交上一份圆满的答卷。

创业伊始，海航决策者就敏锐地感到，我国实行改革开放政策后，正在经历一场全面而又深刻的伟大变革，人们的思想意识、道德观念、价值取向都发生着新的变化，企业肩负着振兴国民经济和促进社会进步的双重历史责任，必须使管理适应这种变化。第一，当代人以自我为中心、社会责任感减弱，要求海航塑造一种有利于培养健全人格的管理文化；第二，当代人独立意识增强、对企业的依附感减弱，又要求海航建立一种具有凝聚力的管理文化；第三，当代人追求个人价值的实现、知识能力的发挥和取得成就感的心理需求，更要求海航塑造一种充满创新氛围的管理文化。

随着海南航空公司组建后，机构不断扩大和人员逐年增加，新组合的高速运转机制需要一个磨合的过程；干部队伍比较年轻、业务素质不错，但需要有一个自我成长、逐渐成熟的过程，管理能力有待进一步提高；按照上市公司的要求，必须建立一整套与之相适应的人事制度、会计制度、社会福利制度及其运作机制；改革过程中新、旧两种体制的交叉产生的摩擦和冲击，对海航事业的影响仍然不小。凡此种种，都对海航企业文化的初创提出了十分紧迫的历史性要求。

2. 海航企业文化初创的积极尝试

海航决策者始终清醒地意识到：企业文化建设直接关系到一个企业的盛衰兴亡，必须未雨绸缪、强化素质、抓住根本、创造文化，为此积极地以理论探索为先导推进海航企业文化建设。

1992 年，公司确立了“凝聚、奉献、腾飞”的指导思想，成为上下一心、大胆开拓、奋力进取、执着追求的一年，也是实施干线飞机发展战略取得历史性突破的一年，走出了一条前人没有走过的道路，大型客机引进方案的全面启动和公司股份制规范化改革顺利完成，创建了地方民航运输企业迅速崛起的新模式。与此同时，初步建立有大特区特色的企业文化，并造就出一批有理想、有抱负、有战斗力的职工队伍。

1993 年，公司制定了“精心组织、确保飞行安全、创一流的服务质量，以高起点实现公司的第二腾飞” 的工作方针。作为中国民航业第一个全新的股份制航空运输企业，公司领导多次告诫全体员工：要将一流的服务意识像骨髓一样渗透到我们公司每一位员工身上。5 月 2 日，海口—北京首航班机上，陈峰同志就亲自做起了乘务员，这种“店小二”意识促进海航形成了真诚为旅客的氛围，使全体员工明白：必须以优质服务赢得市场，才能赢得生存。公司提出了“服务！服务！再服务！直到达到一流水准”的口号，采取了严格的管理和一系列优质服务措施，收到了良好的效果，赢得了社会良好的评价。

1994 年，海航的工作重心转移到“练内功、上水平、修外围、求发展”。明确提出“海南省航空公司辉煌的今天还远不是我们追求的最终目标，我们的追求和理想，是要建立一个以‘至诚、至善、至精、至美’为信条，规范化、多角化、国际化，集航空、旅游、房地产、酒店、海运、食品加工、信息等多种产业于一体的集团公司，要为中国建立现代企业制度探索一条成功之路，要为国内大、中型企业改革树立一个典范。这是海航的第二步发展战略构想，是公司全体员工的第二个梦想”。

1995年，海航的工作方针是“走独立自强的联合道路，扩大经营规模，发展相关产业，飞向新的高度，向国际一流的航空公司迈进”。公司决策层认为员工的向心力是第二生产力，员工的归属感是潜在的物质以外的电磁场，可以驱动一切，适时提出了“向深层次挖掘中国传统文化精粹，构建出适应改革开放时期需要的全新经济文化体系框架”，广泛开展“内修中华民族传统文化，外融西方现代管理技术”的教育，为员工准备丰富的精神食粮——《中国传统文化导读》，扩大了员工的知识面；采取座谈会、恳谈会、设置意见箱等多种形式和途径因势利导，培养和激发员工为公司的发展尽心尽力、献计献策的主人翁精神，在公司内部形成了较强的生产力和凝聚力。海航决策层倡导的“上善若水”的敬业精神，推崇了一种勇于挑战、自强不息、攻无不克、无坚不摧的集体意识和因势利导、顺势而行的工作方法。

1996年，海航总体发展原则和指导思想是“丢掉包袱，扔掉幻想，调整结构，加速各类人才的培养，为形成跨国际、跨产业的一流企业集团打下基础，迎接未来的挑战”。经过几年潜心探索的历程，实践已经证明海航一贯倡导的融中国传统文化与西方先进科学技术于一炉的海航特色企业文化有着强大的生命力，进而提出“我们的企业文化要进一步升华为一种经济文化体系”。通过具有海航特色的企业文化教育，向员工中灌输与市场经济相适应的服务观念，对服务人员准确进行角色定位，推广具有海航特色的“三种定位、四种方式”服务活动。

1997年，这一年，海航颁行了《海南航空股份有限公司员工守则》（以下简称《员工守则》），它不同于一般的员工守则，是几年来公司在探索企业文化建设过程中集体智慧的结晶，是公司企业文化建设的重大成果。《员工守则》包括“海航企业文化格言”、“海航员工行为规范守则”、“海航特色语汇”、“思想库”四个部分，以简要生动的语言概括了公司四年来形成的“外兼西方现代企业制度，内修中国传统文化精粹”的企业文化精华。著名国学大师南怀瑾先生为《员工守则》作序，并给予了高度评价。《员工守则》已被列为员工晋职晋级考核的内容之一。《员工守则》的颁行标志着有海航特色的企业文化体系的初步成形，不仅对公司的思想文化建设产生了积极影响，而且对探索具有东方儒学文化特质的中国企业的改革和企业文化建设新路，均具有广泛的意义。

9.1.3 海航企业文化的发展期

1. 海航企业文化发展的客观要求

1998年，海航的工作方针为“抓住机遇，提高公司整体素质，迎接新纪元的挑战”。面对亚洲金融危机和国内严峻宏观经济形势的双重影响，在中国民航企业之间爆发“票价大战”、民航业经过 19 年高速增长首次出现大面积亏损的险恶经济和市场环境条件下，公司运用体制创新的优势，不断挖掘新的利润增长点，成功地经受住了这场严酷的考验。为了应对新世纪的挑战，抓住新的历史的机遇，在新的世纪树立了宏伟的长远发展目标，就是要将海航建成长盛不衰、百年不垮的“百年企业”。

1999 年，海航的工作方针为“抓住世纪之交的历史机遇，以提高飞行安全品质和运营效益为中心，完成向大中型航空公司和运营国际航线的航空企业集团历史性的过渡和转变”。提出了海航在新世纪的三年、七年、九年的发展目标。

第一个目标：三年之内，造就中国企业的品牌。把公司发展转变成在中国航空领域及附属产业领域能与中国民航前三家航空公司相抗衡的一家航空公司。

第二个目标：七年之内，造就亚洲企业品牌。利用 ADR 或 HDR 等国际资本市场的融资方法把海航形象推向亚洲，树立海航的亚洲形象和地位，并在亚洲产生一定影响。

第三个目标：九年之内，成为国际品牌企业。一定要在国际上拥有自己的金融手段和体系，控股一家国外银行或基金，使公司在第九年成为一家世界上有名望的航空公司。

2000 年，海航的工作方针为“抓住机遇，迎接挑战，夯实主业，发展两翼，以资本运营为手段，实现新世纪腾飞”。海航准确地把握住了国际经济持续走好、国内经济进一步回升及民航企业重组的有利机遇，正确决策、精心谋划，探索性地建立了集团管理构架，平稳地实现了海航发展战略的调整。

2001 年，海航集团工作指导方针为“强化、巩固、提高、拓展”。海航集团抓住国内经济持续走好和中国民航业重组的历史机遇，积极应对复杂多变的国际形势，努力化解美国“9·11 事件”对民航业的负面影响，大力推行以集团职能调整为核心的“八六工程”管理体系建设，确立了海航集团管理模式；成功组建中国新华航空有限责任公司和山西航空有限责任公司，海航多年沉淀积累、不断提升的企业文化发挥了文化先行的作用，全面提升了集团核心竞争力，奠定了中国第四大航空集团的地位，实现了持续、快速、健康发展的目标。

2. *海航企业文化发展的全面落实*

继《中国传统文化导读》、《员工守则》之后，1998 年海航又推出了《管理研究》、《海南航空股份有限公司五周年新闻集锦》、《原本大学微言》和《培养你身边的领导人才》等重要企业文化教育书籍；正式向社会发布了新的 CI 系统，使海航企业文化中的物质文化建设产生了质的飞跃；2001 年，集团组织了企业文化工程小组，开展了企业文化工程建设，完成了近一百万字的全套书籍初稿，《海航故事》1～5 册汇编完成、交付印制。《海航创业发展历程》和《企业文化教程》完成初稿。同时，集团推出了新版《海航集团员工守则》、《海航集团管理干部守则》，以及《海航管理干部必修读本》、《红日当空》、《精进人生》、《显心谭》，也极大地丰富了海航企业的文化内涵。

3. 海航企业文化发展的努力实践

1998 年 5 月 2 日，海航正式启用新的航徽标志，实现了企业经营理念的升华。新启用的航徽标志是，在蓝天背景下，一支向空中飞展的金色翅膀，下方是红色如意形的云水纹，意取“鲲鹏展翅”之意，预示着公司在 21 世纪新的挑战面前，正向集团化和国际化方向发展。

1999 年，公司企业文化建设在内涵方面，加强了对国内外企业成功经验和失败教训的研究及对管理层的专题培训；同时，对中国文化精华进行了挖掘，增强了海航企业文化的对外渗透力和员工的凝聚力。

2000 年，集团成员企业较好地拿起了企业文化的法宝，形成了“以德服人”的企业文化内涵和素养要求，全体员工学习企业文化风气已经形成。企业文化的弘扬与发展，对增强员工向心力、企业凝聚力已经产生了积极的促进作用。南怀瑾先生为海航培训中心制定了校训——“敬业乐群”，亲笔手书校训“敬业乐群”寄赠海航，陈峰董事长用毛笔小楷书录海航“同仁共勉十条”。

同时，海航企业文化在这一发展时期里，为海航的兼并重组发挥了重大的作用。海航先后对美兰机场、长安航空公司、新华航空公司、山西航空公司、上海商联公司、北京燕京饭店、三亚凤凰国际机场进行了重组、改造，用海航文化统辖整个购并运作的过程。海航重组绝非简单地将人员、资产、飞机、航线相互融通，更重要的是成功嫁接了海航高效的管理机制和先进的企业文化，使重组企业更具生命力、凝聚力和竞争力。在整合过程中，海航人员始终以“以德平天下人心”的标准严格要求自己，用海航企业文化的力量去感化人、引导人，以高度的政治责任感和强烈的改革意识规范自己的言行，以“严谨、科学、谦虚”的态度开展工作，真正体现出海航一贯倡导的“至诚、至善、至精、至美”和“诚心、爱心、热心”。这种有意识、有步骤、积极引入的海航文化体系，无疑以深层次的文化整合营造了一个平等、融洽、友好、合作的良好氛围，为成功合作、共图大业奠定了坚实基础，促进了双方各技术部门的协调、统一和各级各类人员的理解、信任，加快了企业购并的速度，确保了重组改造的质量。具有浓郁“中国文化情结”的海航企业文化已经越来越显露出其强大的精神力量，成为海航成功实施购并重组的重要途径。

9.1.4 海航企业文化的成熟完善期

1. 海航企业文化成熟完善的客观要求

进入新世纪，海航集团以中华民族伟大复兴为指引，确立了 21 世纪的三大战略发展目标：第一，创建中华民族的世界级企业和世界级品牌；第二，积极推动国民储蓄型消费观念向信贷型消费观念的转变；第三，促进中华民族优秀文化的复兴。这不仅要求以国内国际客观环境作为实现的基础，同时也对海航企业文化成熟完善提出了客观要求。

（1）中国和平发展的态势

中国崛起与世界转型并行，是我们时代的基本特征，也是中国得以顺利实现和平发展的战略空间。海航乘中国改革开放之东风而来，革故鼎新，锐意进取，成为中国时代的改革先锋。自创立以来，海航紧跟时代潮流，积极投身经济社会改革大潮，成功抓住了历史赋予的每一次机遇，实现了持续、健康、快速发展。2008 年全球金融危机爆发以来，中国在所有大国中率先走出危机阴影，随着中国和平发展进程的加速及其国际影响的扩大，随着中国“走出去”战略的加速实施，中国和平发展产生更加广阔、更加深远的溢出效应，海航的战略触角随着国家影响所及而延伸。

（2）中国国内战略的调整

随着中国进一步的和平发展，国内战略调整已成必然。其调整主要体现在两个方面：其一，从总体发展战略上，不仅强调经济社会两个轮子并行，而且进一步强调文化战略的重要性，呼吁“激发全民族文化创造力，提高国家文化软实力”；其次，应对全球金融危机的挑战，加强国内战略布局的调整。前者意味着，中华民族优秀传统文化的复兴已经上升到国策的高度，海航的文化使命有了更强有力的支持和国家的整体战略推动；后者意味着，海航的两个“世界级”目标和消费观念转变有了更坚实的国内基石。中国新一轮经济调整和转型的部署是海航实现跨域发展的关键要素，海航置身其中，全面参与中国经济调整与现代化建设的进程，才有可能成为中国现代生活方式和消费观念转变的引领者。海航认为，未来 15～20 年是中国的战略转型期，也是成就海航“两个世界级”宏伟蓝图的战略机遇期。海航将在总体思路上紧随政府政策指引，将集团发展同国家命运融为一体，深化政企合作；在产业组合和管控模式上，深入推进由生产服务型向投资型管控模式的转型；在战略格局上，海航更加强调不同产业或业务的区域布局，并逐步形成京津沪穗业务共舞格局。

（3）世界转型

随着经济全球化的深入，全球经济格局发生重大变革，全球政治出现多元化和分散化，发展过程中世界群雄并起局面逐渐形成，世界变得更加具有渗透性，而中国和平发展是其中重要的推动力量。2008 年下半年以来的全球金融危机促使世界转型加速，国际社会期待着更多的外来投资，许多国家降低了外资进入的门槛，许多外国企业低价出售资产或控股权。中国抓住这一战略机遇期，加大了国际投资的支持力度。可以说，海航制定和实施的全球化战略迎来了难得的历史机遇，海航成长为世界级企业和世界级品牌的时间可能因此提前，当然海航也可能会面临更激烈竞争、更多投入、更大风险等多维挑战。但对海航而言，世界转型意味着机遇大于挑战，海航迎来了通过全球整合而获得资源、资产、能力和市场，进而发展成为全球性企业集团、实现两个“世界级”目标的战略机遇。海航需要这样的发展前景，国家需要海航这样的企业先锋队，世界也在某种程度上需要海航这样的投资者。

2. 海航企业文化成熟完善的实践

2003年，海航深入开展“诚信、业绩、创新”管理理念变革，为海航文化建设提供了积极动力，同时，立志成为中华民族的世界级品牌和世界级企业。2007年，海航启动“心灵工程”，教育员工爱祖国、爱公司、爱员工、爱家庭。2007年和2009年，海航邀请中共中央党校学者门洪华撰写《海航软实力》、《中国时代与海航科学发展之路》等著述，对海航发展道路进行了深入总结，丰富了集团文化的内涵。其间，海航确立了立足于成为现代服务业综合运营商、促进国民消费观念的转型、推动中华传统文化复兴的战略目标，致力于为中国新经济时代的到来创造条件。在此基础上，海航2009年制定《海航集团管理干部道德操守准则（试行）》，颁布了《海航同仁守则》，明确提出了爱党爱国、举业为民、感恩社会、和谐发展的宗旨，强调海航文化体系以“诚信为基、创新为本、至诚奉献、强力执行、勇担道义”为核心。

2011年以世界转型和中国和平发展的深入为背景，海航集团实施“走出去”战略，其事业迅速向全球布局、拓展，海航进入跨文化管理的新时代。海航确立五年内成长为世界级卓越企业的目标，以此为基础提出了新时代的文化畅想，2011年年初颁布推行了《“海航精神”价值体系》。这一战略性文件的主题是，站在人类精神文明的高度思考，海航文化致力于构建共享型、普适型的价值观体系，将其文化体系上升到“道”的层次，进入到精神信仰领域。就此，海航决策者提出了“艺术海航”的命题，强调秉持“天地之间皆为用心之处”的理念，继承和发扬海航创业精神，以和而不同的心态展开合作，通过中国传统文化和世界各地优秀文化的艺术性融合，建设更具适应性、包容性和全球性的海航精神价值体系。

9.2 海航企业文化的内涵和外延

人类社会的每一次跃进，人类文明每一次升华，无不镌刻着文化进步的烙印。当前，中国崛起与世界转型并行不悖，赋予中国巨大的战略空间，也赋予世界发展的崭新机遇。这一趋势体现在文化意义上，就是以西方文化反思和中华传统文化复兴为对照性标志，世界进入文化复兴与重塑的新时代，新的世界性文化在探索之中；与之相伴随，中国迎来文化建设的新时代，文化建设正在成为新时代的核心议题，文化力量将在中国崛起进程中进一步彰显其价值。

如何迎接中国文化建设的新时代，每一个中国人都在思考，而海航集团做出了积极探索。创业20年来，海航集团坚持文化立业、文化兴业，自觉肩负起复兴中华优秀传统文化的历史使命，为塑造以中华传统文化为基石、开放、创新、包容的新时代文化做出了不懈努力。

9.2.1 海航企业文化内容体系

海航集团决策者认为，企业文化是一种基于共识的企业理念，是一种基于理念的人的意志，是一种基于人的意志群体认同的风格。这种文化渗透到企业经营管理的全过程，体现在全体员工身上，凝结在所有产品之中。企业文化作为企业无形的产品，具有高度的文化附加值，是当今企业之间竞争的最高形式。作为企业精神文明建设的重要组成部分，海航全面加强企业文化建设，经过多年的不懈努力已初步形成了有海航特色的精神文化、行为文化、制度文化和物质文化的完整体系。

1. 海航的精神文化

所谓精神文化是指通过思维活动而形成的精神产品所表现出来的理念、观点等。海航认为，精神也是一种物质，而且是一种具有神奇力量的特殊物质；灵魂也是有重量的，而且具有举足轻重的分量。

（1）企业宗旨

企业宗旨解决的是企业的目的和追求问题，这是统一员工认识、统一员工思想、统一员工行动的基础。海航企业的根本宗旨，就是“爱党爱国、举业为民、感恩社会、和谐发展”。首先，我们心系党、国家和人民。海航是党的理论的忠实实践者，是中国特色社会主义的积极建设者。海航人深刻认识到，没有党的改革开放政策，就没有今天的海航。海航身在商道，心系党、国家和人民。海航视自己为一片云，党、国家和人民为蓝天，融入了天空，从而拥有了蓝天的视野；海航视自己为一杯水，党、国家和人民为大海，汇入了海洋，从而拥有了大海的气魄。其次，我们立志成为世界级品牌和世界级企业。今天，我们终于迎来了中国人的时代。中国的和平崛起，必将给海航发展带来新的历史机遇，同时也将赋予海航人新的历史使命。我们有为民族发展做出贡献的信心，有打造中华民族的“百年老店”的耐心，更有排除万难迎接挑战的决心。海航人将肩负起创建中华民族的世界级企业和世界级品牌的历史使命，肩负起改变中华民族传统消费价值观念的使命，肩负起复兴中华民族优秀传统文化的使命，肩负起实现“取之于社会、回馈于社会”的使命。再次，我们以感恩的心回馈社会。海航认为，只有把海航打造成一个始终与党、国家和人民利益交融在一起的企业，才能凝聚企业、社会的智慧和力量，保证自身的活力与发展。海航把“为社会做点事、为他人做点事”作为企业宗旨，为天下人谋福祉，追求“大众认同、大众参与、大众成就、大众分享”。在实现快速、健康发展的同时，海航以感恩的心自觉行动，依法纳税，关注民生，倾力支持社会公益事业。最后，我们致力于促进和谐发展。海航是构建和谐社会的积极实践者，是构建和谐世界的积极推动者。以人为本，促进内外和谐发展，是海航企业文化的精髓。以邓小平理论、“三个代表”重要思想和科学发展观为指导，海航企业文化承接了中华文化的精粹，吸收了现代管理科学技术，注重人的发展，强调价值观的力量，注重人、人与人、人与社会、人与自然之间的和谐发展，为推动和谐生活、和谐企业、和谐中国、和谐世界的建设而不懈努力。

（2）企业精神

大众认同、大众参与、大众成就、大众分享。大众认同是指，海航事业的出发点是满足大众不断增长的物质和文化产品的需要，创造社会效益，促进社会进步。所以，海航的事业就能够得到大众认同。大众参与就是，将海航事业推向社会，让社会大众广泛参与、支持、关心海航的发展；同时，只要能推进海航的发展，海航愿意团结一切可以团结的社会力量，整合各种资源优势，推进海航事业的扩展。大众成就是指，海航事业是一个永无止境的探索与追求过程，需要一代、两代、几十代的人创造成果的积累，因为海航事业出发点是一项社会改造与服务工程，只要社会能够不断延伸，海航事业就永无止境。大众分享：艰苦的探索与追求属于大众，胜利喜悦的分享也属于大众，这是海航凝聚力的基础条件之一，也是激发海航员工自发的原动力的重要因素之一。

（3）企业愿景

海航的愿景是“创建世界级企业和世界级品牌，立足于为人类谋福祉，共建人类文明的幸福家园”。海航致力于成长为世界级卓越企业，并将企业规模进入世界 500 强前列、管理模式和企业文化堪称现代企业典范、成为造福于人类的杰出企业公民作为基本标准。

（4）企业理念

海航的企业理念是“诚信、业绩、创新”。诚信是海航信誉之源、立身之本、发展之基。诚信的表现形式就是业绩。海航业绩观致力于海航发展、海航人发展和社会发展的结合，既考虑长期、中期和近期考核的结合，又强调经济指标与人的发展、社会责任相结合。创新是实现诚信和业绩的必由之路，是海航事业的永恒主题。

海航企业精神文化的精髓集中体现在 2011 年年初颁布的《“海航精神”价值体系》这一重要文件中。面向未来，海航站在人类文明的高度思考，强调让国家放心、让国民信任、让世界接受的文化取向，提出了以“四个共同”为核心的精神价值体系——以造福于人类的幸福和世界的和平为共同理想；以天佑善人、天自我立、自我主宰，真、善、美，无疆大爱为共同信仰；以大众认同、大众参与、大众成就、大众分享为共同追求；以诚信、业绩、创新为共同理念。

2. 海航的行为文化

海航的行为文化起源于刚性的制度、严格的约束，随着海航将中国优秀传统文化导入，海航的行为文化发生了根本的转变，海航员工的行为也由强制性、被动性的行为向自发的、自觉的、主动的、积极的行为演化。

海航作为中国改革开放的先行者、推动者和受益者，要实现跨越式发展，构建内外和谐，实现“两个世界级”的目标，就必须加强对干部、员工行为操守的要求。海航全体同仁遵守《公民基本道德规范》，建立社会主义荣辱观，做社会主义建设者。

同时，在海航企业文化建设中，通过不断实践，将企业员工行为的两个内涵“做人与做事”具体标准化为十个训条，在国学大师南怀瑾先生主持下议定出的“海航同仁共勉十条”（见图 9.1）：团体以和睦为兴盛，精进以持恒为准则，健康以慎食为良药，净议以宽恕为旨要，长幼以慈爱为进德，学问以勤习为入门，待人以至诚为基石，处众以谦恭为有理，凡事以预立而不劳，接物以谨慎为根本。以此作为指导员工行为的基本准则。

图 9.1　海航训条

（1）团体以和睦为兴盛

一个人独善其身，老实做人、踏实做事，只是具备了立身于世的基础，并不能在人群中形成更多的能量。因此，必须融入团队之中，才能超越自身的局限。如同一只手，一根根手指的力量显得单薄，但如果握成一个拳头，形成合力则力量倍增，这就是团结和睦的力量。“家和万事兴”，何况一个组织、一个企业、一个团体？天时、地利、人和才能成就事业，然而“天时不如地利、地利不如人和”，对于一个家庭、一个国家，乃至整个世界而言，和睦是至关重要的先决条件，有和睦才可能有家庭幸福、国家兴旺和世界和平、共同进步。

究其根源，失和争斗无非是为名利得失、为个人发展。而一个有雄厚实力、坚定信心、博大胸怀的人，应树立“己欲立而立人，己欲达而达人”的原则，力求达到一种双赢的境界。它与“待人以至诚为基石”紧密相连，“君子敬而无失，与人恭而有礼，四海之内，皆兄弟也”。“人敬我一尺，我敬人一丈”，“和睦相处”、“和气生财”、“和风细雨”、“和颜悦色”——这些都是化育生机的动力源泉。古时赵国的廉颇、蔺相如为社稷安危、国家兴盛而捐弃前嫌、携手御敌、共创佳业的事迹就足以警示世人了。

海航集团要持续、健康、高速发展不仅需要每个员工出众的才华，而更重要的在于全体员工应具有团结奋进的精神。现代企业制度强调团队合作精神，树立“把内部员工当做顾客一样来对待”的意识，而一切的根本在于人与人之间的相互尊重，不管职位高低，无论性别、容貌、民族、宗教信仰如何不同，能在一起就是有缘，必须珍惜这份缘分，对人要尊重、信任、体谅、宽容，但绝不是无原则、无条件、一团和气的和睦。每个员工有所长、亦有所短，“人心齐，泰山移”，作为主管人员更要成为下属的良师益友，通过努力使团队达到“人心齐”的和睦境界，只有在和谐的氛围中，大家同舟共济、团结奋斗、取长补短、同心协力，海航事业才能永远兴旺发达。

（2）精进以持恒为准则

精进，是佛家的词汇，是菩萨修行“六度”法门之一，其对治的是人们久远以来形成的凡事容易“懈怠、懒惰”的习气。也就是说，每个人都有一定的惰性，这是正常的，但必须自觉地加以克服，以勇猛心去破除。而惰性是最容易滋长的，如果你只是一时的冲动去对付，一旦放松了对自己的要求，它随时都会“野火烧不尽，春风吹又生”，要根治它就必须有持之以恒、滴水穿石的耐心和毅力。一时之间做好事不难，难的是一辈子做好事，说的就是这个道理。

做事贵在持之以恒、勇于进取，其实成功与失败往往就在一念之间，但效果差别很大。人在先天上或许有聪慧、愚笨之分，但持恒往往是多数人后天所缺乏的，江郎才尽和牛顿的大器晚成主要区别正是后者因持恒而术业有成。而佛家在修行中正是提倡这种精进的精神，每天“日行一善”，每天做一点有益于社会、有益于他人、有益于自己的事，虽然不是什么惊天动地的业绩，但如能坚持不懈，你自然而然会走上一条充满希望的人生之路。“不积跬步无以至千里，不积小流无以成江海”，只有重视量的积累，方可获得质的提高，不断得以精进。

作为管理人员要有所作为，不仅要有开拓精神和工作魄力，更要不断求索、时时精进，持续提高自己的学习能力、创新能力、决策能力、沟通能力和组织能力，才能成为知识经济时代的合格管理干部，也只有持之以恒，才能精益求精。

（3）健康以慎食为良药

身心健康是根本，如果一个人失去健康的身体和心灵，则生命将会常常处于痛苦之中。那么，要想在生活之中有所作为、成就一番事业，将会难上加难，甚至使自己的亲人为你的病痛担负更多，付出更多的体力和精力。因此，你的健康不仅仅是自己的事，为了自己，也为了关心和爱护自己的亲朋良友，每个人都有让自己保持身心健康的责任。

俗话说：“病从口入”、“预防是最好的治疗方法”。因此，要“防病于未病”，选择合于健康的食品，按规律进食，按身体所需吸收充足的营养，自然可以使自己的防疫机能保持正常的状态，那么病魔自然就会远离你。

推而广之，需要“慎食”的何止于物质粮食，作为“精神食粮”的文化产品也是一样的道理。尤其是现代社会精神文化产品日益丰富，对人们的分析、判断、选择和把握的能力提出了更高的要求，这就要求我们有明辨是非的基本能力、择善行而去恶习的清醒头脑。然而精神愉快、心理健康要以注重道德修养为前提，知道有所为、有所不为，有良好的人格和高尚的思想品德。尤其是管理干部在理论水平、思想境界、治理策略等精神世界的丰富与提高，更需要良师益友的帮助才能得到健康地升华。

（4）诤议以宽恕为旨要

“诤”乃直言劝告之意，“宽”有宽厚、仁爱之意，“恕”即合于我心之意。“宽恕”二字不仅代表着做人的美德，也代表了做人的水准，对他人应多一些宽容、爱护和仁慈之心。孔子讲“宽则得众”，做到“宽厚”便能得到广大员工的拥护与支持，才能通过建立企业内部良好的情感关系，激发全体员工强烈的认同感、责任感，使每位员工能明大义、识大体、顾大局，从而以团结增强企业的凝聚力。

人生于世，在千丝万缕的人与人之间的关系之中，常会有一些摩擦，但要知道自己的舌头和牙齿尚且有打架的时候，何况在生活中的人和人。因此，和别人有些口舌之争是难免的，只要不是出于自己的一己私利，则为了大家、公司、社会的利益，不计较一言之短长。从根本上讲，就要有“躬自厚而薄责于人”的态度，应该严以律己、宽以待人，时常反省自己。而且，对不同意见要善于倾听，要善于在诤议中吸取他人言论中有益之处，有“不以人废言，不以言废人”的气度，心里尽量设身处地为对方着想，少些先入为主的偏见。孔子曰：“益者三友，友直，友谅，友多闻。”因为人生三种良友中，敢于直言不讳的“诤友”是最难得的，过失相规、直言相劝，敢于指出自己的缺点，虽然有时“忠言逆耳”，但是这样的言论千金难买，自然会从中受益，也许应该庆幸，而不是生气。

这一条对管理干部尤为重要，作为管理干部要想成就一番事业，必须要有宽阔的胸怀、恢宏的气度，能容天下人才能为天下人所容。作为唐太宗李世民的一面“明镜”——魏征为民众和社稷负责、一生中向唐太宗进言 600 多条，并且敢于直言相谏、冒死相谏，以致李世民多次扬言欲斩杀魏征，但是由于魏征所谏皆为逆耳良言，太宗最终对诤议宽容、采纳的态度，使初唐贤臣广进良言，君王兼听则明，不断修正治国的政策、法令，百姓安居乐业、国家长治久安，由此开创了贞观之治的太平盛世。这虽然是一种封建式的君臣关系，但也为我们现代企业中的管理干部做出了良好的榜样。

（5）长幼以慈爱为进德

“慈”在佛家语汇中是“与乐”的意思，就是给予别人快乐。以“慈心”、“爱心”面对芸芸众生，正是增进德性、完善品格的根本目的。倘无长幼慈爱之心，而空谈爱集体、爱国家，岂可令人信服。长者有慈爱之心，对幼者给予关爱、帮助；幼者有敬长之德，以学习长者的知识、经验为自豪，由此长幼皆有进德。

“尊老爱幼”是中华民族传统美德中最为人熟悉也是最为大家所认同的一条，“老吾老以及人之老，幼吾幼以及人之幼”是脍炙人口的格言，也是最让人感觉到温暖如春和浓厚人情味的表述。中国之所以被称为礼仪之邦，其根本点也就在这里，它表达了对长辈的孝敬，传达了对后辈子孙的关心和爱意。因为，中国人文精神中早就传达了一种信息，人不能独自存活，是父精母血孕育我们的血肉之躯，没有父母的含辛茹苦，何来我们的成长？可怜天下父母心，父母心是天下最无私的，故“百善孝为先”。 中国人骨子里明白这一点，中国社会倡导的是在父母年老体弱时敬之以“孝”，回报以“反哺”之情。谁做到了，才成为完全意义上的人，而一旦背离了这一点，他也就和禽兽为伍，甚至于禽兽不如。

中华民族最讲究的就是孝道，一个人只有对亲人敬爱有加，才可能有博爱的胸怀，爱天下的人和事，珍惜自己的工作和与同事的缘分。作为海航员工，不仅要孝敬父母，更要有大孝于天下、大孝于社会、大孝于所在群体的观念。让父母安度晚年，让子女在关心中成长，这正是所谓的“天伦之乐”。以慈爱对人，这世界就是天堂；而以恶心处世，这世界就是地狱。

（6）学问以勤习为入门

孔子曰：“学而时习之，不亦说乎。”《礼记·学记》说，君子想要教化人民，移风易俗，就一定要通过学习。“玉不琢不成器”，人不经过学习，就不会懂得道理，所以古代的王者建立国家、统治人民，都把教育放在最重要的地位。当时的贵族子弟 8 岁入小学、15 岁入大学，小学 7 年、大学 9 年或更长。小学生主要学习识字和一些规矩礼节，大学则要学习更高深的知识和从政的本领。关于大学教育，《学记》介绍说：“一年学会断句读书的能力，三年学会敬业乐群的本领，五年能博学亲师，七年能讲学论友，这叫小成。九年能触类旁通，遇事不惑，不违大道，这就叫大成。达到大成境界，然后才能化民易俗，使近者心悦诚服，使远者怀义向往，这就是大学之道。”

学问不只是读书，而是要在实际生活中懂得为人做事的道理，生活之书时时刻刻让你常读常新，要从探求学问中获得乐趣。对于学问，孔子说：“知之者不如好知者，好知者不如乐知者。”“读书之乐无窍门，不在聪明只在勤”，此处强调的是“勤习”，学问之道靠的是长期勤勉的学习、努力和感悟，不能三天打鱼两天晒网——学而时习之，要养成“勤习”的良好习惯，才能不断长进，才算是真正的“入门”走上正轨，此后则“修行靠个人”。学无止境、不进则退，勤习正是“精进”、持恒的一种体现。东晋大书法家王羲之的儿子为达到其父的书法境界，潜心钻研、勤习苦练，染黑了无数缸水，终于成为与父齐名的大书法家。

目前，海航早已由单一的航空运输企业衍生为国际化、多元化发展的企业集团，涉及的行业与领域越来越广，快速发展的海航始终要求全体员工必须以丰富的专业知识、强烈的创新意识在积极探索中前行，这就迫使全集团上下必须不断学习新知识，以“勤习”博采众长，方能为海航奠定持续、健康、高速发展的基础。“学然后知不足，教然后知困”，尤其是在知识经济时代，专业分工越来越细，一个团队中的管理干部也并非都是样样精通的“全才”，所谓“闻道有先后，术业有专攻”，作为领导不必在具体事务中处处强于部下，但在对待学问的态度上要为部下做出表率，并在提高自身能力的同时，给予部下方向性的指导；主管人员不一定精于所有业务，但要做到“以上问于下”、“以能问于不能”，做到集思广益，发挥大家的智慧和才华，使团队中每位专才都能最大限度地施展才华。汉高祖刘邦正是合理、有效地依靠萧和、韩信、陈平、张良各自不同的优势，才得以取得天下、成就霸业的。

（7）待人以至诚为基石

“诚”与“真”相近，密切关联，但诚更富有内涵和深度，“诚”乃是发自内心的真挚情意。失去了“真诚”，“善”与“美”就无从谈起，（真：合规律性；善：合目的性；美：两者的和谐统一）。人与人之间，最根本的莫过于一个“诚”字，诚是培养自己善行的土壤，如果每个人待人以至诚，自然能齐心协力，相互信赖，则事业必然会成功。否则，每个人待人都百般防范，与人为敌，则凡事要有成则难而又难，就算有“收获”，也怕是难以长久。

尤其是现在中国社会出现了信用危机，诚实守信的人成了奸商们取笑的对象，这种病态的心理成为了一种势力极大的社会现象，这也正是当前市场经济秩序极为混乱的根源。按照现代经济学的说法，诚与信已成为了“稀缺资源”，现代文明社会的标志就是规范、守信、守法，也就是民主法治社会的基础，也可以说，正是因为“诚信”已成为了“稀缺资源”，按照经济学的观点，物以稀为贵，也许谁在这“乱世”——市场规范急需重建的时代抢先拥有这种“稀缺资源”，以诚待人，形成良好的信誉，则一旦市场规范、走上正轨时，这种无形的力量就会胜过无数有形的资财。海航正是充分认识到了这一点，将“至诚做人，至诚做事”贯穿于每项工作和事业中。之所以取得现在的辉煌成就，也正是因为拥有了“至诚”这块事业的基石。

（8）处众以谦恭为有理

《易经》称：“谦，亨，君子有终。”谦谦君子，卑以自牧也。劳谦君子，万民服也。“谦”是长养德行、增长学问最好的方式，只有以谦虚谨慎、戒骄戒躁的态度行事，才能在和众人相处的过程中以众人为师，不断充实自己。正如一只杯子，如果装满了水，要继续往里面倒水是不可能承受得住的，一定会倒多少溢出多少，而一只空杯子，才可以往里面注入并承受清水，这就是我们所熟知的“谦受益，满招损”的道理。虚心使人明白“人无完人，天外有天”，可以使自己不断去学习、去进步，骄傲则使人自满，因而失去向别人学习的机会。

谦虚方为大度，恭敬方显有礼。因此，与人相处，贵在谦和，同时要恭敬，所谓“恭则不侮”，“敬人者人恒敬之”，一个人不懂得尊重别人，是难以在众人中获得同样的尊重和礼遇的。故而，应以谦逊的态度去学习、以平和礼敬的心态去处世，积极培养谦虚为人的作风，内心要诚恳、态度要和蔼，作为君子更应“动容貌、正颜色、出辞气”。并且，要明白“三人行，必有吾师”，“师”有正面的，也有反面的——见善则学之，见不善者则引以为戒，别人的好东西赶紧去学，别人做得不对的事情，则作为反面的例子，不去重蹈覆辙，这就是为人处世最基本的道理。

作为管理干部不仅应以谦恭和宽容的态度待人，而且要求管理者“宽以理事”，即实行有效的分权与分级管理，鼓励员工各负其责、发展个性。古人说：“泰山不让土壤，故能成其大；河海不择细流，故能就其深。”如果管理者唯我独尊，那只能是一枝独秀，造成管理的混乱与低效。

(9) 凡事以预立而不劳

人生于世，不外做人与做事，其实人一生下来就在做人，关键的是做什么样的人。是成为社会的健康细胞，还是病毒？当然谁都想做前者，也就是要做有益于社会、他人的人，从而体现自己的价值。但是，要看一个人做人做得如何，更多的要在他做事的过程中才能体现。而一个人行事，必须有章法，有分寸，知道事情的来龙去脉。所要达到的目标是什么，所希望达到的效果是什么，都要了然于胸。

对每个员工而言，无论服务、经营、管理都要有计划、按规律去逐步实现。因此，所谓“凡事预则立，不预则废”，事前准备是关键一环，周密的计划、详尽的部署是非常重要的。必须做好预测工作，根据已知的情况和条件来推测未知的结果。要积极了解和掌握各方面的有关信息，做好处理预案，以便在处理问题时能够做到心中有数、从容不迫、事半功倍。将需要准备的重要事项列出清晰的条目，要达成一个计划，所须投入人手多少，多少物资，多长的时间，会有什么样的意想不到的情况，如何把握应急处理的尺度，更关键的是要有充分的思想准备，注意其中的弹性，才能如行云流水，应对自如。总之，关键是要对整体方向和具体的细节心中有数，预先准备好相应的方案，才不至于在实践中劳碌却不得要领。

作为管理干部更要以全局性、前瞻性的眼光看问题，识得轻重、顾全大局，有预见性地做出决策，为下属和团队设计努力的方向。一年之计在于春，只有做好了一年的计划，才能播种耕耘、不误农时，才可能在秋天收获丰硕果实。

(10) 接物以谨慎为根本

“接”乃靠近、接触之意，“物”指自己以外的人或环境，亦可指众人。世界上怕只怕“认真”两字，要认得人生的真谛，认得处世的真言，认得他人的真心，总在于一丝不苟的态度。受人之托，忠人之事，总要尽心尽力，尽己所能，天大的事情也必须从点滴小事做起，必须以谨慎、认真的态度去对待，竭尽全力去奋斗，不在任何细节上出现疏漏。

待人接物中应遵循的基本原则可谓“非礼勿视，非礼勿听，非礼勿言，非礼勿动”。谨于言，慎于行，心中应明白事情的轻重，哪些话该说或不该说，哪些行为该做不该做，自己必须有一个明确的了解，弄清楚之后，才能在处理过程中保持清醒、冷静的头脑，也就是要做到清清楚楚、明明白白。而这一切的根本前提就是谨慎，这正是认真负责的敬业精神的体现。否则，盲目从事，反而会失去工作的准确性，最终欲速而不达，无法承担起自己的职责。因此，谨慎从事，正是达成良好效果的根本，否则无法形成“敬业乐群”的企业氛围。

总之，海航《同仁共勉十条》向我们提出：对人，要有诚心和爱心，有谦恭、谨慎的态度，才能保证团体的兴盛；对事，要有毅力和恒心，要树立远大目标，才有事业成功的可能；对学问，要时时精进，持续提高自己的学习能力、创新能力、决策能力、沟通能力和组织能力，方能发挥在团队中的核心作用。

3. 海航的制度文化

从管理科学角度看，企业制度文化作为企业文化中人与物、人与企业经营管理的中介和结合，是一种约束企业和员工行为的规范性文化。它使企业在复杂多变、竞争激烈的经济环境中处于良好的运营状态，从而保证企业目标的实现。

（1）海航的领导体制

企业领导体制是企业领导制度、领导结构、领导方式的综合，是企业制度文化的核心内容。作为中国首家股份制航空公司，海航有别于我国大多数国有企业实行的“一长制”或“党委领导下的厂长（经理）分工负责制”，而实行董事会领导下的首席执行官（执行总裁）负责制。海航从产权关系入手，按照现代企业制度要求，积极转换经营机制，重塑了适应现代市场经济要求的企业领导制度，即三权分立、相互制约并统一的领导体制。其中，作为所有者代表的股东大会是企业最高决策机构；董事会是股东大会执行机构，是以全体股东利益最大化为唯一行为准则来经营股东财产的；监事会则受股东之托执行对高层管理人员的监督责任。可以认为，海航集团领导体制的逐步完善，是企业发展壮大的必然要求，同时也是文化进步的必然结果。

（2）海航的组织机构

形象地说，企业组织机构就是企业这个有机体的“骨骼”、“支架”。因此，组织机构是否适应企业经营管理的要求，对企业的生存和发展显得尤为重要。海航成立之初，在组织机构设置上体现了以生产运营为中心、按需要设立相应机构的原则，使公司在总裁领导下实行由总会计师、总经济师、总工程师、总飞行师进行“专家辅政”，由八个职责明确的职能机构承担生产运营和后勤保障功能，从而大大增强了总裁处理公司经营管理事务的科学性和有效性。经过艰苦创业、不断壮大，海航已从单一的航空运输企业发展为综合性、多元化的集团公司，为适应企业发展的巨大变化、完善集团总部对各成员企业的管理和服务功能，海航集团目前正积极按照现代大型企业集团的要求重新构架管理体制。

（3）海航的管理制度

企业管理制度是企业为了获得最大利益，在生产经营活动中制定的各种带有强制性义务、并能保障一定权利的规范，它包括人事制度、财务制度、生产管理制度等一系列规章制度。海航决策者认为，“内修中国优秀传统文化之精粹”是引导员工精进人生、升华境界的高层次追求，但在管理上光有中国的“国粹”还不行，必须要有严格、规范的规章制度完善责任、保障员工和企业的权益。特别是作为中国民航首家上市公司，更要求有一套完整的企业管理制度。因此，在广泛吸纳东西方现代企业成功制度的基础上，针对海航特点不断进行制度创新，制定了一系列行政管理制度和技术管理制度，逐步建立起一套具有海航特色的管理规范，以适应海航发展历程中市场经济体制的变化和要求。

4. 海航的物质文化

企业的物质文化是以各种有形的、具体的物质形态为载体的文化。它是由企业员工创造的产品、提供的服务和企业的各种标识、包装、广告、建筑等物质设施构成的器物文化。海航的物质文化主要表现在海航企业标识、海航为各类顾客提供的产品和特色服务，以及具有海航独特构思的代表性建筑。

（1）海航的企业标识

海航的企业标识包括企业名称、企业标志、企业标准色和标准字等，我们选择最能够反映一个企业理想、追求和胸怀的企业标志来介绍。海航在不同的发展阶段启用了各具特色的企业标志，它的更新是公司实施更大发展战略的有机组成部分，如图9.2所示。第一代标志是一只美丽的小鹿，源自于“鹿回头”的美丽传说，当时也有HNA的简称。海航的第二代标志是以书法笔触来表现的鲲鹏展翅。进入新世纪，海航集团成立，海航的第三代标志以“生生不息”为理念创意，以“无限空间”为理念定位，诠释海航事业倚“生生不息”之理展“无限空间”之志的立身之本。第四代标志是海航经过多次收购重组、成立大新华航空的时候推出的，沿用了HNA的简称代表整个海航集团，连同海航集团旗下的各个板块的标志共同构成海航标志体系。目前这一体系一律使用红黄两色，风格统一。

图9.2　海航标志的演变

（2）海航的产品和服务

海航是产业门类齐全的民航企业，从客运到货运，从国际到国内，从干线到支线，从包机飞行到正班飞行，从空中到地面，从叫醒服务到全过程、全方位、无缝隙关怀，海航建成了一个“全系列产品，个性化服务”的体系。此外，海航还高速扩展了产业外延，打造了主业突出、上下游产业相关的经营链，通过内部资源的可续配置和多元产业的有效互动，为集团的可持续发展提供了有力保障。

（3）海航的建筑物

海航文化气息渗透到了建筑物的每一个角落，将传统和现代有机结合起来，形成了独具特色的个性代表。例如，荣获2010～2011年中国建设工程鲁班奖（国家优质工程）的海航大厦（见图 9.3）。海航大厦是海航的精品，它代表了海航的追求和理念。从南门仰望大厦，其主要有三个内涵。第一，慈悲。海航人心怀慈悲，为天下大众。第二，利他。海航事业利益众生。第三，智慧。

图 9.3　海航大厦

所以，海航的事业是慈悲、利他和智慧的事业。走上台阶，16根罗马圆柱代表了欧洲文艺复兴的文化精神，它影响了人类数百年。海航文化吸收人类一切先进文化，同时是中国传统文化重要代表。一进大厅，有六根顶天立地的大柱，每个直径两米左右，柱子外面雕刻着山河大地和生理器官。根据中国传统文化，世界上的生命由六大元素组成：地、水、火、风、空、识，人也是由这六大元素组成，所以我们要参天地之化育、寻生命之本来，海航是人生智慧修行的道场。大厅正前方是一面顶天立地的滴水铜镜，在中国文化中，以镜为鉴，以正衣冠；以镜为鉴，以正其心，实际上是在告诉我们“一日三省，观修自心”。这是通达生命之奥妙、寻求天地幻象之根本。

9.2.2　海航企业文化的建设工程

1. 不断加强企业文化的理论建设

在海航的企业文化探索与实践中，海航决策层大力倡导企业文化建设，并不断推出企业文化理论，以充实、丰富、完善和发展海航企业文化。海航决策层将“内修中国优秀传统文化之精粹”作为企业文化的核心，并在实践中及时归纳和总结、凝练出新的企业文化理念，促进了企业文化建设向纵深发展。

2. 持续完善企业文化的培训制度

为使全体员工统一思想、规范行为，形成共识、认同企业，完善自身、精进人生，海航建立了系统的企业文化培训制度，制定并持续地完善了《海航集团各类人员企业文化培训大纲》，组织、实施了全面、有效的企业文化培训。在海航设置的常规性培训中，既有新员工岗前企业文化培训、驻外员工企业文化培训、全员企业文化复训、各级各类脱岗人员和晋职晋级人员的企业文化培训，也有为后备管理干部、基层管理干部和中、高层管理干部开办的企业文化培训。

3. 全面建立企业文化的推广体系

随着海航集团规模的不断扩大、市场竞争的日趋激烈，进一步发挥海航企业文化的独特作用以增强员工的凝聚力、战斗力有着更为重要的战略意义。为了进一步推动海航企业文化培训工作，提高学习的质量和效果，制定并实施了一系列企业文化学习制度，更加深入、持久、扎实、有效地开展全体员工的海航企业文化学习、培训活动。

4. 积极拓展企业文化的社会影响

为在全体员工中加强企业精神文明建设、大力推广海航企业文化，促进海航形成一个浓厚的文化氛围，海航通过全国发行的《云端·商旅生活》加大宣传力度。同时，国内外新闻媒体的朋友也以极大的热情关注和支持着海航，用记者手中的笔真实、客观、公正地记录了海航的奋斗历程，展示了海航在艰苦创业道路上勇于探索、开拓前进、超常规发展的经营管理业绩，从而更为广泛、深入地宣传了海航企业文化的巨大作用和成功实践，扩大了海航企业文化的社会影响。

9.2.3 海航企业文化的功能成果

1. 推动了企业的持续、健康、快速发展

海航企业文化在企业发展过程中的不断实践已充分证明：企业文化的建设是企业管理系统建设中一种回报极高的管理手段，它为企业员工带来了极强的精神动力，能够产生高效率、创造高效益，有力地促进了企业的发展。海航正是以“内修中国优秀传统文化之精粹，外融西方先进科学技术之精华”为企业经营管理思想，独辟蹊径、迅速崛起，经过短短二十年时间的运营已成功跻身中国民航四强之列。

海航集团于 2000 年 1 月经国家工商行政管理局批准组建，是一家以航空旅游、现代物流和现代金融服务为三大支柱产业的现代服务业综合运营商，产业覆盖航空、实业、金融、旅游、物流和其他相关产业的大型企业集团。海航先后获得多项荣誉：连续 11 年获得“旅客话民航用户满意优质奖”；2006 年，海航荣获“中国最具社会责任感企业 20 强”、“中华慈善事业突出贡献奖”、“中国公益事业十大先锋企业”等称号；2007 年，海航荣获“中华慈善事业提名奖”；2008 年，海航荣获“中华慈善奖”之“最佳内资企业奖”、全国工商联系统“抗震救灾先进集体”荣誉称号；2009 年，海航被评为“CCTV 60 年 60 品牌”，荣获全国首届“管理科学奖”，海航集团在国内的品牌地位得到高度认可。同年，又荣获中国内地首家 SKYTRAX 认证的“四星航空公司”。海航集团荣获“最具社会责任感企业”、“中华慈善事业突出贡献单位（企业）奖”、第六届“中国最佳企业公民”、第五届“中国优秀企业公民”、“全国精神文明建设工作先进单位”、“首届全国就业与社会保障先进民营企业”等荣誉称号。2011 年海南航空荣膺中国内地首家“SKYTRAX 五星航空公司”的称号，同年香港航空亦荣获“SKYTRAX 四星航空公司”称号。此后，还获得了联合国 2012 年“南南奖——企业社会责任奖”。海航集团为中华民族创立了航空领域的世界级品牌。

2. 在企业重组中发挥了文化先行的作用

随着航空运输市场优胜劣汰机制加速运行，以资产融合为特征的企业重组已成必然趋势，对于意欲通过购并重组实现迅速发展的中国企业而言，企业购并过程中的文化冲突必将成为不容回避的严峻挑战。企业重组史上“一加一小于二”的现象屡见不鲜，被人们称为“重组综合症”，而航空业又是这一顽症频频发作的重灾区，引发“重组综合症”的病因涉及面很广，其中难度最大的问题则是文化整合，它比运营系统的整合要困难得多，因为各个企业的创业历史、发展目标、经营理念、价值观念、行为规范等都不相同，所形成的文化特征也必然互有差异，如果没有企业文化的真正融合，就会出现“貌合神离”的现象，引发“重组综合症”。鉴于企业文化在企业购并重组中扮演非建设即破坏的角色，根深蒂固的两种企业文化能否融合与购并的成败紧密相关，更要求海航努力探索购并重组中的文化融合与管理方式的积极调整，以期形成新的文化合力，迸发出惊人的乘积效应，保持作为经济组织在思想、目标和行为上的最大一致性。

3. 提升海航竞争优势，孕育海航核心竞争力

回顾海航事业的迅速发展，可以说得益于抢占了体制先机与文化先机，而海航企业文化的积淀，又潜移默化地以文化的力量造就了一批有着独特的务实作风、执着的创新精神的管理干部和基层员工，从而全面、有效地提升了使海航得以持续、健康、快速发展的竞争优势，亦使他们在实践中不断地以自己的新观念、新思维来领导和培植更加卓越的海航企业文化。

对于企业而言，核心竞争力是其赖以生存和发展的关键要素，海航作为一个勤于学习、善于创新、勇于实践而不断获得成功的企业必有强大的核心竞争力。面对加入世界贸易组织的挑战，海航又制定了以国际同行业水平为标准、以创造世界级海航品牌为目标、以提高核心竞争力为手段的指导思想。经过多年的努力探索与认真总结，海航决策层以一种全新的境界和深刻的感悟对核心竞争力的内涵进行了精辟地阐释，明确了“智慧才是海航的核心竞争力所在”，海航人的智慧正是源于“内修中国优秀传统文化之精粹，外融西方先进科学技术之精华”的企业经营管理哲学。

4. 为企业精神文明建设提供了宝贵经验

海航企业文化的发展历史充分证明了：只要坚持正确的政治方向，切实贯彻党和国家的各项方针、政策，就能规避风险、抓住机遇，把握住时代经济发展的脉搏，企业就能由小到大、由弱到强，就能真正成为对党和国家、民族根本利益负责的企业，成为对股东和员工切身利益负责的企业。

伴随着 21 世纪经济与文化一体化发展趋势的增强，文化因素对经济活动的渗透将日益广泛与深入，使企业经营具有越来越多的文化特征、文化属性和文化功能，作为综合了经济意识与文化意识的企业文化则贯穿在企业的一切活动之中，是企业的灵魂所

在。如何强化海航企业文化的不断培育与深入开发，应对国际、国内航空运输格局的巨大变化和我国加入世界贸易组织的挑战，不仅关系到企业“向集团化、多元化、国际化目标迈进”战略的长远规划，而且关系到海航追求超越自我的历史性腾飞。

面对知识经济时代的来临和经济全球化，更会加速本土文化与外来文化之间的相互融合，这既是挑战，又是发展和提升海航企业文化的契机。因此，对从属于民族文化的企业文化提出了更高的建设性要求，更需要与时俱进、开拓创新，对海航企业文化进行颇具挑战性和创造性的文化建设工作，积极发挥各种文化的优势，广泛吸收不同文化的滋养，做到既能够继承本民族优秀文化传统，又能以开放的姿态吸收外来文化中一切有价值的东西，以增强海航集团在国际市场上的影响力和竞争力，并为民族航空产业的发展贡献出海航的文化力量。海航人将在更广泛领域中进行创造性的探索，不懈努力、继续致力于企业文化建设，以不断地丰富、发展、充实和完善海航企业文化，进一步面向世界、兼收并蓄，形成具有鲜明海航特色的更加开放、更加丰富、更加完善的国际企业文化，满怀信心地迎来一个以文化的力量推动海航集团腾飞的新时期，承担起海航事业在21世纪中华民族伟大复兴中的历史责任。

学习与思考

海航精神价值体系

今天的海航，足迹遍布五大洲、四大洋；今天的海航事业，无论是规模还是品质都与创业之初有了巨大变化，社会责任感形象日渐突显；今天的海航人，超越了国家、肤色、民族、信仰、文化、语言的界限，为了一个共同的理念聚集在海航旗下。在创建世界级卓越企业的新阶段，海航需要在继承和发扬创业精神的基础上，建立更具适应性、包容性和全球性的价值体系，以此指引超越式发展的方向，凝聚全世界越来越多的仁人志士襄举大业。

共同理想

造福于人类的幸福与世界的和平。

共同信仰

“天佑善人、天自我立、自我主宰”，“真、善、美”，“大爱无疆”。

共同追求

大众认同、大众参与、大众成就、大众分享。

共同理念

诚信、业绩、创新。

思考题

1. 结合所学企业文化知识，谈谈海航精神价值体系的内涵。
2. 结合实例，谈谈海航精神价值体系的现实表现。

参考文献

阿伦·肯尼迪，特伦斯·迪尔．1989.西方企业文化[M]．北京：中国对外翻译出版公司．

埃德加·沙因．1989．公司文化与领导[M]．北京：中国友谊出版公司．

伯特弗·雷得曼，艾瓦·威尔逊，乔安妮·维亚．2002．第五项修炼实践案例[M]．北京：经济日报出版社．

白光．2004．人力资源与企业文化战略[M]．北京：中国经济出版社．

彼德·圣吉．1998．第五项修炼：学习型组织的艺术与实务[M]．上海：上海三联书店．

丁政．2004．核心价值观：企业文化的核动力源[J]．中外企业文化，（10）．

E.海能．1990．企业文化：理论和实践的展望[M]．北京：知识出版社．

吉姆·柯林斯．2002．从优秀到卓越[M]．北京：中信出版社．

李建军．2004．企业文化与制度创新[M]．北京：清华大学出版社．

刘光明．2002．企业文化[M]．北京：经济管理出版社．

刘国华，邓德香．2006．论企业文化建设中的物质文化[J]．兰州学刊，（4）．

刘建伟．2007．企业物质文化建设中的几个误区探析[J]．湖南冶金职业技术学院学报，（3）．

刘志迎．2004．企业文化通论[M]．合肥：合肥工业大学出版社．

柳田邦男. 1989．企业活力的奥秘[M]．北京：国际文化出版公司．

吕国荣．2005．小故事大管理[M]．北京：中国经济出版社．

石磊．2010．企业文化案例精选评析[M]．北京：企业管理出版社．

舒欣．2002．正确对待文化差异，慎重解决文化冲突[J]．中外企业文化，（21）．

松下幸之助．1989．实践经营哲学[M]．北京：中国社会科学出版社．

托马斯·J．彼得斯，南希·奥斯汀．1987．志在成功：领导艺术纵横谈[M]．北京：中国对外翻译出版公司．

托马斯·J．彼得斯，小罗伯特·H．沃特曼．1985．成功之路：美国最佳管理企业的经验[M]．北京：中国对外翻译出版公司．

汪旭晖，于秀娟．2002．文化与管理：谈学习型组织与中国企业管理模式发展方向[J]．辽宁师范大学学报（社会科学版），（3）．

王珩．2010．塑造优秀企业文化[J]．合作经济与科技，（4）．

王吉鹏．2010．企业文化建设•从文化建设到文化管理[M]．北京：企业管理出版社．

王晶，常婕．2011．企业并购下的文化融合分析[J]．经济师，（7）．

王俊明．2010．如何推进新形势下的企业文化建设[J]．活力期刊，（4）．

王开明．2003．论企业的核心价值观[J]．福建税务，（9）．

威廉·大内．1984．Z 理论：美国企业界如何迎接日本的挑战[M]．北京：中国社会科学出版社．

韦华伟．2009．文化驱动企业[M]．北京：人民邮电出版社．

吴天凤．2010．家族式民营企业制度创新论[M]．成都：四川出版集团，巴蜀书社．

小艾尔弗雷德·D．钱德勒．1987．看得见的手：美国企业的管理革命[M]．北京：商务印书馆．

星汉．公司管理制度实务与范例大全[M]．北京：中国华侨出版社．

徐国良，王进．2009．企业管理案例精选精析[M]．4 版．北京：中国社会科学出版社．

徐震宇．2004．如何进行企业文化建设[M]．北京：北京大学出版社．

徐志雄．2002．企业文化的建设重点是培育企业核心价值观[J]．广东科技，（7）．

阎世平，张维洁．2010．企业制度文化与价值观的契合模式分析[J]．管理学家（学术版），（10）．

张德．2009．企业文化建设[M]．北京：清华大学出版社．

张海斌．2007．浅论企业文化与企业发展的辩证关系[J]．科协论坛（下半月），（4）．

张丽英．2006．新时期我国企业物质文化对员工的激励探析[J]．韶关学院学报（社会科学版），（5）．

张鸣．2002．试论创新型企业文化[J]．福建论坛（经济社会版），(3)．

张烨．2008．论楚雄州企业物质文化的建设[J]．管理观察，(7)．

周晓庄．2008．价值观体系与制度创新[J]．管理世界，(5)．

朱脉谦．2010．浅谈新形势下企业文化建设的意义和作用[J]．中小企业管理与科技（上旬刊），(4)．

朱险峰，邵红霞，殷洁．2000．关于中国传统文化与现代企业文化建设的思辩[J]．技术经济与管理研究，(3)．

邹广文，师英杰．2011．关于企业文化融合与创新的思考[J]．企业文明，(2)．

邹子栋．2008．企业制度文化的形成和对策研究[J]．企业技术开发，(1)．